中华人民共和国
新法规汇编

2020
第9辑

司法部 编

中国法制出版社

编辑说明

一、《中华人民共和国新法规汇编》是国家出版的法律、行政法规汇编正式版本，是刊登报国务院备案并予以登记的部门规章的指定出版物。

二、本汇编收集的内容包括：上一个月内由全国人民代表大会及其常务委员会通过的法律和有关法律问题的决定，国务院公布的行政法规和国务院文件，报国务院备案并予以登记的部门规章，最高人民法院和最高人民检察院公布的司法解释。另外，还收入了上一个月内报国务院备案并予以登记的地方性法规和地方政府规章目录。

三、本汇编所收的内容，按下列分类顺序编排：法律，行政法规，国务院文件，国务院部门规章，司法解释。每类中按公布的时间顺序排列。报国务院备案并予以登记的地方性法规和地方政府规章目录按1987年国务院批准的行政区划顺序排列；同一行政区域报备两件以上者，按公布时间顺序排列。

四、本汇编每年出版12辑，每月出版1辑。本辑为2020年度第9辑，收入2020年8月份内公布的法律2件、有关法律问题的决定2件、行政法规2件、国务院文件1件、报国务院备案并经审查予以登记编号的部门规章11件、司法解释2件，补收2020年7月份内公布的司法解释3件，共计23件。

五、本汇编在编辑出版过程中，得到了国务院有关部门和有关方面以及广大读者的大力支持和协助，在此谨致谢意。

司法部

2020年9月

目　　录

法　　律

有关法律问题的决定

行政法规

国务院文件

国务院部门规章

司法解释

附:

法 律

中华人民共和国城市维护建设税法

（2020 年 8 月 11 日第十三届全国人民代表大会常务委员会第二十一次会议通过　2020 年 8 月 11 日中华人民共和国主席令第 51 号公布　自 2021 年 9 月 1 日起施行）

第一条　在中华人民共和国境内缴纳增值税、消费税的单位和个人，为城市维护建设税的纳税人，应当依照本法规定缴纳城市维护建设税。

第二条　城市维护建设税以纳税人依法实际缴纳的增值税、消费税税额为计税依据。

城市维护建设税的计税依据应当按照规定扣除期末留抵退税退还的增值税税额。

城市维护建设税计税依据的具体确定办法，由国务院依据本法和有关税收法律、行政法规规定，报全国人民代表大会常务委员会备案。

第三条　对进口货物或者境外单位和个人向境内销售劳务、服务、无形资产缴纳的增值税、消费税税额，不征收城市维护建设税。

第四条　城市维护建设税税率如下：

（一）纳税人所在地在市区的，税率为百分之七；

（二）纳税人所在地在县城、镇的，税率为百分之五；

（三）纳税人所在地不在市区、县城或者镇的，税率为百分之一。

前款所称纳税人所在地，是指纳税人住所地或者与纳税人生产经营活动相关的其他地点，具体地点由省、自治区、直辖市确定。

第五条　城市维护建设税的应纳税额按照计税依据乘以具体适用税率计算。

第六条　根据国民经济和社会发展的需要，国务院对重大公共基础设施建设、特殊产业和群体以及重大突发事件应对等情形可以规定减征或者免征城市维护建设税，报全国人民代表大会常务委员会备案。

第七条　城市维护建设税的纳税义务发生时间与增值税、消费税的纳税义务发生时间一致，分别与增值税、消费税同时缴纳。

第八条 城市维护建设税的扣缴义务人为负有增值税、消费税扣缴义务的单位和个人，在扣缴增值税、消费税的同时扣缴城市维护建设税。

第九条 城市维护建设税由税务机关依照本法和《中华人民共和国税收征收管理法》的规定征收管理。

第十条 纳税人、税务机关及其工作人员违反本法规定的，依照《中华人民共和国税收征收管理法》和有关法律法规的规定追究法律责任。

第十一条 本法自2021年9月1日起施行。1985年2月8日国务院发布的《中华人民共和国城市维护建设税暂行条例》同时废止。

中华人民共和国契税法

（2020年8月11日第十三届全国人民代表大会常务委员会第二十一次会议通过 2020年8月11日中华人民共和国主席令第52号公布 自2021年9月1日起施行）

第一条 在中华人民共和国境内转移土地、房屋权属，承受的单位和个人为契税的纳税人，应当依照本法规定缴纳契税。

第二条 本法所称转移土地、房屋权属，是指下列行为：

（一）土地使用权出让；

（二）土地使用权转让，包括出售、赠与、互换；

（三）房屋买卖、赠与、互换。

前款第二项土地使用权转让，不包括土地承包经营权和土地经营权的转移。

以作价投资（入股）、偿还债务、划转、奖励等方式转移土地、房屋权属的，应当依照本法规定征收契税。

第三条 契税税率为百分之三至百分之五。

契税的具体适用税率，由省、自治区、直辖市人民政府在前款规定的税率幅度内提出，报同级人民代表大会常务委员会决定，并报全国人民代表大会常务委员会和国务院备案。

省、自治区、直辖市可以依照前款规定的程序对不同主体、不同地区、不同类型的住房的权属转移确定差别税率。

第四条 契税的计税依据：

（一）土地使用权出让、出售，房屋买卖，为土地、房屋权属转移合同确定的

成交价格,包括应交付的货币以及实物、其他经济利益对应的价款;

(二)土地使用权互换、房屋互换,为所互换的土地使用权、房屋价格的差额;

(三)土地使用权赠与、房屋赠与以及其他没有价格的转移土地、房屋权属行为,为税务机关参照土地使用权出售、房屋买卖的市场价格依法核定的价格。

纳税人申报的成交价格、互换价格差额明显偏低且无正当理由的,由税务机关依照《中华人民共和国税收征收管理法》的规定核定。

第五条 契税的应纳税额按照计税依据乘以具体适用税率计算。

第六条 有下列情形之一的,免征契税:

(一)国家机关、事业单位、社会团体、军事单位承受土地、房屋权属用于办公、教学、医疗、科研、军事设施;

(二)非营利性的学校、医疗机构、社会福利机构承受土地、房屋权属用于办公、教学、医疗、科研、养老、救助;

(三)承受荒山、荒地、荒滩土地使用权用于农、林、牧、渔业生产;

(四)婚姻关系存续期间夫妻之间变更土地、房屋权属;

(五)法定继承人通过继承承受土地、房屋权属;

(六)依照法律规定应当予以免税的外国驻华使馆、领事馆和国际组织驻华代表机构承受土地、房屋权属。

根据国民经济和社会发展的需要,国务院对居民住房需求保障、企业改制重组、灾后重建等情形可以规定免征或者减征契税,报全国人民代表大会常务委员会备案。

第七条 省、自治区、直辖市可以决定对下列情形免征或者减征契税:

(一)因土地、房屋被县级以上人民政府征收、征用,重新承受土地、房屋权属;

(二)因不可抗力灭失住房,重新承受住房权属。

前款规定的免征或者减征契税的具体办法,由省、自治区、直辖市人民政府提出,报同级人民代表大会常务委员会决定,并报全国人民代表大会常务委员会和国务院备案。

第八条 纳税人改变有关土地、房屋的用途,或者有其他不再属于本法第六条规定的免征、减征契税情形的,应当缴纳已经免征、减征的税款。

第九条 契税的纳税义务发生时间,为纳税人签订土地、房屋权属转移合同的当日,或者纳税人取得其他具有土地、房屋权属转移合同性质凭证的当日。

第十条 纳税人应当在依法办理土地、房屋权属登记手续前申报缴纳契税。

第十一条 纳税人办理纳税事宜后，税务机关应当开具契税完税凭证。纳税人办理土地、房屋权属登记，不动产登记机构应当查验契税完税、减免税凭证或者有关信息。未按照规定缴纳契税的，不动产登记机构不予办理土地、房屋权属登记。

第十二条 在依法办理土地、房屋权属登记前，权属转移合同、权属转移合同性质凭证不生效、无效、被撤销或者被解除的，纳税人可以向税务机关申请退还已缴纳的税款，税务机关应当依法办理。

第十三条 税务机关应当与相关部门建立契税涉税信息共享和工作配合机制。自然资源、住房城乡建设、民政、公安等相关部门应当及时向税务机关提供与转移土地、房屋权属有关的信息，协助税务机关加强契税征收管理。

税务机关及其工作人员对税收征收管理过程中知悉的纳税人的个人信息，应当依法予以保密，不得泄露或者非法向他人提供。

第十四条 契税由土地、房屋所在地的税务机关依照本法和《中华人民共和国税收征收管理法》的规定征收管理。

第十五条 纳税人、税务机关及其工作人员违反本法规定的，依照《中华人民共和国税收征收管理法》和有关法律法规的规定追究法律责任。

第十六条 本法自2021年9月1日起施行。1997年7月7日国务院发布的《中华人民共和国契税暂行条例》同时废止。

有关法律问题的决定

全国人民代表大会常务委员会关于香港特别行政区第六届立法会继续履行职责的决定

（2020 年 8 月 11 日第十三届全国人民代表大会常务委员会第二十一次会议通过）

第十三届全国人民代表大会常务委员会第二十一次会议审议了《国务院关于提请全国人民代表大会常务委员会就香港特别行政区第六届立法会继续运作作出决定的议案》。上述议案是应香港特别行政区行政长官向中央人民政府报送的有关报告提出的。香港特别行政区行政长官会同行政会议因应当地新冠肺炎疫情的严峻形势已决定将香港特别行政区第七届立法会选举推迟一年，在此情况下香港特别行政区立法机关将出现空缺。为维护香港特别行政区宪制秩序和法治秩序，确保香港特别行政区政府正常施政和社会正常运行，根据《中华人民共和国宪法》和《中华人民共和国香港特别行政区基本法》的有关规定，全国人民代表大会常务委员会作出如下决定：

2020 年 9 月 30 日后，香港特别行政区第六届立法会继续履行职责，不少于一年，直至香港特别行政区第七届立法会任期开始为止。香港特别行政区第七届立法会依法产生后，任期仍为四年。

全国人民代表大会常务委员会关于授权国务院在粤港澳大湾区内地九市开展香港法律执业者和澳门执业律师取得内地执业资质和从事律师职业试点工作的决定

（2020 年 8 月 11 日第十三届全国人民代表大会常务委员会第二十一次会议通过）

为促进粤港澳大湾区建设，发挥香港法律执业者和澳门执业律师的专业作用，第十三届全国人民代表大会常务委员会第二十一次会议决定：授权国务院在广东省广州市、深圳市、珠海市、佛山市、惠州市、东莞市、中山市、江门市、肇庆市开展试点工作，符合条件的香港法律执业者和澳门执业律师通过粤港澳大湾区律师执业考试，取得内地执业资质的，可以从事一定范围内的内地法律事务。具体试点办法由国务院制定，报全国人民代表大会常务委员会备案。试点期限为三年，自试点办法印发之日起算。试点期间，国务院要依法加强对试点工作的组织指导和监督检查，就试点情况向全国人大常委会作出报告。试点期满后，对实践证明可行的，修改完善有关法律。

本决定自公布之日起施行。

行政法规

中华人民共和国预算法实施条例

（1995 年 11 月 22 日中华人民共和国国务院令第 186 号发布
根据 2020 年 8 月 3 日中华人民共和国国务院令第 729 号修订）

第一章　总　　则

第一条　根据《中华人民共和国预算法》（以下简称预算法），制定本条例。

第二条　县级以上地方政府的派出机关根据本级政府授权进行预算管理活动，不作为一级预算，其收支纳入本级预算。

第三条　社会保险基金预算应当在精算平衡的基础上实现可持续运行，一般公共预算可以根据需要和财力适当安排资金补充社会保险基金预算。

第四条　预算法第六条第二款所称各部门，是指与本级政府财政部门直接发生预算缴拨款关系的国家机关、军队、政党组织、事业单位、社会团体和其他单位。

第五条　各部门预算应当反映一般公共预算、政府性基金预算、国有资本经营预算安排给本部门及其所属各单位的所有预算资金。

各部门预算收入包括本级财政安排给本部门及其所属各单位的预算拨款收入和其他收入。各部门预算支出为与部门预算收入相对应的支出，包括基本支出和项目支出。

本条第二款所称基本支出，是指各部门、各单位为保障其机构正常运转、完成日常工作任务所发生的支出，包括人员经费和公用经费；所称项目支出，是指各部门、各单位为完成其特定的工作任务和事业发展目标所发生的支出。

各部门及其所属各单位的本级预算拨款收入和其相对应的支出，应当在部门预算中单独反映。

部门预算编制、执行的具体办法，由本级政府财政部门依法作出规定。

第六条　一般性转移支付向社会公开应当细化到地区。专项转移支付向社会公开应当细化到地区和项目。

政府债务、机关运行经费、政府采购、财政专户资金等情况，按照有关规定向社会公开。

部门预算、决算应当公开基本支出和项目支出。部门预算、决算支出按其功能分类应当公开到项；按其经济性质分类，基本支出应当公开到款。

各部门所属单位的预算、决算及报表，应当在部门批复后20日内由单位向社会公开。单位预算、决算应当公开基本支出和项目支出。单位预算、决算支出按其功能分类应当公开到项；按其经济性质分类，基本支出应当公开到款。

第七条 预算法第十五条所称中央和地方分税制，是指在划分中央与地方事权的基础上，确定中央与地方财政支出范围，并按税种划分中央与地方预算收入的财政管理体制。

分税制财政管理体制的具体内容和实施办法，按照国务院的有关规定执行。

第八条 县级以上地方各级政府应当根据中央和地方分税制的原则和上级政府的有关规定，确定本级政府对下级政府的财政管理体制。

第九条 预算法第十六条第二款所称一般性转移支付，包括：

（一）均衡性转移支付；

（二）对革命老区、民族地区、边疆地区、贫困地区的财力补助；

（三）其他一般性转移支付。

第十条 预算法第十六条第三款所称专项转移支付，是指上级政府为了实现特定的经济和社会发展目标给予下级政府，并由下级政府按照上级政府规定的用途安排使用的预算资金。

县级以上各级政府财政部门应当会同有关部门建立健全专项转移支付定期评估和退出机制。对评估后的专项转移支付，按照下列情形分别予以处理：

（一）符合法律、行政法规和国务院规定，有必要继续执行的，可以继续执行；

（二）设立的有关要求变更，或者实际绩效与目标差距较大、管理不够完善的，应当予以调整；

（三）设立依据失效或者废止的，应当予以取消。

第十一条 预算收入和预算支出以人民币元为计算单位。预算收支以人民币以外的货币收纳和支付的，应当折合成人民币计算。

第二章 预算收支范围

第十二条 预算法第二十七条第一款所称行政事业性收费收入，是指国家机关、事业单位等依照法律法规规定，按照国务院规定的程序批准，在实施社会公共管理以及在向公民、法人和其他组织提供特定公共服务过程中，按照规定标准向特定对象收取费用形成的收入。

预算法第二十七条第一款所称国有资源（资产）有偿使用收入，是指矿藏、水流、海域、无居民海岛以及法律规定属于国家所有的森林、草原等国有资源有偿使用收入，按照规定纳入一般公共预算管理的国有资产收入等。

预算法第二十七条第一款所称转移性收入，是指上级税收返还和转移支付、下级上解收入、调入资金以及按照财政部规定列入转移性收入的无隶属关系政府的无偿援助。

第十三条 转移性支出包括上解上级支出、对下级的税收返还和转移支付、调出资金以及按照财政部规定列入转移性支出的给予无隶属关系政府的无偿援助。

第十四条 政府性基金预算收入包括政府性基金各项目收入和转移性收入。

政府性基金预算支出包括与政府性基金预算收入相对应的各项目支出和转移性支出。

第十五条 国有资本经营预算收入包括依照法律、行政法规和国务院规定应当纳入国有资本经营预算的国有独资企业和国有独资公司按照规定上缴国家的利润收入、从国有资本控股和参股公司获得的股息红利收入、国有产权转让收入、清算收入和其他收入。

国有资本经营预算支出包括资本性支出、费用性支出、向一般公共预算调出资金等转移性支出和其他支出。

第十六条 社会保险基金预算收入包括各项社会保险费收入、利息收入、投资收益、一般公共预算补助收入、集体补助收入、转移收入、上级补助收入、下级上解收入和其他收入。

社会保险基金预算支出包括各项社会保险待遇支出、转移支出、补助下级支出、上解上级支出和其他支出。

第十七条 地方各级预算上下级之间有关收入和支出项目的划分以及上解、返还或者转移支付的具体办法，由上级地方政府规定，报本级人民代表大会常务委员会备案。

第十八条 地方各级社会保险基金预算上下级之间有关收入和支出项目的划分以及上解、补助的具体办法，按照统筹层次由上级地方政府规定，报本级人民代表大会常务委员会备案。

第三章 预算编制

第十九条 预算法第三十一条所称预算草案，是指各级政府、各部门、各单位编制的未经法定程序审查和批准的预算。

第二十条 预算法第三十二条第一款所称绩效评价，是指根据设定的绩效目标，依据规范的程序，对预算资金的投入、使用过程、产出与效果进行系统和客观的评价。

绩效评价结果应当按照规定作为改进管理和编制以后年度预算的依据。

第二十一条 预算法第三十二条第三款所称预算支出标准，是指对预算事项合理分类并分别规定的支出预算编制标准，包括基本支出标准和项目支出标准。

地方各级政府财政部门应当根据财政部制定的预算支出标准，结合本地区经济社会发展水平、财力状况等，制定本地区或者本级的预算支出标准。

第二十二条 财政部于每年 6 月 15 日前部署编制下一年度预算草案的具体事项，规定报表格式、编报方法、报送期限等。

第二十三条 中央各部门应当按照国务院的要求和财政部的部署，结合本部门的具体情况，组织编制本部门及其所属各单位的预算草案。

中央各部门负责本部门所属各单位预算草案的审核，并汇总编制本部门的预算草案，按照规定报财政部审核。

第二十四条 财政部审核中央各部门的预算草案，具体编制中央预算草案；汇总地方预算草案或者地方预算，汇编中央和地方预算草案。

第二十五条 省、自治区、直辖市政府按照国务院的要求和财政部的部署，结合本地区的具体情况，提出本行政区域编制预算草案的要求。

县级以上地方各级政府财政部门应当于每年 6 月 30 日前部署本行政区域编制下一年度预算草案的具体事项，规定有关报表格式、编报方法、报送期限等。

第二十六条 县级以上地方各级政府各部门应当根据本级政府的要求和本级政府财政部门的部署，结合本部门的具体情况，组织编制本部门及其所属各单位的预算草案，按照规定报本级政府财政部门审核。

第二十七条 县级以上地方各级政府财政部门审核本级各部门的预算草

案，具体编制本级预算草案，汇编本级总预算草案，经本级政府审定后，按照规定期限报上一级政府财政部门。

省、自治区、直辖市政府财政部门汇总的本级总预算草案或者本级总预算，应当于下一年度1月10日前报财政部。

第二十八条 县级以上各级政府财政部门审核本级各部门的预算草案时，发现不符合编制预算要求的，应当予以纠正；汇编本级总预算草案时，发现下级预算草案不符合上级政府或者本级政府编制预算要求的，应当及时向本级政府报告，由本级政府予以纠正。

第二十九条 各级政府财政部门编制收入预算草案时，应当征求税务、海关等预算收入征收部门和单位的意见。

预算收入征收部门和单位应当按照财政部门的要求提供下一年度预算收入征收预测情况。

第三十条 财政部门会同社会保险行政部门部署编制下一年度社会保险基金预算草案的具体事项。

社会保险经办机构具体编制下一年度社会保险基金预算草案，报本级社会保险行政部门审核汇总。社会保险基金收入预算草案由社会保险经办机构会同社会保险费征收机构具体编制。财政部门负责审核并汇总编制社会保险基金预算草案。

第三十一条 各级政府财政部门应当依照预算法和本条例规定，制定本级预算草案编制规程。

第三十二条 各部门、各单位在编制预算草案时，应当根据资产配置标准，结合存量资产情况编制相关支出预算。

第三十三条 中央一般公共预算收入编制内容包括本级一般公共预算收入、从国有资本经营预算调入资金、地方上解收入、从预算稳定调节基金调入资金、其他调入资金。

中央一般公共预算支出编制内容包括本级一般公共预算支出、对地方的税收返还和转移支付、补充预算稳定调节基金。

中央政府债务余额的限额应当在本级预算中单独列示。

第三十四条 地方各级一般公共预算收入编制内容包括本级一般公共预算收入、从国有资本经营预算调入资金、上级税收返还和转移支付、下级上解收入、从预算稳定调节基金调入资金、其他调入资金。

地方各级一般公共预算支出编制内容包括本级一般公共预算支出、上解上级支出、对下级的税收返还和转移支付、补充预算稳定调节基金。

第三十五条 中央政府性基金预算收入编制内容包括本级政府性基金各

项目收入、上一年度结余、地方上解收入。

中央政府性基金预算支出编制内容包括本级政府性基金各项目支出、对地方的转移支付、调出资金。

第三十六条 地方政府性基金预算收入编制内容包括本级政府性基金各项目收入、上一年度结余、下级上解收入、上级转移支付。

地方政府性基金预算支出编制内容包括本级政府性基金各项目支出、上解上级支出、对下级的转移支付、调出资金。

第三十七条 中央国有资本经营预算收入编制内容包括本级收入、上一年度结余、地方上解收入。

中央国有资本经营预算支出编制内容包括本级支出、向一般公共预算调出资金、对地方特定事项的转移支付。

第三十八条 地方国有资本经营预算收入编制内容包括本级收入、上一年度结余、上级对特定事项的转移支付、下级上解收入。

地方国有资本经营预算支出编制内容包括本级支出、向一般公共预算调出资金、对下级特定事项的转移支付、上解上级支出。

第三十九条 中央和地方社会保险基金预算收入、支出编制内容包括本条例第十六条规定的各项收入和支出。

第四十条 各部门、各单位预算收入编制内容包括本级预算拨款收入、预算拨款结转和其他收入。

各部门、各单位预算支出编制内容包括基本支出和项目支出。

各部门、各单位的预算支出，按其功能分类应当编列到项，按其经济性质分类应当编列到款。

第四十一条 各级政府应当加强项目支出管理。各级政府财政部门应当建立和完善项目支出预算评审制度。各部门、各单位应当按照本级政府财政部门的规定开展预算评审。

项目支出实行项目库管理，并建立健全项目入库评审机制和项目滚动管理机制。

第四十二条 预算法第三十四条第二款所称余额管理，是指国务院在全国人民代表大会批准的中央一般公共预算债务的余额限额内，决定发债规模、品种、期限和时点的管理方式；所称余额，是指中央一般公共预算中举借债务未偿还的本金。

第四十三条 地方政府债务余额实行限额管理。各省、自治区、直辖市的政府债务限额，由财政部在全国人民代表大会或者其常务委员会批准的总限额内，根据各地区债务风险、财力状况等因素，并考虑国家宏观调控政策等需要，提出方案报国务院批准。

各省、自治区、直辖市的政府债务余额不得突破国务院批准的限额。

第四十四条 预算法第三十五条第二款所称举借债务的规模，是指各地方政府债务余额限额的总和，包括一般债务限额和专项债务限额。一般债务是指列入一般公共预算用于公益性事业发展的一般债券、地方政府负有偿还责任的外国政府和国际经济组织贷款转贷债务；专项债务是指列入政府性基金预算用于有收益的公益性事业发展的专项债券。

第四十五条 省、自治区、直辖市政府财政部门依照国务院下达的本地区地方政府债务限额，提出本级和转贷给下级政府的债务限额安排方案，报本级政府批准后，将增加举借的债务列入本级预算调整方案，报本级人民代表大会常务委员会批准。

接受转贷并向下级政府转贷的政府应当将转贷债务纳入本级预算管理。使用转贷并负有直接偿还责任的政府，应当将转贷债务列入本级预算调整方案，报本级人民代表大会常务委员会批准。

地方各级政府财政部门负责统一管理本地区政府债务。

第四十六条 国务院可以将举借的外国政府和国际经济组织贷款转贷给省、自治区、直辖市政府。

国务院向省、自治区、直辖市政府转贷的外国政府和国际经济组织贷款，省、自治区、直辖市政府负有直接偿还责任的，应当纳入本级预算管理。省、自治区、直辖市政府未能按时履行还款义务的，国务院可以相应抵扣对该地区的税收返还等资金。

省、自治区、直辖市政府可以将国务院转贷的外国政府和国际经济组织贷款再转贷给下级政府。

第四十七条 财政部和省、自治区、直辖市政府财政部门应当建立健全地方政府债务风险评估指标体系，组织评估地方政府债务风险状况，对债务高风险地区提出预警，并监督化解债务风险。

第四十八条 县级以上各级政府应当按照本年度转移支付预计执行数的一定比例将下一年度转移支付预计数提前下达至下一级政府，具体下达事宜由本级政府财政部门办理。

除据实结算等特殊项目的转移支付外，提前下达的一般性转移支付预计数的比例一般不低于90%；提前下达的专项转移支付预计数的比例一般不低于70%。其中，按照项目法管理分配的专项转移支付，应当一并明确下一年度组织实施的项目。

第四十九条 经本级政府批准，各级政府财政部门可以设置预算周转金，额度不得超过本级一般公共预算支出总额的1%。年度终了时，各级政府财政部门可以将预算周转金收回并用于补充预算稳定调节基金。

第五十条 预算法第四十二条第一款所称结转资金，是指预算安排项目的支出年度终了时尚未执行完毕，或者因故未执行但下一年度需要按原用途继续使用的资金；连续两年未用完的结转资金，是指预算安排项目的支出在下一年度终了时仍未用完的资金。

预算法第四十二条第一款所称结余资金，是指年度预算执行终了时，预算收入实际完成数扣除预算支出实际完成数和结转资金后剩余的资金。

第四章 预算执行

第五十一条 预算执行中，政府财政部门的主要职责：

（一）研究和落实财政税收政策措施，支持经济社会健康发展；

（二）制定组织预算收入、管理预算支出以及相关财务、会计、内部控制、监督等制度和办法；

（三）督促各预算收入征收部门和单位依法履行职责，征缴预算收入；

（四）根据年度支出预算和用款计划，合理调度、拨付预算资金，监督各部门、各单位预算资金使用管理情况；

（五）统一管理政府债务的举借、支出与偿还，监督债务资金使用情况；

（六）指导和监督各部门、各单位建立健全财务制度和会计核算体系，规范账户管理，健全内部控制机制，按照规定使用预算资金；

（七）汇总、编报分期的预算执行数据，分析预算执行情况，按照本级人民代表大会常务委员会、本级政府和上一级政府财政部门的要求定期报告预算执行情况，并提出相关政策建议；

（八）组织和指导预算资金绩效监控、绩效评价；

（九）协调预算收入征收部门和单位、国库以及其他有关部门的业务工作。

第五十二条 预算法第五十六条第二款所称财政专户，是指财政部门为履行财政管理职能，根据法律规定或者经国务院批准开设的用于管理核算特定专用资金的银行结算账户；所称特定专用资金，包括法律规定可以设立财政专户的资金，外国政府和国际经济组织的贷款、赠款，按照规定存储的人民币以外的货币，财政部会同有关部门报国务院批准的其他特定专用资金。

开设、变更财政专户应当经财政部核准，撤销财政专户应当报财政部备案，中国人民银行应当加强对银行业金融机构开户的核准、管理和监督工作。

财政专户资金由本级政府财政部门管理。除法律另有规定外，未经本级政府财政部门同意,任何部门、单位和个人都无权冻结、动用财政专户资金。

财政专户资金应当由本级政府财政部门纳入统一的会计核算,并在预算执行情况、决算和政府综合财务报告中单独反映。

第五十三条 预算执行中,各部门、各单位的主要职责:

(一)制定本部门、本单位预算执行制度,建立健全内部控制机制;

(二)依法组织收入,严格支出管理,实施绩效监控,开展绩效评价,提高资金使用效益;

(三)对单位的各项经济业务进行会计核算;

(四)汇总本部门、本单位的预算执行情况,定期向本级政府财政部门报送预算执行情况报告和绩效评价报告。

第五十四条 财政部门会同社会保险行政部门、社会保险费征收机构制定社会保险基金预算的收入、支出以及财务管理的具体办法。

社会保险基金预算由社会保险费征收机构和社会保险经办机构具体执行,并按照规定向本级政府财政部门和社会保险行政部门报告执行情况。

第五十五条 各级政府财政部门和税务、海关等预算收入征收部门和单位必须依法组织预算收入,按照财政管理体制、征收管理制度和国库集中收缴制度的规定征收预算收入,除依法缴入财政专户的社会保险基金等预算收入外,应当及时将预算收入缴入国库。

第五十六条 除依法缴入财政专户的社会保险基金等预算收入外,一切有预算收入上缴义务的部门和单位,必须将应当上缴的预算收入,按照规定的预算级次、政府收支分类科目、缴库方式和期限缴入国库,任何部门、单位和个人不得截留、占用、挪用或者拖欠。

第五十七条 各级政府财政部门应当加强对预算资金拨付的管理,并遵循下列原则:

(一)按照预算拨付,即按照批准的年度预算和用款计划拨付资金。除预算法第五十四条规定的在预算草案批准前可以安排支出的情形外,不得办理无预算、无用款计划、超预算或者超计划的资金拨付,不得擅自改变支出用途;

(二)按照规定的预算级次和程序拨付,即根据用款单位的申请,按照用款单位的预算级次、审定的用款计划和财政部门规定的预算资金拨付程序拨付资金;

(三)按照进度拨付,即根据用款单位的实际用款进度拨付资金。

第五十八条 财政部应当根据全国人民代表大会批准的中央政府债务余额限额,合理安排发行国债的品种、结构、期限和时点。

省、自治区、直辖市政府财政部门应当根据国务院批准的本地区政府债务限额,合理安排发行本地区政府债券的结构、期限和时点。

第五十九条 转移支付预算下达和资金拨付应当由财政部门办理,其他部门和单位不得对下级政府部门和单位下达转移支付预算或者拨付转移支付资金。

第六十条 各级政府、各部门、各单位应当加强对预算支出的管理,严格执行预算,遵守财政制度,强化预算约束,不得擅自扩大支出范围、提高开支标准;严格按照预算规定的支出用途使用资金,合理安排支出进度。

第六十一条 财政部负责制定与预算执行有关的财务规则、会计准则和会计制度。各部门、各单位应当按照本级政府财政部门的要求建立健全财务制度,加强会计核算。

第六十二条 国库是办理预算收入的收纳、划分、留解、退付和库款支拨的专门机构。国库分为中央国库和地方国库。

中央国库业务由中国人民银行经理。未设中国人民银行分支机构的地区,由中国人民银行商财政部后,委托有关银行业金融机构办理。

地方国库业务由中国人民银行分支机构经理。未设中国人民银行分支机构的地区,由上级中国人民银行分支机构商有关地方政府财政部门后,委托有关银行业金融机构办理。

具备条件的乡、民族乡、镇,应当设立国库。具体条件和标准由省、自治区、直辖市政府财政部门确定。

第六十三条 中央国库业务应当接受财政部的指导和监督,对中央财政负责。

地方国库业务应当接受本级政府财政部门的指导和监督,对地方财政负责。

省、自治区、直辖市制定的地方国库业务规程应当报财政部和中国人民银行备案。

第六十四条 各级国库应当及时向本级政府财政部门编报预算收入入库、解库、库款拨付以及库款余额情况的日报、旬报、月报和年报。

第六十五条 各级国库应当依照有关法律、行政法规、国务院以及财政部、中国人民银行的有关规定,加强对国库业务的管理,及时准确地办理预算收入的收纳、划分、留解、退付和预算支出的拨付。

各级国库和有关银行业金融机构必须遵守国家有关预算收入缴库的规定,不得延解、占压应当缴入国库的预算收入和国库库款。

第六十六条 各级国库必须凭本级政府财政部门签发的拨款凭证或者支付清算指令于当日办理资金拨付,并及时将款项转入收款单位的账户或者清算资金。

各级国库和有关银行业金融机构不得占压财政部门拨付的预算资金。

第六十七条 各级政府财政部门、预算收入征收部门和单位、国库应当建立健全相互之间的预算收入对账制度，在预算执行中按月、按年核对预算收入的收纳以及库款拨付情况，保证预算收入的征收入库、库款拨付和库存金额准确无误。

第六十八条 中央预算收入、中央和地方预算共享收入退库的办法，由财政部制定。地方预算收入退库的办法，由省、自治区、直辖市政府财政部门制定。

各级预算收入退库的审批权属于本级政府财政部门。中央预算收入、中央和地方预算共享收入的退库，由财政部或者财政部授权的机构批准。地方预算收入的退库，由地方政府财政部门或者其授权的机构批准。具体退库程序按照财政部的有关规定办理。

办理预算收入退库，应当直接退给申请单位或者申请个人，按照国家规定用途使用。任何部门、单位和个人不得截留、挪用退库款项。

第六十九条 各级政府应当加强对本级国库的管理和监督，各级政府财政部门负责协调本级预算收入征收部门和单位与国库的业务工作。

第七十条 国务院各部门制定的规章、文件，凡涉及减免应缴预算收入、设立和改变收入项目和标准、罚没财物处理、经费开支标准和范围、国有资产处置和收益分配以及会计核算等事项的，应当符合国家统一的规定；凡涉及增加或者减少财政收入或者支出的，应当征求财政部意见。

第七十一条 地方政府依据法定权限制定的规章和规定的行政措施，不得涉及减免中央预算收入、中央和地方预算共享收入，不得影响中央预算收入、中央和地方预算共享收入的征收；违反规定的，有关预算收入征收部门和单位有权拒绝执行，并应当向上级预算收入征收部门和单位以及财政部报告。

第七十二条 各级政府应当加强对预算执行工作的领导，定期听取财政部门有关预算执行情况的汇报，研究解决预算执行中出现的问题。

第七十三条 各级政府财政部门有权监督本级各部门及其所属各单位的预算管理有关工作，对各部门的预算执行情况和绩效进行评价、考核。

各级政府财政部门有权对与本级各预算收入相关的征收部门和单位征收本级预算收入的情况进行监督，对违反法律、行政法规规定多征、提前征收、减征、免征、缓征或者退还预算收入的，责令改正。

第七十四条 各级政府财政部门应当每月向本级政府报告预算执行情况，具体报告内容、方式和期限由本级政府规定。

第七十五条 地方各级政府财政部门应当定期向上一级政府财政部门报送本行政区域预算执行情况，包括预算执行旬报、月报、季报，政府债务余额统计报告，国库库款报告以及相关文字说明材料。具体报送内容、方式和期限由上一级政府财政部门规定。

第七十六条 各级税务、海关等预算收入征收部门和单位应当按照财政部门规定的期限和要求，向财政部门和上级主管部门报送有关预算收入征收情况，并附文字说明材料。

各级税务、海关等预算收入征收部门和单位应当与相关财政部门建立收入征管信息共享机制。

第七十七条 各部门应当按照本级政府财政部门规定的期限和要求，向本级政府财政部门报送本部门及其所属各单位的预算收支情况等报表和文字说明材料。

第七十八条 预算法第六十六条第一款所称超收收入，是指年度本级一般公共预算收入的实际完成数超过经本级人民代表大会或者其常务委员会批准的预算收入数的部分。

预算法第六十六条第三款所称短收，是指年度本级一般公共预算收入的实际完成数小于经本级人民代表大会或者其常务委员会批准的预算收入数的情形。

前两款所称实际完成数和预算收入数，不包括转移性收入和政府债务收入。

省、自治区、直辖市政府依照预算法第六十六条第三款规定增列的赤字，可以通过在国务院下达的本地区政府债务限额内发行地方政府一般债券予以平衡。

设区的市、自治州以下各级一般公共预算年度执行中出现短收的，应当通过调入预算稳定调节基金或者其他预算资金、减少支出等方式实现收支平衡；采取上述措施仍不能实现收支平衡的，可以通过申请上级政府临时救助平衡当年预算，并在下一年度预算中安排资金归还。

各级一般公共预算年度执行中厉行节约、节约开支，造成本级预算支出实际执行数小于预算总支出的，不属于预算调整的情形。

各级政府性基金预算年度执行中有超收收入的，应当在下一年度安排使用并优先用于偿还相应的专项债务；出现短收的，应当通过减少支出实现收支平衡。国务院另有规定的除外。

各级国有资本经营预算年度执行中有超收收入的，应当在下一年度安排使用；出现短收的，应当通过减少支出实现收支平衡。国务院另有规定的除外。

第七十九条 年度预算确定后,部门、单位改变隶属关系引起预算级次或者预算关系变化的,应当在改变财务关系的同时,相应办理预算、资产划转。

第五章 决 算

第八十条 预算法第七十四条所称决算草案,是指各级政府、各部门、各单位编制的未经法定程序审查和批准的预算收支和结余的年度执行结果。

第八十一条 财政部应当在每年第四季度部署编制决算草案的原则、要求、方法和报送期限,制发中央各部门决算、地方决算以及其他有关决算的报表格式。

省、自治区、直辖市政府按照国务院的要求和财政部的部署,结合本地区的具体情况,提出本行政区域编制决算草案的要求。

县级以上地方政府财政部门根据财政部的部署和省、自治区、直辖市政府的要求,部署编制本级政府各部门和下级政府决算草案的原则、要求、方法和报送期限,制发本级政府各部门决算、下级政府决算以及其他有关决算的报表格式。

第八十二条 地方政府财政部门根据上级政府财政部门的部署,制定本行政区域决算草案和本级各部门决算草案的具体编制办法。

各部门根据本级政府财政部门的部署,制定所属各单位决算草案的具体编制办法。

第八十三条 各级政府财政部门、各部门、各单位在每一预算年度终了时,应当清理核实全年预算收入、支出数据和往来款项,做好决算数据对账工作。

决算各项数据应当以经核实的各级政府、各部门、各单位会计数据为准,不得以估计数据替代,不得弄虚作假。

各部门、各单位决算应当列示结转、结余资金。

第八十四条 各单位应当按照主管部门的布置,认真编制本单位决算草案,在规定期限内上报。

各部门在审核汇总所属各单位决算草案基础上,连同本部门自身的决算收入和支出数据,汇编成本部门决算草案并附详细说明,经部门负责人签章后,在规定期限内报本级政府财政部门审核。

第八十五条 各级预算收入征收部门和单位应当按照财政部门的要求,及时编制收入年报以及有关资料并报送财政部门。

第八十六条 各级政府财政部门应当根据本级预算、预算会计核算数据等相关资料编制本级决算草案。

第八十七条 年度预算执行终了，对于上下级财政之间按照规定需要清算的事项，应当在决算时办理结算。

县级以上各级政府财政部门编制的决算草案应当及时报送本级政府审计部门审计。

第八十八条 县级以上地方各级政府应当自本级决算经批准之日起30日内，将本级决算以及下一级政府上报备案的决算汇总，报上一级政府备案；将下一级政府报送备案的决算汇总，报本级人民代表大会常务委员会备案。

乡、民族乡、镇政府应当自本级决算经批准之日起30日内，将本级决算报上一级政府备案。

第六章 监 督

第八十九条 县级以上各级政府应当接受本级和上级人民代表大会及其常务委员会对预算执行情况和决算的监督，乡、民族乡、镇政府应当接受本级人民代表大会和上级人民代表大会及其常务委员会对预算执行情况和决算的监督；按照本级人民代表大会或者其常务委员会的要求，报告预算执行情况；认真研究处理本级人民代表大会代表或者其常务委员会组成人员有关改进预算管理的建议、批评和意见，并及时答复。

第九十条 各级政府应当加强对下级政府预算执行情况的监督，对下级政府在预算执行中违反预算法、本条例和国家方针政策的行为，依法予以制止和纠正；对本级预算执行中出现的问题，及时采取处理措施。

下级政府应当接受上级政府对预算执行情况的监督；根据上级政府的要求，及时提供资料，如实反映情况，不得隐瞒、虚报；严格执行上级政府作出的有关决定，并将执行结果及时上报。

第九十一条 各部门及其所属各单位应当接受本级政府财政部门对预算管理有关工作的监督。

财政部派出机构根据职责和财政部的授权，依法开展工作。

第九十二条 各级政府审计部门应当依法对本级预算执行情况和决算草案，本级各部门、各单位和下级政府的预算执行情况和决算，进行审计监督。

第七章 法律责任

第九十三条 预算法第九十三条第六项所称违反本法规定冻结、动用国

库库款或者以其他方式支配已入国库库款,是指:

(一)未经有关政府财政部门同意,冻结、动用国库库款;

(二)预算收入征收部门和单位违反规定将所收税款和其他预算收入存入国库之外的其他账户;

(三)未经有关政府财政部门或者财政部门授权的机构同意,办理资金拨付和退付;

(四)将国库库款挪作他用;

(五)延解、占压国库库款;

(六)占压政府财政部门拨付的预算资金。

第九十四条 各级政府、有关部门和单位有下列行为之一的,责令改正;对负有直接责任的主管人员和其他直接责任人员,依法给予处分:

(一)突破一般债务限额或者专项债务限额举借债务;

(二)违反本条例规定下达转移支付预算或者拨付转移支付资金;

(三)擅自开设、变更账户。

第八章 附 则

第九十五条 预算法第九十七条所称政府综合财务报告,是指以权责发生制为基础编制的反映各级政府整体财务状况、运行情况和财政中长期可持续性的报告。政府综合财务报告包括政府资产负债表、收入费用表等财务报表和报表附注,以及以此为基础进行的综合分析等。

第九十六条 政府投资年度计划应当和本级预算相衔接。政府投资决策、项目实施和监督管理按照政府投资有关行政法规执行。

第九十七条 本条例自2020年10月1日起施行。

国务院关于修改《行政执法机关移送涉嫌犯罪案件的规定》的决定

(2020年8月7日中华人民共和国国务院令第730号公布 自公布之日起施行)

国务院决定对《行政执法机关移送涉嫌犯罪案件的规定》作如下修改:

一、第三条增加一款,作为第二款:“知识产权领域的违法案件,行政执法机关根据调查收集的证据和查明的案件事实，认为存在犯罪的合理嫌疑，需要公安机关采取措施进一步获取证据以判断是否达到刑事案件立案追诉标准的，应当向公安机关移送。”

二、将第十五条、第十六条、第十七条中的“行政处分”修改为“处分”。

三、增加一条，作为第十八条：“有关机关存在本规定第十五条、第十六条、第十七条所列违法行为，需要由监察机关依法给予违法的公职人员政务处分的，该机关及其上级主管机关或者有关人民政府应当依照有关规定将相关案件线索移送监察机关处理。”

四、将第十八条改为第十九条，修改为：“行政执法机关在依法查处违法行为过程中，发现公职人员有贪污贿赂、失职渎职或者利用职权侵犯公民人身权利和民主权利等违法行为，涉嫌构成职务犯罪的，应当依照刑法、刑事诉讼法、监察法等法律规定及时将案件线索移送监察机关或者人民检察院处理。”

本决定自公布之日起施行。

《行政执法机关移送涉嫌犯罪案件的规定》根据本决定作相应修改并对条文序号作相应调整，重新公布。

行政执法机关移送涉嫌犯罪案件的规定

（2001年7月9日中华人民共和国国务院令第310号公布　根据2020年8月7日《国务院关于修改〈行政执法机关移送涉嫌犯罪案件的规定〉的决定》修订）

第一条　为了保证行政执法机关向公安机关及时移送涉嫌犯罪案件，依法惩罚破坏社会主义市场经济秩序罪、妨害社会管理秩序罪以及其他罪，保障社会主义建设事业顺利进行，制定本规定。

第二条　本规定所称行政执法机关，是指依照法律、法规或者规章的规定，对破坏社会主义市场经济秩序、妨害社会管理秩序以及其他违法行为具有行政处罚权的行政机关，以及法律、法规授权的具有管理公共事务职能、在法定授权范围内实施行政处罚的组织。

第三条　行政执法机关在依法查处违法行为过程中，发现违法事实涉及的金额、违法事实的情节、违法事实造成的后果等，根据刑法关于破坏社会主义市场经济秩序罪、妨害社会管理秩序罪等罪的规定和最高人民法院、最高人民检察院关于破坏社会主义市场经济秩序罪、妨害社会管理秩序罪等罪的司法解释以及最高人民检察院、公安部关于经济犯罪案件的追诉标准等规定，涉嫌构成犯罪,依法需要追究刑事责任的,必须依照本规定向公安机关移送。

知识产权领域的违法案件,行政执法机关根据调查收集的证据和查明的案件事实,认为存在犯罪的合理嫌疑,需要公安机关采取措施进一步获取证据以判断是否达到刑事案件立案追诉标准的,应当向公安机关移送。

第四条 行政执法机关在查处违法行为过程中,必须妥善保存所收集的与违法行为有关的证据。

行政执法机关对查获的涉案物品,应当如实填写涉案物品清单,并按照国家有关规定予以处理。对易腐烂、变质等不宜或者不易保管的涉案物品,应当采取必要措施,留取证据;对需要进行检验、鉴定的涉案物品,应当由法定检验、鉴定机构进行检验、鉴定,并出具检验报告或者鉴定结论。

第五条 行政执法机关对应当向公安机关移送的涉嫌犯罪案件,应当立即指定2名或者2名以上行政执法人员组成专案组专门负责,核实情况后提出移送涉嫌犯罪案件的书面报告,报经本机关正职负责人或者主持工作的负责人审批。

行政执法机关正职负责人或者主持工作的负责人应当自接到报告之日起3日内作出批准移送或者不批准移送的决定。决定批准的,应当在24小时内向同级公安机关移送;决定不批准的,应当将不予批准的理由记录在案。

第六条 行政执法机关向公安机关移送涉嫌犯罪案件,应当附有下列材料:

(一)涉嫌犯罪案件移送书;

(二)涉嫌犯罪案件情况的调查报告;

(三)涉案物品清单;

(四)有关检验报告或者鉴定结论;

(五)其他有关涉嫌犯罪的材料。

第七条 公安机关对行政执法机关移送的涉嫌犯罪案件,应当在涉嫌犯罪案件移送书的回执上签字;其中,不属于本机关管辖的,应当在24小时内转送有管辖权的机关,并书面告知移送案件的行政执法机关。

第八条 公安机关应当自接受行政执法机关移送的涉嫌犯罪案件之日起3日内,依照刑法、刑事诉讼法以及最高人民法院、最高人民检察院关于立案标准和公安部关于公安机关办理刑事案件程序的规定,对所移送的案件进行审查。认为有犯罪事实,需要追究刑事责任,依法决定立案的,应当书面通知移送案件的行政执法机关;认为没有犯罪事实,或者犯罪事实显著轻微,不需要追究刑事责任,依法不予立案的,应当说明理由,并书面通知移送案件的行政执法机关,相应退回案卷材料。

第九条 行政执法机关接到公安机关不予立案的通知书后，认为依法应当由公安机关决定立案的，可以自接到不予立案通知书之日起3日内，提请作出不予立案决定的公安机关复议，也可以建议人民检察院依法进行立案监督。

作出不予立案决定的公安机关应当自收到行政执法机关提请复议的文件之日起3日内作出立案或者不予立案的决定，并书面通知移送案件的行政执法机关。移送案件的行政执法机关对公安机关不予立案的复议决定仍有异议的，应当自收到复议决定通知书之日起3日内建议人民检察院依法进行立案监督。

公安机关应当接受人民检察院依法进行的立案监督。

第十条 行政执法机关对公安机关决定不予立案的案件，应当依法作出处理；其中，依照有关法律、法规或者规章的规定应当给予行政处罚的，应当依法实施行政处罚。

第十一条 行政执法机关对应当向公安机关移送的涉嫌犯罪案件，不得以行政处罚代替移送。

行政执法机关向公安机关移送涉嫌犯罪案件前已经作出的警告，责令停产停业，暂扣或者吊销许可证、暂扣或者吊销执照的行政处罚决定，不停止执行。

依照行政处罚法的规定，行政执法机关向公安机关移送涉嫌犯罪案件前，已经依法给予当事人罚款的，人民法院判处罚金时，依法折抵相应罚金。

第十二条 行政执法机关对公安机关决定立案的案件，应当自接到立案通知书之日起3日内将涉案物品以及与案件有关的其他材料移交公安机关，并办结交接手续；法律、行政法规另有规定的，依照其规定。

第十三条 公安机关对发现的违法行为，经审查，没有犯罪事实，或者立案侦查后认为犯罪事实显著轻微，不需要追究刑事责任，但依法应当追究行政责任的，应当及时将案件移送同级行政执法机关，有关行政执法机关应当依法作出处理。

第十四条 行政执法机关移送涉嫌犯罪案件，应当接受人民检察院和监察机关依法实施的监督。

任何单位和个人对行政执法机关违反本规定，应当向公安机关移送涉嫌犯罪案件而不移送的，有权向人民检察院、监察机关或者上级行政执法机关举报。

第十五条 行政执法机关违反本规定，隐匿、私分、销毁涉案物品的，由本级或者上级人民政府，或者实行垂直管理的上级行政执法机关，对其正职负责人根据情节轻重，给予降级以上的处分；构成犯罪的，依法追究刑事责任。

对前款所列行为直接负责的主管人员和其他直接责任人员，比照前款的规定给予处分；构成犯罪的，依法追究刑事责任。

第十六条 行政执法机关违反本规定，逾期不将案件移送公安机关的，由本级或者上级人民政府，或者实行垂直管理的上级行政执法机关，责令限期移送，并对其正职负责人或者主持工作的负责人根据情节轻重，给予记过以上的处分；构成犯罪的，依法追究刑事责任。

行政执法机关违反本规定，对应当向公安机关移送的案件不移送，或者以行政处罚代替移送的，由本级或者上级人民政府，或者实行垂直管理的上级行政执法机关，责令改正，给予通报；拒不改正的，对其正职负责人或者主持工作的负责人给予记过以上的处分；构成犯罪的，依法追究刑事责任。

对本条第一款、第二款所列行为直接负责的主管人员和其他直接责任人员，分别比照前两款的规定给予处分；构成犯罪的，依法追究刑事责任。

第十七条 公安机关违反本规定，不接受行政执法机关移送的涉嫌犯罪案件，或者逾期不作出立案或者不予立案的决定的，除由人民检察院依法实施立案监督外，由本级或者上级人民政府责令改正，对其正职负责人根据情节轻重，给予记过以上的处分；构成犯罪的，依法追究刑事责任。

对前款所列行为直接负责的主管人员和其他直接责任人员，比照前款的规定给予处分；构成犯罪的，依法追究刑事责任。

第十八条 有关机关存在本规定第十五条、第十六条、第十七条所列违法行为，需要由监察机关依法给予违法的公职人员政务处分的，该机关及其上级主管机关或者有关人民政府应当依照有关规定将相关案件线索移送监察机关处理。

第十九条 行政执法机关在依法查处违法行为过程中，发现公职人员有贪污贿赂、失职渎职或者利用职权侵犯公民人身权利和民主权利等违法行为，涉嫌构成职务犯罪的，应当依照刑法、刑事诉讼法、监察法等法律规定及时将案件线索移送监察机关或者人民检察院处理。

第二十条 本规定自公布之日起施行。

国务院文件

国务院办公厅关于进一步做好稳外贸稳外资工作的意见

（2020 年 8 月 5 日　国办发〔2020〕28 号）

当前国际疫情持续蔓延，世界经济严重衰退，我国外贸外资面临复杂严峻形势。为深入贯彻习近平总书记关于稳住外贸外资基本盘的重要指示批示精神，落实党中央、国务院决策部署，做好“六稳”工作，落实“六保”任务，进一步加强稳外贸稳外资工作，稳住外贸主体，稳住产业链供应链，经国务院同意，现提出以下意见：

一、更好发挥出口信用保险作用。中国出口信用保险公司在风险可控前提下，积极保障出运前订单被取消的风险。2020 年底前，中国出口信用保险公司根据外贸企业申请，可合理变更短期险支付期限或延长付款宽限期、报损期限等。（财政部、商务部、银保监会、中国出口信用保险公司按职责分工负责）

二、支持有条件的地方复制或扩大“信保 + 担保”的融资模式。鼓励有条件的地方支持政府性融资担保机构参与风险分担，对出口信用保险赔付额以外的贷款本金进行一定比例的担保，商业银行在“信保 + 担保”条件下，合理确定贷款利率。（各地方人民政府，财政部、商务部、银保监会、中国出口信用保险公司按职责分工负责）

三、以多种方式为外贸企业融资提供增信支持。充分发挥国家融资担保基金和地方政府性融资担保机构作用，参与外贸领域融资风险分担，支持、引导各类金融机构加大对小微外贸企业融资支持。（各地方人民政府，财政部、商务部、人民银行、银保监会按职责分工负责）鼓励银行机构结合内部风险管理要求，与资质较好的外贸类服务平台进行合作，获取贸易相关信息和资信评估服务，优化贸易背景真实性审核，更好服务外贸企业。（各地方人民政府，商务部、银保监会按职责分工负责）

四、进一步扩大对中小微外贸企业出口信贷投放。更好发挥金融支持作用，进一步加大对中小微外贸企业的信贷投放，缓解融资难、融资贵问题。（各

地方人民政府，财政部、商务部、人民银行、银保监会、进出口银行按职责分工负责）

五、支持贸易新业态发展。尽快推动在有条件的地方新增一批市场采购贸易方式试点，力争将全国试点总量扩大至30个左右，带动中小微企业出口。（商务部牵头，各地方人民政府，发展改革委、财政部、海关总署、税务总局、市场监管总局、外汇局按职责分工负责）充分利用外经贸发展专项资金、服务贸易创新发展引导基金等现有渠道，支持跨境电商平台、跨境物流发展和海外仓建设等。鼓励进出口银行、中国出口信用保险公司等各类金融机构在风险可控前提下积极支持海外仓建设。（商务部牵头，财政部、银保监会、进出口银行、中国出口信用保险公司按职责分工负责）深入落实外贸综合服务企业代办退税管理办法，不断优化退税服务，持续加快退税进度。加大对外贸综合服务企业的信用培育力度，使更多符合认证标准的外贸综合服务企业成为海关“经认证的经营者”（AEO）。（商务部、海关总署、税务总局按职责分工负责）

六、引导加工贸易梯度转移。鼓励有条件的地方结合当地实际，通过基金等方式，支持加工贸易梯度转移。培育一批东部与中西部、东北地区共建的加工贸易产业园区。借助中国加工贸易产品博览会等平台，完善产业转移对接机制。鼓励中西部、东北地区发挥优势，承接劳动密集型外贸产业。（各地方人民政府，财政部、商务部按职责分工负责）

七、加大对劳动密集型企业支持力度。对纺织品、服装、家具、鞋靴、塑料制品、箱包、玩具、石材、农产品、消费电子类产品等劳动密集型产品出口企业，在落实减税降费、出口信贷、出口信保、稳岗就业、用电用水等各项普惠性政策基础上进一步加大支持力度。（各地方人民政府，发展改革委、工业和信息化部、财政部、人力资源社会保障部、商务部、人民银行、税务总局、银保监会、进出口银行、中国出口信用保险公司按职责分工负责）

八、助力大型骨干外贸企业破解难题。研究确定大型骨干外贸企业名单，梳理大型骨干外贸企业及其核心配套企业需求，建立问题批办制度，推动解决生产经营中遇到的矛盾问题，在进出口各环节予以支持，“一企一策”做好服务。研究在风险可控前提下，对大型骨干外贸企业进一步加快出口退税进度的支持措施。（商务部牵头，工业和信息化部、海关总署、税务总局、进出口银行、中国出口信用保险公司按职责分工负责）

九、拓展对外贸易线上渠道。推进“线上一国一展”，支持和鼓励有能力、有意愿的地方政府、重点行业协会举办线上展会。用好外经贸发展专项资金，在规定范围内，支持中小外贸企业开拓市场，参加线上线下展会。发挥好国内商协会、驻外机构、海外中资企业协会作用，积极对接国外商协会，帮助出口企

业对接更多海外买家。（各地方人民政府，外交部、工业和信息化部、财政部、商务部按职责分工负责）

十、进一步提升通关便利化水平。持续优化口岸营商环境，继续巩固压缩货物整体通关时间成效，进一步推动规范和降低进出口环节合规成本，在有条件的口岸推广口岸收费“一站式阳光价格”，提升口岸收费透明度和可比性。加大对出口企业提供技术贸易措施咨询服务力度，助力企业开拓海外市场。推进扩大油脂油料、肉类、乳品市场准入，促进进口，保障市场供应。（海关总署负责）

十一、提高外籍商务人员来华便利度。在严格落实好防疫要求前提下，继续与有关国家商谈建立“快捷通道”，为外贸外资企业重要商务、物流、生产和技术服务急需人员往来提供便利。继续对符合条件的来华复工复产外国人全面实施“快捷通道”。参照“快捷通道”有关做法，本着“防疫为先、确保必需、压实责任、体现便利”原则，对来华从事必要经贸、科技等活动的外国人作出便利性安排。支持地方结合当地市场采购贸易方式特点，开通专有通道，便利外商入市采购，优先安排在华常驻外商尽快返华入市。在做好疫情防控的前提下，逐步有序恢复中外人员往来。按照国务院联防联控机制部署，分阶段增加国际客运航班总量，在防疫证明齐全的情况下，适度增加与我主要投资来源地民航班次，便利外籍商务人员来华。（各地方人民政府，外交部、发展改革委、商务部、移民局、民航局按职责分工负责）

十二、给予重点外资企业金融支持。外资企业同等适用现有1.5万亿元再贷款再贴现专项额度支持。加大对重点外资企业的金融支持力度，进出口银行5700亿元新增贷款规模可用于积极支持符合条件的重点外资企业。各省区市商务主管部门摸清辖区内重点外资企业融资需求及经营情况，及时与银行业金融机构共享重点外资企业信息，加强各地外资企业协会等机构与银行业金融机构的合作，推动开展“银企对接”，银行业金融机构按市场化原则积极保障重点外资企业融资需求。（各地方人民政府，人民银行、商务部、银保监会、进出口银行按职责分工负责）

十三、加大重点外资项目支持服务力度。对全国范围内投资额1亿美元以上的重点外资项目，梳理形成清单，在前期、在建和投产等环节，内外资一视同仁加大用海、用地、能耗、环保等方面服务保障力度。（各地方人民政府，商务部、发展改革委、自然资源部、生态环境部按职责分工负责）

十四、鼓励外资更多投向高新技术产业。推动高新技术企业认定管理和服务的便利化，进一步加强对外商投资企业申请高新技术企业认定的培训和宣传解读，着重加强对疫情防控等应急领域企业的政策服务，吸引更多外资投

向高新技术和民生健康领域。（科技部牵头，财政部、税务总局按职责分工负责）

十五、降低外资研发中心享受优惠政策门槛。降低适用支持科技创新进口税收政策的外资研发中心专职研究与试验发展人员数量要求，鼓励外商来华投资设立研发中心，提升引资质量。（财政部牵头，商务部、税务总局按职责分工负责）

各地区、各部门要以习近平新时代中国特色社会主义思想为指导，增强“四个意识”、坚定“四个自信”、做到“两个维护”，坚决贯彻党中央、国务院决策部署，提高站位、积极作为、狠抓落实。各地区要结合实际，完善配套措施，认真组织实施，推动各项政策在本地区落地见效。各部门要按职责分工，加强协作、形成合力，确保各项政策落实到位。

（本文有删减）

国务院部门规章

农用薄膜管理办法

（2020年7月3日农业农村部、工业和信息化部、生态环境部、国家市场监督管理总局令2020年第4号公布　自2020年9月1日起施行　国司备字[2020002220]）

第一章　总　则

第一条　为了防治农用薄膜污染，加强农用薄膜监督管理，保护和改善农业生态环境，根据《中华人民共和国土壤污染防治法》等法律、行政法规，制定本办法。

第二条　本办法所称农用薄膜，是指用于农业生产的地面覆盖薄膜和棚膜。

第三条　农用薄膜的生产、销售、使用、回收、再利用及其监督管理适用本办法。

第四条　地方各级人民政府依法对本行政区域农用薄膜污染防治负责，组织、协调、督促有关部门依法履行农用薄膜污染防治监督管理职责。

第五条　县级以上人民政府农业农村主管部门负责农用薄膜使用、回收监督管理工作，指导农用薄膜回收利用体系建设。

县级以上人民政府工业和信息化主管部门负责农用薄膜生产指导工作。

县级以上人民政府市场监管部门负责农用薄膜产品质量监督管理工作。

县级以上生态环境主管部门负责农用薄膜回收、再利用过程环境污染防治的监督管理工作。

第六条　禁止生产、销售、使用国家明令禁止或者不符合强制性国家标准的农用薄膜。鼓励和支持生产、使用全生物降解农用薄膜。

第二章　生产、销售和使用

第七条　农用薄膜生产者应当落实国家关于农用薄膜行业规范的要求，

执行农用薄膜相关标准，确保产品质量。

第八条 农用薄膜生产者应当在每卷地膜、每延米棚膜上添加可辨识的企业标识，便于产品追溯和市场监管。

第九条 农用薄膜生产者应当依法建立农用薄膜出厂销售记录制度，如实记录农用薄膜的名称、规格、数量、生产日期和批号、产品质量检验信息、购货人名称及其联系方式、销售日期等内容。出厂销售记录应当至少保存两年。

第十条 出厂销售的农用薄膜产品应当依法附具产品质量检验合格证，标明推荐使用时间等内容。

农用薄膜应当在合格证明显位置标注“使用后请回收利用，减少环境污染”中文字样。全生物降解农用薄膜应当在合格证明显位置标注“全生物降解薄膜，注意使用条件”中文字样。

第十一条 农用薄膜销售者应当查验农用薄膜产品的包装、标签、质量检验合格证，不得采购和销售未达到强制性国家标准的农用薄膜，不得将非农用薄膜销售给农用薄膜使用者。

农用薄膜销售者应当依法建立销售台账，如实记录销售农用薄膜的名称、规格、数量、生产者、生产日期和供货人名称及其联系方式、进货日期等内容。销售台账应当至少保存两年。

第十二条 农用薄膜使用者应当按照产品标签标注的期限使用农用薄膜。农业生产企业、农民专业合作社等使用者应当依法建立农用薄膜使用记录，如实记录使用时间、地点、对象以及农用薄膜名称、用量、生产者、销售者等内容。农用薄膜使用记录应当至少保存两年。

第十三条 县级以上人民政府农业农村主管部门应当采取措施，加强农用薄膜使用控制，开展农用薄膜适宜性覆盖评价，为农用薄膜使用者提供技术指导和服务，鼓励农用薄膜覆盖替代技术和产品的研发与示范推广，提高农用薄膜科学使用水平。

第三章 回收和再利用

第十四条 农用薄膜回收实行政府扶持、多方参与的原则，各地要采取措施，鼓励、支持单位和个人回收农用薄膜。

第十五条 农用薄膜使用者应当在使用期限到期前捡拾田间的非全生物降解农用薄膜废弃物，交至回收网点或回收工作者，不得随意弃置、掩埋或者焚烧。

第十六条 农用薄膜生产者、销售者、回收网点、废旧农用薄膜回收再利用企业或其他组织等应当开展合作，采取多种方式，建立健全农用薄膜回收利用体系，推动废旧农用薄膜回收、处理和再利用。

第十七条 农用薄膜回收网点和回收再利用企业应当依法建立回收台账，如实记录废旧农用薄膜的重量、体积、杂质、缴膜人名称及其联系方式、回收时间等内容。回收台账应当至少保存两年。

第十八条 鼓励研发、推广农用薄膜回收技术与机械，开展废旧农用薄膜再利用。

第十九条 支持废旧农用薄膜再利用企业按照规定享受用地、用电、用水、信贷、税收等优惠政策，扶持从事废旧农用薄膜再利用的社会化服务组织和企业。

第二十条 农用薄膜回收再利用企业应当依法做好回收再利用厂区和周边环境的环境保护工作，避免二次污染。

第四章 监督检查

第二十一条 建立农用薄膜残留监测制度，县级以上地方人民政府农业农村主管部门应当定期开展本行政区域的农用薄膜残留监测。

第二十二条 建立农用薄膜市场监管制度，县级以上地方人民政府市场监管部门应当定期开展本行政区域的农用薄膜质量监督检查。

第二十三条 生产、销售农用薄膜不符合强制性国家标准的，依照《中华人民共和国产品质量法》等法律、行政法规的规定查处，依法依规记入信用记录并予以公示。

政府招标采购的农用薄膜应当符合强制性国家标准，依法限制失信企业参与政府招标采购。

第二十四条 农用薄膜生产者、销售者、使用者未按照规定回收农用薄膜的，依照《中华人民共和国土壤污染防治法》第八十八条规定处罚。

第五章 附 则

第二十五条 本办法自 2020 年 9 月 1 日起施行。

科创板上市公司证券发行注册管理办法(试行)

(2020年7月3日中国证券监督管理委员会令第171号公布
自公布之日起施行　国司备字[2020002358])

第一章　总　则

第一条　为了规范科创板上市公司(以下简称上市公司)证券发行行为,保护投资者合法权益和社会公共利益,根据《中华人民共和国证券法》(以下简称《证券法》)《国务院办公厅关于贯彻实施修订后的证券法有关工作的通知》《关于在上海证券交易所设立科创板并试点注册制的实施意见》《国务院办公厅转发证监会关于开展创新企业境内发行股票或存托凭证试点若干意见的通知》(以下简称《若干意见》)及相关法律法规,制定本办法。

第二条　上市公司申请在境内发行证券,适用本办法。

本办法所称证券,指下列证券品种:

(一)股票;

(二)可转换公司债券(以下简称可转债);

(三)存托凭证;

(四)中国证券监督管理委员会(以下简称中国证监会)认可的其他品种。

前款所称可转债,是指上市公司依法发行、在一定期间内依据约定的条件可以转换成股份的公司债券。

第三条　上市公司发行证券,可以向不特定对象发行,也可以向特定对象发行。

向不特定对象发行证券包括上市公司向原股东配售股份(以下简称配股)、向不特定对象募集股份(以下简称增发)和向不特定对象发行可转债。

向特定对象发行证券包括上市公司向特定对象发行股票、向特定对象发行可转债。

第四条　上市公司发行证券的,应当符合《证券法》和本办法规定的发行条件和相关信息披露要求,依法经上海证券交易所(以下简称交易所)发行上市审核并报经中国证监会注册,但因依法实行股权激励、公积金转为增加公司资本、分配股票股利的除外。

第五条 上市公司应当诚实守信，依法充分披露投资者作出价值判断和投资决策所必需的信息，所披露信息必须真实、准确、完整，简明清晰、通俗易懂，不得有虚假记载、误导性陈述或者重大遗漏。

上市公司应当按照保荐人、证券服务机构要求，依法向其提供真实、准确、完整的财务会计资料和其他资料，配合相关机构开展尽职调查和其他相关工作。

上市公司控股股东、实际控制人、董事、监事、高级管理人员应当配合相关机构开展尽职调查和其他相关工作，不得要求或者协助上市公司隐瞒应当提供的资料或者应当披露的信息。

第六条 保荐人应当诚实守信，勤勉尽责，按照依法制定的业务规则和行业自律规范的要求，充分了解上市公司经营情况和风险，对注册申请文件和信息披露资料进行全面核查验证，对上市公司是否符合发行条件独立作出专业判断，审慎作出推荐决定，并对募集说明书或者其他信息披露文件及其所出具的相关文件的真实性、准确性、完整性负责。

第七条 证券服务机构应当严格遵守法律法规、中国证监会制定的监管规则、业务规则和本行业公认的业务标准和道德规范，建立并保持有效的质量控制体系，保护投资者合法权益，审慎履行职责，作出专业判断与认定，并对募集说明书或者其他信息披露文件中与其专业职责有关的内容及其所出具的文件的真实性、准确性、完整性负责。

证券服务机构及其相关执业人员应当对与本专业相关的业务事项履行特别注意义务，对其他业务事项履行普通注意义务，并承担相应法律责任。

证券服务机构及其执业人员从事证券服务业务应当配合中国证监会的监督管理，在规定的期限内提供、报送或披露相关资料、信息，并保证其提供、报送或披露的资料、信息真实、准确、完整，不得有虚假记载、误导性陈述或者重大遗漏。

证券服务机构应当妥善保存客户委托文件、核查和验证资料、工作底稿以及与质量控制、内部管理、业务经营有关的信息和资料。

第八条 对上市公司发行证券申请予以注册，不表明中国证监会和交易所对该证券的投资价值或者投资者的收益作出实质性判断或者保证，也不表明中国证监会和交易所对申请文件的真实性、准确性、完整性作出保证。

第二章 发行条件

第一节 发行股票

第九条 上市公司向不特定对象发行股票，应当符合下列规定：

（一）具备健全且运行良好的组织机构；

（二）现任董事、监事和高级管理人员具备法律、行政法规规定的任职要求；

（三）具有完整的业务体系和直接面向市场独立经营的能力，不存在对持续经营有重大不利影响的情形；

（四）会计基础工作规范，内部控制制度健全且有效执行，财务报表的编制和披露符合企业会计准则和相关信息披露规则的规定，在所有重大方面公允反映了上市公司的财务状况、经营成果和现金流量，最近三年财务会计报告被出具无保留意见审计报告；

（五）除金融类企业外，最近一期末不存在金额较大的财务性投资。

第十条 上市公司存在下列情形之一的，不得向不特定对象发行股票：

（一）擅自改变前次募集资金用途未作纠正，或者未经股东大会认可；

（二）上市公司及其现任董事、监事和高级管理人员最近三年受到中国证监会行政处罚，或者最近一年受到证券交易所公开谴责，或者因涉嫌犯罪正被司法机关立案侦查或者涉嫌违法违规正在被中国证监会立案调查；

（三）上市公司及其控股股东、实际控制人最近一年存在未履行向投资者作出的公开承诺的情形；

（四）上市公司及其控股股东、实际控制人最近三年存在贪污、贿赂、侵占财产、挪用财产或者破坏社会主义市场经济秩序的刑事犯罪，或者存在严重损害上市公司利益、投资者合法权益、社会公共利益的重大违法行为。

第十一条 上市公司存在下列情形之一的，不得向特定对象发行股票：

（一）擅自改变前次募集资金用途未作纠正，或者未经股东大会认可；

（二）最近一年财务报表的编制和披露在重大方面不符合企业会计准则或者相关信息披露规则的规定；最近一年财务会计报告被出具否定意见或者无法表示意见的审计报告；最近一年财务会计报告被出具保留意见的审计报告，且保留意见所涉及事项对上市公司的重大不利影响尚未消除。本次发行涉及重大资产重组的除外；

（三）现任董事、监事和高级管理人员最近三年受到中国证监会行政处罚，或者最近一年受到证券交易所公开谴责；

（四）上市公司及其现任董事、监事和高级管理人员因涉嫌犯罪正在被司法机关立案侦查或者涉嫌违法违规正被中国证监会立案调查；

（五）控股股东、实际控制人最近三年存在严重损害上市公司利益或者投资者合法权益的重大违法行为；

（六）最近三年存在严重损害投资者合法权益或者社会公共利益的重大违

法行为。

第十二条 上市公司发行股票，募集资金使用应当符合下列规定：

(一)应当投资于科技创新领域的业务；

(二)符合国家产业政策和有关环境保护、土地管理等法律、行政法规规定；

(三)募集资金项目实施后，不会与控股股东、实际控制人及其控制的其他企业新增构成重大不利影响的同业竞争、显失公平的关联交易，或者严重影响公司生产经营的独立性。

第二节 发行可转债

第十三条 上市公司发行可转债，应当符合下列规定：

(一)具备健全且运行良好的组织机构；

(二)最近三年平均可分配利润足以支付公司债券一年的利息；

(三)具有合理的资产负债结构和正常的现金流量。

除前款规定条件外，上市公司向不特定对象发行可转债，还应当遵守本办法第九条第(二)项至第(五)项、第十条的规定；向特定对象发行可转债，还应当遵守本办法第十一条的规定。但是，按照公司债券募集办法，上市公司通过收购本公司股份的方式进行公司债券转换的除外。

第十四条 上市公司存在下列情形之一的，不得发行可转债：

(一)对已公开发行的公司债券或者其他债务有违约或者延迟支付本息的事实，仍处于继续状态；

(二)违反《证券法》规定，改变公开发行公司债券所募资金用途。

第十五条 上市公司发行可转债，募集资金除不得用于弥补亏损和非生产性支出外，还应当遵守本办法第十二条的规定。

第三章 发行程序

第十六条 上市公司申请发行证券，董事会应当依法就下列事项作出决议，并提请股东大会批准：

(一)本次证券发行的方案；

(二)本次发行方案的论证分析报告；

(三)本次募集资金使用的可行性报告；

(四)其他必须明确的事项。

上市公司董事会拟引入战略投资者的，应当将引入战略投资者的事项作为单独议案,就每名战略投资者单独审议,并提交股东大会批准。

董事会依照前二款作出决议,董事会决议日与首次公开发行股票上市日的时间间隔不得少于六个月。

第十七条 董事会在编制本次发行方案的论证分析报告时,应当结合上市公司所处行业和发展阶段、融资规划、财务状况、资金需求等情况进行论证分析,独立董事应当发表专项意见。论证分析报告至少应当包括下列内容:

(一)本次发行证券及其品种选择的必要性;

(二)本次发行对象的选择范围、数量和标准的适当性;

(三)本次发行定价的原则、依据、方法和程序的合理性;

(四)本次发行方式的可行性;

(五)本次发行方案的公平性、合理性;

(六)本次发行对原股东权益或者即期回报摊薄的影响以及填补的具体措施。

第十八条 股东大会就发行证券作出的决定,至少应当包括下列事项:

(一)本次发行证券的种类和数量;

(二)发行方式、发行对象及向原股东配售的安排;

(三)定价方式或者价格区间;

(四)募集资金用途;

(五)决议的有效期;

(六)对董事会办理本次发行具体事宜的授权;

(七)其他必须明确的事项。

第十九条 股东大会就发行可转债作出的决定,至少应当包括下列事项:

(一)本办法第十八条规定的事项;

(二)债券利率;

(三)债券期限;

(四)赎回条款;

(五)回售条款;

(六)还本付息的期限和方式;

(七)转股期;

(八)转股价格的确定和修正。

第二十条 股东大会就发行证券事项作出决议,必须经出席会议的股东所持表决权的三分之二以上通过,中小投资者表决情况应当单独计票。向本公司特定的股东及其关联人发行证券的,股东大会就发行方案进行表决时,关联股东应当回避。股东大会对引入战略投资者议案作出决议的,应当就每名战略投资者单独表决。

上市公司就发行证券事项召开股东大会，应当提供网络投票方式，公司还可以通过其他方式为股东参加股东大会提供便利。

第二十一条 上市公司年度股东大会可以根据公司章程的规定，授权董事会决定向特定对象发行融资总额不超过人民币三亿元且不超过最近一年末净资产百分之二十的股票，该项授权在下一年度股东大会召开日失效。

上市公司年度股东大会给予董事会前款授权的，应当就本办法第十八条规定的事项通过相关决定。

第二十二条 上市公司申请发行证券，应当按照中国证监会有关规定制作注册申请文件，依法由保荐人保荐并向交易所申报。

交易所收到注册申请文件后，五个工作日内作出是否受理的决定。

第二十三条 申请文件受理后，未经中国证监会或者交易所同意，不得改动。

发生重大事项的，上市公司、保荐人、证券服务机构应当及时向交易所报告，并按要求更新申请文件和信息披露资料。

第二十四条 交易所审核部门负责审核上市公司证券发行上市申请；科创板上市委员会负责对上市公司向不特定对象发行证券的申请文件和审核部门出具的审核报告提出审议意见。

交易所主要通过向上市公司提出审核问询、上市公司回答问题方式开展审核工作，判断上市公司发行申请是否符合发行条件和信息披露要求。

第二十五条 上市公司应当向交易所报送审核问询回复的相关文件，并以临时公告的形式披露交易所审核问询回复意见。

第二十六条 交易所按照规定的条件和程序，形成上市公司是否符合发行条件和信息披露要求的审核意见，认为上市公司符合发行条件和信息披露要求的，将审核意见、上市公司注册申请文件及相关审核资料报中国证监会注册；认为上市公司不符合发行条件或者信息披露要求的，作出终止发行上市审核决定。

第二十七条 交易所应当自受理注册申请文件之日起二个月内形成审核意见，但本办法另有规定的除外。

上市公司根据要求补充、修改申请文件，或者交易所按照规定对上市公司实施现场检查，要求保荐人、证券服务机构对有关事项进行专项核查，并要求上市公司补充、修改申请文件的时间不计算在内。

第二十八条 符合相关规定的上市公司按照本办法第二十一条规定申请向特定对象发行股票的，适用简易程序。

第二十九条 交易所采用简易程序的，应当在收到注册申请文件后，二个工作日内作出是否受理的决定，自受理之日起三个工作日内完成审核并形成上市公司是否符合发行条件和信息披露要求的审核意见。

交易所应当制定简易程序的业务规则，并报中国证监会批准。

第三十条 中国证监会依法履行发行注册程序，主要关注交易所发行上市审核内容有无遗漏，审核程序是否符合规定，以及上市公司在发行条件和信息披露要求的重大方面是否符合相关规定。中国证监会认为存在需要进一步说明或者落实事项的，可以要求交易所进一步问询。

中国证监会认为交易所对影响发行条件的重大事项未予关注或者交易所的审核意见依据明显不充分的，可以退回交易所补充审核。交易所补充审核后，认为上市公司符合发行条件和信息披露要求的，重新向中国证监会报送审核意见及相关资料，本办法第三十一条规定的注册期限重新计算。

第三十一条 中国证监会在十五个工作日内对上市公司的注册申请作出予以注册或者不予注册的决定。

上市公司根据要求补充、修改注册申请文件，或者中国证监会要求交易所进一步问询，要求保荐人、证券服务机构等对有关事项进行核查，对上市公司现场检查，并要求上市公司补充、修改申请文件的时间不计算在内。

中国证监会收到交易所依照本办法第二十九条规定报送的审核意见、上市公司注册申请文件及相关审核资料后，三个工作日内作出予以注册或者不予注册的决定。

第三十二条 中国证监会的予以注册决定，自作出之日起一年内有效，上市公司应当在注册决定有效期内发行证券，发行时点由上市公司自主选择。

适用简易程序的，应当在中国证监会作出予以注册决定后十个工作日内完成发行缴款，未完成的，本次发行批文失效。

第三十三条 中国证监会作出予以注册决定后、上市公司证券上市交易前，上市公司应当及时更新信息披露文件；保荐人以及证券服务机构应当持续履行尽职调查职责；发生重大事项的，上市公司、保荐人应当及时向交易所报告。

交易所应当对上述事项及时处理，发现上市公司存在重大事项影响发行条件的，应当出具明确意见并及时向中国证监会报告。

第三十四条 中国证监会作出予以注册决定后、上市公司证券上市交易前，发现可能影响本次发行的重大事项的，中国证监会可以要求上市公司暂缓发行、上市；相关重大事项导致上市公司不符合发行条件的，应当撤销注册。

中国证监会撤销注册后，证券尚未发行的，上市公司应当停止发行；证券已经发行尚未上市的，上市公司应当按照发行价并加算银行同期存款利息返还证券持有人。

第三十五条 交易所认为上市公司不符合发行条件或者信息披露要求，作出终止发行上市审核决定，或者中国证监会作出不予注册决定的，自决定作出之日起六个月后，上市公司可以再次提出证券发行申请。

第三十六条 上市公司证券发行上市审核或者注册程序的中止、终止等情形参照适用《科创板首次公开发行股票注册管理办法(试行)》的相关规定。

第三十七条 中国证监会和交易所可以对上市公司进行现场检查，或者要求保荐人、证券服务机构对有关事项进行专项核查并出具意见。

第四章 信息披露

第三十八条 上市公司发行证券，应当以投资者决策需求为导向，按照中国证监会制定的信息披露规则，编制募集说明书或者其他信息披露文件，依法履行信息披露义务，保证相关信息真实、准确、完整。信息披露内容应当简明清晰，通俗易懂，不得有虚假记载、误导性陈述或者重大遗漏。

中国证监会制定的信息披露规则是信息披露的最低要求。不论上述规则是否有明确规定，凡是投资者作出价值判断和投资决策所必需的信息，上市公司均应当充分披露，内容应当真实、准确、完整。

第三十九条 中国证监会依法制定募集说明书或者其他证券发行信息披露文件内容与格式准则、编报规则等信息披露规则，对申请文件和信息披露资料的内容、格式、编制要求、披露形式等作出规定。

交易所可以依据中国证监会部门规章和规范性文件，制定信息披露细则或者指引，在中国证监会确定的信息披露内容范围内，对信息披露提出细化和补充要求，报中国证监会批准后实施。

第四十条 上市公司应当在募集说明书或者其他证券发行信息披露文件中，以投资者需求为导向，有针对性地披露行业特点、业务模式、公司治理、发展战略、经营政策、会计政策，充分披露科研水平、科研人员、科研资金投入等相关信息，并充分揭示可能对公司核心竞争力、经营稳定性以及未来发展产生重大不利影响的风险因素。

第四十一条 证券发行议案经董事会表决通过后，应当在二个工作日内披露，并及时公告召开股东大会的通知。

使用募集资金收购资产或者股权的，应当在公告召开股东大会通知的同时，披露该资产或者股权的基本情况、交易价格、定价依据以及是否与公司股东或者其他关联人存在利害关系。

第四十二条 股东大会通过本次发行议案之日起二个工作日内，上市公司应当披露股东大会决议公告。

第四十三条 上市公司提出发行申请后，出现下列情形之一的，应当在次一个工作日予以公告：

（一）收到交易所不予受理或者终止发行上市审核决定；

（二）收到中国证监会终止发行注册决定；

（三）收到中国证监会予以注册或者不予注册的决定；

（四）上市公司撤回证券发行申请。

第四十四条 上市公司及其董事、监事、高级管理人员应当在募集说明书或者其他证券发行信息披露文件上签字、盖章，保证信息披露内容真实、准确、完整，不存在虚假记载、误导性陈述或者重大遗漏，按照诚信原则履行承诺，并声明承担相应的法律责任。

上市公司控股股东、实际控制人应当在募集说明书或者其他证券发行信息披露文件上签字、盖章，确认信息披露内容真实、准确、完整，不存在虚假记载、误导性陈述或者重大遗漏，按照诚信原则履行承诺，并声明承担相应法律责任。

第四十五条 保荐人及其保荐代表人应当在募集说明书或者其他证券发行信息披露文件上签字、盖章，确认信息披露内容真实、准确、完整，不存在虚假记载、误导性陈述或者重大遗漏，并声明承担相应的法律责任。

第四十六条 为证券发行出具专项文件的律师、注册会计师、资产评估人员、资信评级人员及其所在机构，应当在募集说明书或者其他证券发行信息披露文件上签字、盖章，确认对上市公司信息披露文件引用其出具的专业意见无异议，信息披露文件不因引用其出具的专业意见而出现虚假记载、误导性陈述或者重大遗漏，并声明承担相应的法律责任。

第四十七条 募集说明书等证券发行信息披露文件所引用的审计报告、盈利预测审核报告、资产评估报告、资信评级报告，应当由符合规定的证券服务机构出具，并由至少二名有执业资格的人员签署。

募集说明书或者其他证券发行信息披露文件所引用的法律意见书，应当由律师事务所出具，并由至少二名经办律师签署。

第四十八条 募集说明书自最后签署之日起六个月内有效。

募集说明书或者其他证券发行信息披露文件不得使用超过有效期的资产评估报告或者资信评级报告。

第四十九条 向不特定对象发行证券申请经注册后，上市公司应当在证券发行前二至五个工作日内将公司募集说明书刊登在交易所网站和符合中国证监会规定条件的网站,供公众查阅。

第五十条 向特定对象发行证券申请经注册后,上市公司应当在证券发行前将公司募集文件刊登在交易所网站和符合中国证监会规定条件的网站,供公众查阅。

向特定对象发行证券的,上市公司应当在证券发行后的二个工作日内,将发行情况报告书刊登在交易所网站和符合中国证监会规定条件的网站,供公众查阅。

第五十一条 上市公司可以将募集说明书或者其他证券发行信息披露文件、发行情况报告书刊登于其他网站,但不得早于按照本办法第四十九条、第五十条规定披露信息的时间。

第五章 发行承销的特别规定

第五十二条 上市公司证券发行与承销行为,适用《证券发行与承销管理办法》(以下简称《承销办法》),但本办法另有规定的除外。

交易所可以根据《承销办法》和本办法制定上市公司证券发行承销业务规则,并报中国证监会批准。

第五十三条 上市公司配股的,拟配售股份数量不超过本次配售前股本总额的百分之五十,并应当采用代销方式发行。

控股股东应当在股东大会召开前公开承诺认配股份的数量。控股股东不履行认配股份的承诺,或者代销期限届满,原股东认购股票的数量未达到拟配售数量百分之七十的,上市公司应当按照发行价并加算银行同期存款利息返还已经认购的股东。

第五十四条 上市公司增发的,发行价格应当不低于公告招股意向书前二十个交易日或者前一个交易日公司股票均价。

第五十五条 上市公司向特定对象发行证券,发行对象应当符合股东大会决议规定的条件,且每次发行对象不超过三十五名。

第五十六条 上市公司向特定对象发行股票,发行价格应当不低于定价基准日前二十个交易日公司股票均价的百分之八十。

前款所称"定价基准日",是指计算发行底价的基准日。

第五十七条 向特定对象发行股票的定价基准日为发行期首日。上市公司应当以不低于发行底价的价格发行股票。

上市公司董事会决议提前确定全部发行对象,且发行对象属于下列情形之一的，定价基准日可以为关于本次发行股票的董事会决议公告日、股东大会决议公告日或者发行期首日：

（一）上市公司的控股股东、实际控制人或者其控制的关联人；

（二）通过认购本次发行的股票取得上市公司实际控制权的投资者；

（三）董事会拟引入的境内外战略投资者。

第五十八条 向特定对象发行股票发行对象属于本办法第五十七条第二款规定以外的情形的，上市公司应当以竞价方式确定发行价格和发行对象。

董事会决议确定部分发行对象的，确定的发行对象不得参与竞价，且应当接受竞价结果，并明确在通过竞价方式未能产生发行价格的情况下，是否继续参与认购、价格确定原则及认购数量。

第五十九条 向特定对象发行的股票，自发行结束之日起六个月内不得转让。发行对象属于本办法第五十七条第二款规定情形的，其认购的股票自发行结束之日起十八个月内不得转让。

第六十条 向特定对象发行股票的定价基准日为本次发行股票的董事会决议公告日或者股东大会决议公告日的，向特定对象发行股票的董事会决议公告后，出现下列情况需要重新召开董事会的，应当由董事会重新确定本次发行的定价基准日：

（一）本次发行股票股东大会决议的有效期已过；

（二）本次发行方案发生重大变化；

（三）其他对本次发行定价具有重大影响的事项。

第六十一条 可转债应当具有期限、面值、利率、评级、债券持有人权利、转股价格及调整原则、赎回及回售、转股价格向下修正等要素。

向不特定对象发行的可转债利率由上市公司与主承销商依法协商确定。

向特定对象发行的可转债应当采用竞价方式确定利率和发行对象。

第六十二条 可转债自发行结束之日起六个月后方可转换为公司股票，转股期限由公司根据可转债的存续期限及公司财务状况确定。

债券持有人对转股或者不转股有选择权，并于转股的次日成为上市公司股东。

第六十三条 向特定对象发行的可转债不得采用公开的集中交易方式转让。

向特定对象发行的可转债转股的，所转股票自可转债发行结束之日起十八个月内不得转让。

第六十四条 向不特定对象发行可转债的转股价格应当不低于募集说明书公告日前二十个交易日上市公司股票交易均价和前一个交易日均价。

向特定对象发行可转债的转股价格应当不低于认购邀请书发出前二十个交易日上市公司股票交易均价和前一个交易日的均价，且不得向下修正。

第六十五条 上市公司发行证券，应当由证券公司承销。上市公司董事会决议提前确定全部发行对象的，可以由上市公司自行销售。

第六十六条 向特定对象发行证券，上市公司及其控股股东、实际控制人、主要股东不得向发行对象做出保底保收益或者变相保底保收益承诺，也不得直接或者通过利益相关方向发行对象提供财务资助或者其他补偿。

第六十七条 上市公司发行证券采用竞价方式的，认购邀请书内容、认购邀请书发送对象范围、发行价格及发行对象的确定原则等应当符合中国证监会及交易所相关规定，上市公司和主承销商的控股股东、实际控制人、董事、监事、高级管理人员及其控制或者施加重大影响的关联方不得参与竞价。

第六十八条 网下投资者应当结合行业监管要求、资产规模等合理确定申购金额，不得超资产规模申购，承销商可以认定超资产规模的申购为无效申购。

第六十九条 上市公司向不特定对象发行证券的，投资者弃购数量占发行总数比例较大的，上市公司和主承销商可以将投资者弃购部分向网下投资者二次配售。比例较大的标准由交易所规定。

第七十条 上市公司和主承销商可以在符合中国证监会和交易所相关规定前提下约定中止发行的情形。

第七十一条 交易所对证券发行承销过程实施监管。发行承销涉嫌违法违规或者存在异常情形的，中国证监会可以要求交易所对相关事项进行调查处理，或者直接责令上市公司和承销商暂停或者中止发行。

第六章 监督管理和法律责任

第七十二条 中国证监会依法批准交易所制定的科创板上市公司证券发行上市的审核标准、审核程序、信息披露、发行承销等方面的制度规则，指导交易所制定与发行上市审核相关的其他业务规则。

第七十三条 中国证监会建立对交易所发行上市审核工作和发行承销过程监管的监督机制，持续关注交易所审核情况和发行承销过程监管情况，发现交易所自律监管措施或者纪律处分失当的，可以责令交易所改正。

第七十四条 中国证监会对交易所发行上市审核和发行承销过程监管等相关工作进行年度例行检查。在检查过程中，可以调阅审核工作文件，列席相关审核会议。

中国证监会定期或者不定期按一定比例对交易所发行上市审核和发行承销过程监管等相关工作进行抽查。

对于中国证监会在检查和抽查等监督过程中发现的问题,交易所应当整改。

第七十五条 交易所发行上市审核工作违反本办法规定,有下列情形之一的,由中国证监会责令改正;情节严重的,追究直接责任人员相关责任:

(一)未按审核标准开展发行上市审核工作;

(二)未按审核程序开展发行上市审核工作;

(三)不配合中国证监会对发行上市审核工作和发行承销监管工作的检查、抽查,或者不按中国证监会的整改要求进行整改。

第七十六条 上市公司在证券发行文件中隐瞒重要事实或者编造重大虚假内容的,中国证监会采取五年内不接受上市公司发行证券相关文件的监管措施。对相关责任人员,视情节轻重,采取认定为不适当人选的监管措施,或者采取证券市场禁入的措施。

第七十七条 存在下列情形之一的,中国证监会采取三年至五年内不接受上市公司发行证券相关文件的监管措施:

(一)申请文件存在虚假记载、误导性陈述或者重大遗漏;

(二)上市公司阻碍或者拒绝中国证监会、交易所依法对其实施检查、核查;

(三)上市公司及其关联方以不正当手段严重干扰发行上市审核或者发行注册工作;

(四)重大事项未报告、未披露;

(五)上市公司及其董事、监事、高级管理人员、控股股东、实际控制人的签名、盖章系伪造或者变造。

第七十八条 上市公司控股股东、实际控制人违反本办法的规定,致使上市公司所报送的申请文件和披露的信息存在虚假记载、误导性陈述或者重大遗漏,或者组织、指使上市公司进行财务造假、利润操纵或者在证券发行文件中隐瞒重要事实或者编造重大虚假内容的,中国证监会视情节轻重,对相关单位和责任人员采取一年到五年内不接受相关单位及其控制的下属单位发行证券相关文件,对责任人员采取认定为不适当人选等监管措施,或者采取证券市场禁入的措施。

上市公司董事、监事和高级管理人员违反本办法规定,致使上市公司所报送的申请文件和披露的信息存在虚假记载、误导性陈述或者重大遗漏的,中国证监会视情节轻重,对责任人员采取认定为不适当人选等监管措施,或者采取证券市场禁入的措施。

第七十九条 保荐人未勤勉尽责，致使上市公司信息披露资料存在虚假记载、误导性陈述或者重大遗漏的，中国证监会视情节轻重，采取暂停保荐人业务资格一年至三年，责令保荐人更换相关负责人的监管措施；情节严重的，撤销保荐人业务资格，对相关责任人员采取证券市场禁入的措施。

保荐代表人未勤勉尽责，致使上市公司信息披露资料存在虚假记载、误导性陈述或者重大遗漏的，按规定认定为不适当人选。

证券服务机构未勤勉尽责，致使上市公司信息披露资料中与其职责有关的内容及其所出具的文件存在虚假记载、误导性陈述或者重大遗漏的，中国证监会视情节轻重，采取三个月至三年内不接受相关单位及其责任人员出具的发行证券专项文件的监管措施；情节严重的，对证券服务机构相关责任人员采取证券市场禁入的措施。

第八十条 保荐人存在下列情形之一的，中国证监会视情节轻重，采取暂停保荐人业务资格三个月至三年的监管措施；情节特别严重的，撤销其业务资格：

（一）伪造或者变造签字、盖章；

（二）重大事项未报告或者未披露；

（三）以不正当手段干扰审核注册工作；

（四）不履行其他法定职责。

保荐代表人存在前款规定情形的，视情节轻重，按规定三个月至三年不受理相关保荐代表人具体负责的推荐；情节特别严重的，按规定认定为不适当人选。

证券服务机构及其相关人员存在第一款规定情形的，中国证监会视情节轻重，采取三个月至三年内不接受相关单位及其责任人员出具的发行证券专项文件的监管措施。

第八十一条 保荐人、证券服务机构及其责任人员存在下列情形之一的，中国证监会视情节轻重，采取责令改正、监管谈话、出具警示函、一年内不接受相关单位及其责任人员出具的与注册申请有关的文件等监管措施；情节严重的，可以同时采取三个月至一年内不接受相关单位及其责任人员出具的发行证券专项文件的监管措施：

（一）制作或者出具的文件不齐备或者不符合要求；

（二）擅自改动申请文件、信息披露资料或者其他已提交文件；

（三）申请文件或者信息披露资料存在相互矛盾或者同一事实表述不一致且有实质性差异；

（四）文件披露的内容表述不清，逻辑混乱，严重影响阅读理解；

（五）对重大事项未及时报告或者未及时披露。

上市公司存在前款规定情形的，中国证监会视情节轻重，采取责令改正、监管谈话、出具警示函、六个月至一年内不接受上市公司发行证券相关文件的监管措施。

第八十二条 按照本办法第二十八条申请注册的，交易所和中国证监会发现上市公司或者相关中介机构及其责任人员存在相关违法违规行为的，中国证监会按照本章规定从重处罚，并采取三年至五年内不接受上市公司和保荐人该类发行证券相关文件的监管措施。

第八十三条 上市公司披露盈利预测的，利润实现数如未达到盈利预测的百分之八十，除因不可抗力外，其法定代表人、财务负责人应当在股东大会以及证券交易所网站、符合中国证监会规定条件的媒体上公开作出解释并道歉；中国证监会可以对法定代表人处以警告。

利润实现数未达到盈利预测百分之五十的，除因不可抗力外，中国证监会在三年内不接受上市公司发行证券相关文件。

注册会计师为上述盈利预测出具审核报告的过程中未勤勉尽责的，中国证监会视情节轻重，对相关机构和责任人员采取监管谈话等监管措施；情节严重的，给予警告等行政处罚。

第八十四条 参与认购的投资者擅自转让限售期限未满的证券的，中国证监会可以责令改正；情节严重的，十二个月内不得作为特定对象认购证券。

第八十五条 相关主体违反本办法第六十六条规定的，中国证监会视情节轻重，采取责令改正、监管谈话、出具警示函、认定为不适当人选、一年至三年内不接受发行证券相关文件的监管措施，以及市场禁入的措施；保荐人、证券服务机构未勤勉尽责的，中国证监会还可以采取一年至三年内不接受相关单位及其责任人员出具的与注册申请有关的文件等监管措施。

第八十六条 上市公司及其控股股东和实际控制人、董事、监事、高级管理人员，保荐人、承销商、证券服务机构及其相关执业人员、参与认购的投资者，在证券发行并上市相关的活动中存在其他违反本办法规定行为的，中国证监会视情节轻重，采取责令改正、监管谈话、出具警示函、责令公开说明、责令定期报告、认定为不适当人选、暂不受理与行政许可有关的文件等监管措施，或者采取证券市场禁入的措施。

第八十七条 上市公司及其控股股东、实际控制人、保荐人、证券服务机构及其相关执业人员违反《证券法》依法应予以行政处罚的，中国证监会依法予以处罚；涉嫌犯罪的，依法移送司法机关，追究其刑事责任。

第七章 附 则

第八十八条 本办法所称战略投资者，是指符合下列情形之一，且具有同行业或者相关行业较强的重要战略性资源，与上市公司谋求双方协调互补的长期共同战略利益，愿意长期持有上市公司较大比例股份，愿意并且有能力认真履行相应职责，委派董事实际参与公司治理，提升上市公司治理水平，帮助上市公司显著提高公司质量和内在价值，具有良好诚信记录，最近三年未受到中国证监会行政处罚或者被追究刑事责任的投资者：

（一）能够给上市公司带来国际国内领先的核心技术资源，显著增强上市公司的核心竞争力和创新能力，带动上市公司的产业技术升级，显著提升上市公司的盈利能力；

（二）能够给上市公司带来国际国内领先的市场、渠道、品牌等战略性资源，大幅促进上市公司市场拓展，推动实现上市公司销售业绩大幅提升；

境外战略投资者应当同时遵守国家的相关规定。

第八十九条 符合《若干意见》等规定的红筹企业，首次公开发行股票并在科创板上市后，发行股票还应当符合本办法的规定。

符合《若干意见》等规定的红筹企业，首次公开发行存托凭证并在科创板上市后，发行以红筹企业新增证券为基础证券的存托凭证，适用《证券法》《若干意见》以及本办法关于上市公司发行股票的规定，本办法没有规定的，适用中国证监会关于存托凭证的有关规定。

发行存托凭证的红筹企业境外基础股票配股时，相关方案安排应确保存托凭证持有人实际享有权益与境外基础股票持有人权益相当。

第九十条 上市公司发行优先股、向员工发行证券用于激励的办法，由中国证监会另行规定。

第九十一条 上市公司向特定对象发行股票将导致上市公司控制权发生变化的，还应当符合中国证监会的其他规定。

第九十二条 依据本办法通过向特定对象发行股票取得的上市公司股份，其减持不适用《上市公司股东、董监高减持股份的若干规定》的有关规定。

第九十三条 本办法自公布之日起施行。

农业农村部关于修改和废止部分规章、规范性文件的决定

（2020 年 7 月 8 日农业农村部令 2020 年第 5 号公布　自 2020 年 10 月 1 日起施行　国司备字［2020002222］）

为了维护法制统一，加强法治政府建设，农业农村部对深化机构改革、优化营商环境、推进"放管服"改革等涉及的规章和规范性文件，以及实践中不再适用的规章和规范性文件进行了清理。经过清理，农业农村部决定，对 2 部规章的部分条款予以修改，对 4 部规章和 6 部规范性文件予以废止。

一、修改的规章

1. 渔业捕捞许可管理规定（2018 年 12 月 3 日农业农村部令 2018 年第 1 号公布）

删去第十一条第一项中的"与渔船定点拆解厂（点）共同"。

增加一款，作为第十五条第二款："专业远洋渔船因特殊原因无法按期申请办理渔船制造手续的，可在前款规定期限内申请延期，但最长不超过相应远洋渔业项目届满之日起 36 个月。"

删去第十六条第一款中的"审批机关应当同时在渔业船网工具指标批准书上记载办理情况。"将第十六条第二款修改为："制造、更新改造、进口渔船的渔业船网工具指标批准书的有效期为 18 个月，购置渔船的渔业船网工具指标批准书的有效期为 6 个月。因特殊原因在规定期限内无法办理完毕相关手续的，可在有效期届满前 3 个月内申请有效期延展 18 个月。"增加一款，作为第十六条第三款："已开工建造的到特殊渔区作业的专业远洋渔船，在延展期内仍无法办理完毕相关手续的，可在延展期届满前 3 个月内再申请延展 18 个月，且不得再次申请延展。"

将第十九条第三项修改为两项，作为第十九条第三项、第四项：

"除他国政府许可或到特殊渔区作业有特别需求的专业远洋渔船外，制造拖网作业渔船的；

"制造单锚张纲张网、单船大型深水有囊围网（三角虎网）作业渔船的；"

2. 农作物种子生产经营许可管理办法（2016 年 7 月 8 日农业部令 2016 年第 5 号公布，2017 年 11 月 30 日农业部令 2017 年第 8 号、2019 年 4 月 25 日农业农村部令第 2 号修订）

删去第九条第四项。

二、废止的规章

1. 中华人民共和国渔业船舶验船师资格考评管理规定（1998 年 12 月 16 日农渔发〔1998〕11 号公布）

2. 动物疫情报告管理办法（1999 年 10 月 19 日农牧发〔1999〕18 号公布）

3. 草畜平衡管理办法（2005 年 1 月 19 日农业部令第 48 号公布）

4. 草原征占用审核审批管理办法（2006 年 1 月 27 日农业部令第 58 号公布，2014 年 4 月 25 日农业部令 2014 年第 3 号、2016 年 5 月 30 日农业部令 2016 年第 3 号修订）

三、废止的规范性文件

1. 农业部、人事部印发《农业技术推广研究员任职资格评审实施办法》的通知（1994 年 4 月 8 日〔1994〕农人技字第 4 号）

2. 农业部、财政部、发展改革委关于印发《国家支持推广的农业机械产品目录管理办法》的通知（2005 年 8 月 1 日农机发〔2005〕7 号）

3. 农业部、总政治部、总后勤部、国家外国专家局关于加强军地农业合作积极推动社会主义新农村建设和军队农副业生产发展的通知（农计发〔2007〕3 号）

4. 农业部关于切实做好肥料登记管理工作的通知（农农发〔2009〕2 号）

5. 农业部办公厅关于印发《“十二五”农业部引进国际先进农业科学技术计划（948 计划）项目管理办法》的通知（2010 年 8 月 23 日农办科〔2010〕70 号）

6. 远洋渔业船舶检验管理办法（2017 年 9 月 27 日农业部公告第 2587 号）

本决定自 2020 年 10 月 1 日起施行。

渔业捕捞许可管理规定

（2018 年 12 月 3 日农业农村部令 2018 年第 1 号公布　根据 2020 年 7 月 8 日《农业农村部关于修改和废止部分规章、规范性文件的决定》修订）

第一章　总　　则

第一条　为了保护、合理利用渔业资源，控制捕捞强度，维护渔业生产秩序，保障渔业生产者的合法权益，根据《中华人民共和国渔业法》，制定本规定。

第二条 中华人民共和国的公民、法人和其他组织从事渔业捕捞活动，以及外国人、外国渔业船舶在中华人民共和国领域及管辖的其他水域从事渔业捕捞活动，应当遵守本规定。

中华人民共和国缔结的条约、协定另有规定的，按条约、协定执行。

第三条 国家对捕捞业实行船网工具控制指标管理，实行捕捞许可证制度和捕捞限额制度。

国家根据渔业资源变化与环境状况，确定船网工具控制指标，控制捕捞能力总量和渔业捕捞许可证数量。渔业捕捞许可证的批准发放，应当遵循公开、公平、公正原则，数量不得超过船网工具控制指标范围。

第四条 渔业捕捞许可证、船网工具指标等证书文件的审批实行签发人负责制，相关证书文件经签发人签字并加盖公章后方为有效。

签发人对其审批签发证书文件的真实性及合法性负责。

第五条 农业农村部主管全国渔业捕捞许可管理和捕捞能力总量控制工作。

县级以上地方人民政府渔业主管部门及其所属的渔政监督管理机构负责本行政区域内的渔业捕捞许可管理和捕捞能力总量控制的组织、实施工作。

第六条 县级以上人民政府渔业主管部门应当在其办公场所和网上办理平台，公布船网工具指标、渔业捕捞许可证审批的条件、程序、期限以及需要提交的全部材料目录和申请书示范文本等事项。

县级以上人民政府渔业主管部门应当按照本规定自受理船网工具指标或渔业捕捞许可证申请之日起 20 个工作日内审查完毕或者作出是否批准的决定。不予受理申请或者不予批准的，应当书面通知申请人并说明理由。

第七条 县级以上人民政府渔业主管部门应当加强渔船和捕捞许可管理信息系统建设，建立健全渔船动态管理数据库。海洋渔船船网工具指标和捕捞许可证的申请、审核审批及制发证书文件等应当通过全国统一的渔船动态管理系统进行。

申请人应当提供的户口簿、营业执照、渔业船舶检验证书、渔业船舶登记证等法定证照、权属证明在全国渔船动态管理系统或者部门间核查能够查询到有效信息的，可以不再提供纸质材料。

第二章　船网工具指标

第八条 海洋渔船按船长分为以下三类：

（一）海洋大型渔船：船长大于或者等于24米；

（二）海洋中型渔船：船长大于或者等于12米且小于24米；

（三）海洋小型渔船：船长小于12米。

内陆渔船的分类标准由各省、自治区、直辖市人民政府渔业主管部门制定。

第九条 国内海洋大中型捕捞渔船的船网工具控制指标由农业农村部确定并报国务院批准后，向有关省、自治区、直辖市下达。国内海洋小型捕捞渔船的船网工具控制指标由省、自治区、直辖市人民政府依据其渔业资源与环境承载能力、资源利用状况、渔民传统作业情况等确定，报农业农村部批准后下达。

县级以上地方人民政府渔业主管部门应当控制本行政区域内海洋捕捞渔船的数量、功率，不得超过国家或省、自治区、直辖市人民政府下达的船网工具控制指标，具体办法由省、自治区、直辖市人民政府规定。

内陆水域捕捞业的船网工具控制指标和管理，按照省、自治区、直辖市人民政府的规定执行。

第十条 制造、更新改造、购置、进口海洋捕捞渔船，应当经有审批权的人民政府渔业主管部门在国家或者省、自治区、直辖市下达的船网工具控制指标内批准，并取得渔业船网工具指标批准书。

第十一条 申请海洋捕捞渔船船网工具指标，应当向户籍所在地、法人或非法人组织登记地县级以上人民政府渔业主管部门提出，提交渔业船网工具指标申请书、申请人户口簿或者营业执照，以及申请人所属渔业组织出具的意见，并按以下情况提供资料：

（一）制造海洋捕捞渔船的，提供经确认符合船机桨匹配要求的渔船建造设计图纸。

国内海洋捕捞渔船淘汰后申请制造渔船的，还应当提供渔船拆解所在地县级以上地方人民政府渔业主管部门出具的渔业船舶拆解、销毁或处理证明和现场监督管理的影像资料，以及原发证机关出具的渔业船舶证书注销证明。

国内海洋捕捞渔船因海损事故造成渔船灭失后申请制造渔船的，还应当提供船籍港登记机关出具的灭失证明和原发证机关出具的渔业船舶证书注销证明。

（二）购置海洋捕捞渔船的提供：

1. 被购置渔船的渔业船舶检验证书、渔业船舶国籍证书和所有权登记证书；

2. 被购置渔船的渔业捕捞许可证注销证明；

3. 渔业船网工具指标转移证明；

4. 渔船交易合同；

5. 出售方户口簿或者营业执照。

（三）更新改造海洋捕捞渔船的提供：

1. 渔业船舶检验证书、渔业船舶国籍证书和所有权登记证书；

2. 渔业捕捞许可证注销证明。

申请增加国内渔船主机功率的，还应当提供用于主机功率增加部分的被淘汰渔船的拆解、销毁或处理证明和现场监督管理的影像资料或者灭失证明，及其原发证机关出具的渔业船舶证书注销证明，并提供经确认符合船机桨匹配要求的渔船建造设计图纸。

（四）进口海洋捕捞渔船的，提供进口理由、旧渔业船舶进口技术评定书。

（五）申请制造、购置、更新改造、进口远洋渔船的，除分别按照第一项、第二项、第三项、第四项规定提供相应资料外，应当提供远洋渔业项目可行性研究报告；到他国管辖海域作业的远洋渔船，还应当提供与外方的合作协议或有关当局同意入渔的证明。但是，申请购置和更新改造的远洋渔船，不需提供渔业捕捞许可证注销证明。

（六）购置并制造、购置并更新改造、进口并更新改造海洋捕捞渔船的，同时按照制造、更新改造和进口海洋捕捞渔船的要求提供相关材料。

第十二条 下列海洋捕捞渔船的船网工具指标，向省级人民政府渔业主管部门申请。省级人民政府渔业主管部门应当按照规定进行审查，并将审查意见和申请人的全部申请材料报农业农村部审批：

（一）远洋渔船；

（二）因特殊需要，超过国家下达的省、自治区、直辖市渔业船网工具控制指标的渔船；

（三）其他依法应由农业农村部审批的渔船。

第十三条 除第十二条规定情况外，制造或者更新改造国内海洋大中型捕捞渔船的船网工具指标，由省级人民政府渔业主管部门审批。

跨省、自治区、直辖市购置国内海洋捕捞渔船的，由买入地省级人民政府渔业主管部门审批。

其他国内渔船的船网工具指标的申请、审批，由省、自治区、直辖市人民政府规定。

第十四条 制造、更新改造国内海洋捕捞渔船的，应当在本省、自治区、直辖市渔业船网工具控制指标范围内，通过淘汰旧捕捞渔船解决，船数和功率数应当分别不超过淘汰渔船的船数和功率数。国内海洋大中型捕捞渔船和小型捕捞渔船的船网工具指标不得相互转换。

购置国内海洋捕捞渔船的船网工具指标随船转移。国内海洋大中型捕捞渔船不得跨海区买卖，国内海洋小型和内陆捕捞渔船不得跨省、自治区、直辖市买卖。

国内现有海洋捕捞渔船经审批转为远洋捕捞作业的，其船网工具指标予以保留。因渔船发生重大改造，导致渔船主尺度、主机功率和作业类型发生变更的除外。

专业远洋渔船不计入省、自治区、直辖市的船网工具控制指标，由农业农村部统一管理，不得在我国管辖水域作业。

第十五条 渔船灭失、拆解、销毁的，原船舶所有人可自渔船灭失、拆解、销毁之日起 12 个月内，按本规定申请办理渔船制造或更新改造手续；逾期未申请的，视为自行放弃，由渔业主管部门收回船网工具指标。渔船灭失依法需要调查处理的，调查处理所需时间不计算在此规定期限内。

专业远洋渔船因特殊原因无法按期申请办理渔船制造手续的，可在前款规定期限内申请延期，但最长不超过相应远洋渔业项目届满之日起 36 个月。

第十六条 申请人应当凭渔业船网工具指标批准书办理渔船制造、更新改造、购置或进口手续，并申请渔船检验、登记，办理渔业捕捞许可证。

制造、更新改造、进口渔船的渔业船网工具指标批准书的有效期为 18 个月，购置渔船的渔业船网工具指标批准书的有效期为 6 个月。因特殊原因在规定期限内无法办理完毕相关手续的，可在有效期届满前 3 个月内申请有效期延展 18 个月。

已开工建造的到特殊渔区作业的专业远洋渔船，在延展期内仍无法办理完毕相关手续的，可在延展期届满前 3 个月内再申请延展 18 个月，且不得再次申请延展。

船网工具指标批准书有效期届满未依法延续的，审批机关应当予以注销并收回船网工具指标。

第十七条 渔业船网工具指标批准书在有效期内遗失或者灭失的，船舶所有人应当在 1 个月内向原审批机关说明遗失或者灭失的时间、地点和原因等情况，由原审批机关在其官方网站上发布声明，自公告声明发布之日起 15 日后，船舶所有人可向原审批机关申请补发渔业船网工具指标批准书。补发的渔业船网工具指标批准书有效期限不变。

第十八条 因继承、赠与、法院判决、拍卖等发生海洋渔船所有权转移的，参照购置海洋捕捞渔船的规定申请办理船网工具指标和渔业捕捞许可证。依法拍卖的，竞买人应当具备规定的条件。

第十九条 有下列情形之一的,不予受理海洋渔船的渔业船网工具指标申请;已经受理的,不予批准:

(一)渔船数量或功率数超过船网工具控制指标的;

(二)从国外或香港、澳门、台湾地区进口,或以合作、合资等方式引进捕捞渔船在我国管辖水域作业的;

(三)除他国政府许可或到特殊渔区作业有特别需求的专业远洋渔船外,制造拖网作业渔船的;

(四)制造单锚张纲张网、单船大型深水有囊围网(三角虎网)作业渔船的;

(五)户籍登记为一户的申请人已有两艘以上小型捕捞渔船,申请制造、购置的;

(六)除专业远洋渔船外,申请人户籍所在地、法人或非法人组织登记地为非沿海县(市)的,或者企业法定代表人户籍所在地与企业登记地不一致的;

(七)违反本规定第十四条第一款、第二款规定,以及不符合有关法律、法规、规章规定和产业发展政策的。

第三章 渔业捕捞许可证

第一节 一般规定

第二十条 在中华人民共和国管辖水域从事渔业捕捞活动,以及中国籍渔船在公海从事渔业捕捞活动,应当经审批机关批准并领取渔业捕捞许可证,按照渔业捕捞许可证核定的作业类型、场所、时限、渔具数量和规格、捕捞品种等作业。对已实行捕捞限额管理的品种或水域,应当按照规定的捕捞限额作业。

禁止在禁渔区、禁渔期、自然保护区从事渔业捕捞活动。

渔业捕捞许可证应当随船携带,徒手作业的应当随身携带,妥善保管,并接受渔业行政执法人员的检查。

第二十一条 渔业捕捞许可证分为下列八类:

(一)海洋渔业捕捞许可证,适用于许可中国籍渔船在我国管辖海域的捕捞作业;

(二)公海渔业捕捞许可证,适用于许可中国籍渔船在公海的捕捞作业。国际或区域渔业管理组织有特别规定的,应当同时遵守有关规定;

(三)内陆渔业捕捞许可证,适用于许可在内陆水域的捕捞作业;

(四)专项(特许)渔业捕捞许可证,适用于许可在特定水域、特定时间或

对特定品种的捕捞作业,或者使用特定渔具或捕捞方法的捕捞作业;

(五)临时渔业捕捞许可证,适用于许可临时从事捕捞作业和非专业渔船临时从事捕捞作业;

(六)休闲渔业捕捞许可证,适用于许可从事休闲渔业的捕捞活动;

(七)外国渔业捕捞许可证,适用于许可外国船舶、外国人在我国管辖水域的捕捞作业;

(八)捕捞辅助船许可证,适用于许可为渔业捕捞生产提供服务的渔业捕捞辅助船,从事捕捞辅助活动。

第二十二条 渔业捕捞许可证核定的作业类型分为刺网、围网、拖网、张网、钓具、耙刺、陷阱、笼壶、地拉网、敷网、抄网、掩罩等共 12 种。核定作业类型最多不得超过两种,并应当符合渔具准用目录和技术标准,明确每种作业类型中的具体作业方式。拖网、张网不得互换且不得与其他作业类型兼作,其他作业类型不得改为拖网、张网作业。

捕捞辅助船不得从事捕捞生产作业,其携带的渔具应当捆绑、覆盖。

第二十三条 渔业捕捞许可证核定的海洋捕捞作业场所分为以下四类:

A 类渔区:黄海、渤海、东海和南海等海域机动渔船底拖网禁渔区线向陆地一侧海域;

B 类渔区:我国与有关国家缔结的协定确定的共同管理渔区、南沙海域、黄岩岛海域及其他特定渔业资源渔场和水产种质资源保护区;

C 类渔区:渤海、黄海、东海、南海及其他我国管辖海域中除 A 类、B 类渔区之外的海域。其中,黄渤海区为 C1、东海区为 C2、南海区为 C3;

D 类渔区:公海。

内陆水域捕捞作业场所按具体水域核定,跨行政区域的按该水域在不同行政区域的范围进行核定。

海洋捕捞作业场所要明确核定渔区的类别和范围,其中 B 类渔区要明确核定渔区、渔场或保护区的具体名称。公海要明确海域的名称。内陆水域作业场所要明确具体的水域名称及其范围。

第二十四条 渔业捕捞许可证的作业场所核定权限如下:

(一)农业农村部:A 类、B 类、C 类、D 类渔区和内陆水域;

(二)省级人民政府渔业主管部门:在海洋为本省、自治区、直辖市范围内的 A 类渔区,农业农村部授权的 B 类渔区、C 类渔区。在内陆水域为本省、自治区、直辖市行政管辖水域;

(三)市、县级人民政府渔业主管部门:由省级人民政府渔业主管部门在其权限内规定并授权。

第二十五条 国内海洋大中型渔船捕捞许可证的作业场所应当核定在海洋 B 类、C 类渔区，国内海洋小型渔船捕捞许可证的作业场所应当核定在海洋 A 类渔区。因传统作业习惯需要，经作业水域所在地审批机关批准，海洋大中型渔船捕捞许可证的作业场所可核定在海洋 A 类渔区。

作业场所核定在 B 类、C 类渔区的渔船，不得跨海区界限作业，但我国与有关国家缔结的协定确定的共同管理渔区跨越海区界限的除外。作业场所核定在 A 类渔区或内陆水域的渔船，不得跨省、自治区、直辖市管辖水域界限作业。

第二十六条 专项（特许）渔业捕捞许可证应当与海洋渔业捕捞许可证或内陆渔业捕捞许可证同时使用，但因教学、科研等特殊需要，可单独使用专项（特许）渔业捕捞许可证。在 B 类渔区捕捞作业的，应当申请核发专项（特许）渔业捕捞许可证。

第二节 申请与核发

第二十七条 渔业捕捞许可证的申请人应当是船舶所有人。

徒手作业的，渔业捕捞许可证的申请人应当是作业人本人。

第二十八条 申请渔业捕捞许可证，申请人应当向户籍所在地、法人或非法人组织登记地县级以上人民政府渔业主管部门提出申请，并提交下列资料：

（一）渔业捕捞许可证申请书；

（二）船舶所有人户口簿或者营业执照；

（三）渔业船舶检验证书、渔业船舶国籍证书和所有权登记证书，徒手作业的除外；

（四）渔具和捕捞方法符合渔具准用目录和技术标准的说明。

申请海洋渔业捕捞许可证，除提供第一款规定的资料外，还应提供：

（一）申请人所属渔业组织出具的意见；

（二）首次申请和重新申请捕捞许可证的，提供渔业船网工具指标批准书；

（三）申请换发捕捞许可证的，提供原捕捞许可证。

申请公海渔业捕捞许可证，除提供第一款规定的资料外，还需提供：

（一）农业农村部远洋渔业项目批准文件；

（二）首次申请和重新申请的，提供渔业船网工具指标批准书；

（三）非专业远洋渔船需提供海洋渔业捕捞许可证暂存的凭据。

申请专项（特许）渔业捕捞许可证，除提供第一款规定的资料外，还应提供海洋渔业捕捞许可证或内陆渔业捕捞许可证。其中，申请到 B 类渔区作业的专项（特许）渔业捕捞许可证的，还应当依据有关管理规定提供申请材料；申请在禁渔区或者禁渔期作业的，还应当提供作业事由和计划；承担教学、科研等项目租用渔船的，还应提供项目计划、租用协议。

科研、教学单位的专业科研调查船、教学实习船申请专项（特许）渔业捕捞许可证，除提供第一款规定的资料外，还应提供科研调查、教学实习任务书或项目可行性报告。

第二十九条 下列作业渔船的渔业捕捞许可证，向船籍港所在地省级人民政府渔业主管部门申请。省级人民政府渔业主管部门应当审核并报农业农村部批准发放：

（一）到公海作业的；

（二）到我国与有关国家缔结的协定确定的共同管理渔区及南沙海域、黄岩岛海域作业的；

（三）到特定渔业资源渔场、水产种质资源保护区作业的；

（四）科研、教学单位的专业科研调查船、教学实习船从事渔业科研、教学实习活动的；

（五）其他依法应当由农业农村部批准发放的。

第三十条 下列作业的捕捞许可证，由省级人民政府渔业主管部门批准发放：

（一）海洋大型拖网、围网渔船作业的；

（二）因养殖或者其他特殊需要，捕捞农业农村部颁布的有重要经济价值的苗种或者禁捕的怀卵亲体的；

（三）因教学、科研等特殊需要，在禁渔区、禁渔期从事捕捞作业的。

第三十一条 因传统作业习惯或科研、教学及其他特殊情况，需要跨越本规定第二十五条第二款规定的界限从事捕捞作业的，由申请人所在地县级以上地方人民政府渔业主管部门审核同意后，报作业水域所在地审批机关批准发放。

在相邻交界水域作业的渔业捕捞许可证，由交界水域有关的县级以上地方人民政府渔业主管部门协商发放，或由其共同的上级人民政府渔业主管部门批准发放。

第三十二条 除本规定第二十九条、第三十条、第三十一条情况外，其他作业的渔业捕捞许可证由县级以上地方人民政府渔业主管部门审批发放。

县级以上地方人民政府渔业主管部门审批发放渔业捕捞许可证，应当优先安排当地专业渔民和渔业企业。

第三十三条 除专业远洋渔船外，申请渔业捕捞许可证，企业法定代表人户籍所在地与企业登记地不一致的；申请海洋渔业捕捞许可证，申请人户籍所在地、法人或非法人组织登记地为非沿海县(市)的,不予受理;已经受理的,不予批准。

第三节　证书使用

第三十四条　从事钓具、灯光围网作业渔船的子船与其主船(母船)使用同一本渔业捕捞许可证。

第三十五条　海洋渔业捕捞许可证和内陆渔业捕捞许可证的使用期限为5年。其他种类渔业捕捞许可证的使用期限根据实际需要确定,但最长不超过3年。

使用达到农业农村部规定的老旧渔业船舶船龄的渔船从事捕捞作业的,发证机关核发其渔业捕捞许可证时,证书使用期限不得超过渔业船舶检验证书记载的有效期限。

第三十六条　渔业捕捞许可证使用期届满,或者在有效期内有下列情形之一的,应当按规定申请换发渔业捕捞许可证:

(一)因行政区划调整导致船名变更、船籍港变更的;

(二)作业场所、作业方式变更的;

(三)船舶所有人姓名、名称或地址变更的,但渔船所有权发生转移的除外;

(四)渔业捕捞许可证污损不能使用的。

渔业捕捞许可证使用期届满的,船舶所有人应当在使用期届满前3个月内,向原发证机关申请换发捕捞许可证。发证机关批准换发渔业捕捞许可证时,应当收回原渔业捕捞许可证,并予以注销。

第三十七条　在渔业捕捞许可证有效期内有下列情形之一的,应当重新申请渔业捕捞许可证:

(一)渔船作业类型变更的;

(二)渔船主机、主尺度、总吨位变更的;

(三)因购置渔船发生所有人变更的;

(四)国内现有捕捞渔船经审批转为远洋捕捞作业的。

有前款第一项、第二项、第三项情形的,还应当办理原渔业捕捞许可证注销手续。

第三十八条　渔业捕捞许可证遗失或者灭失的,船舶所有人应当在1个月内向原发证机关说明遗失或者灭失的时间、地点和原因等情况,由原发证机关在其官方网站上发布声明,自公告声明发布之日起15日后,船舶所有人可向原发证机关申请补发渔业捕捞许可证。补发的渔业捕捞许可证使用期限不变。

第三十九条 有下列情形之一的,渔业捕捞许可证失效,发证机关应当予以注销:

(一)渔业捕捞许可证、渔业船舶检验证书或者渔业船舶国籍证书有效期届满未依法延续的;

(二)渔船灭失、拆解或销毁的,或者因渔船损毁且渔业捕捞许可证灭失的;

(三)不再从事渔业捕捞作业的;

(四)渔业捕捞许可证依法被撤销、撤回或者吊销的;

(五)以贿赂、欺骗等不正当手段取得渔业捕捞许可证的;

(六)依法应当注销的其他情形。

有前款第一项、第三项规定情形的,发证机关应当事先告知当事人。有前款第二项规定情形的,应当由船舶所有人提供相关证明。

渔业捕捞许可证注销后 12 个月内未按规定重新申请办理的,视为自行放弃,由渔业主管部门收回船网工具指标,更新改造渔船注销捕捞许可证的除外。

第四十条 使用期一年以上的渔业捕捞许可证实行年审制度,每年审验一次。

渔业捕捞许可证的年审工作由发证机关负责,也可由发证机关委托申请人户籍所在地、法人或非法人组织登记地的县级以上地方人民政府渔业主管部门负责。

第四十一条 同时符合下列条件的,为年审合格,由审验人签字,注明日期,加盖公章:

(一)具有有效的渔业船舶检验证书和渔业船舶国籍证书,船舶所有人和渔船主尺度、主机功率、总吨位未发生变更,且与渔业船舶证书载明的一致;

(二)渔船作业类型、场所、时限、渔具数量与许可内容一致;

(三)按规定填写和提交渔捞日志,未超出捕捞限额指标(对实行捕捞限额管理的渔船);

(四)按规定缴纳渔业资源增殖保护费;

(五)按规定履行行政处罚决定;

(六)其他条件符合有关规定。

年审不合格的,由渔业主管部门责令船舶所有人限期改正,可以再审验一次。再次审验合格的,渔业捕捞许可证继续有效。

第四章 监督管理

第四十二条 渔业船网工具指标批准书、渔业船网工具指标申请不予许可决定书、渔业捕捞许可证、渔业捕捞许可证注销证明、渔业船舶拆解销毁或处理证明、渔业船舶灭失证明、渔业船网工具指标转移证明等证书文件，由农业农村部规定样式并统一印制。

渔业船网工具指标申请书、渔业船网工具指标申请审核变更说明、渔业捕捞许可证申请书、渔业捕捞许可证注销申请表、渔捞日志等，由县级以上人民政府渔业主管部门按照农业农村部规定的统一格式印制。

第四十三条 县级以上人民政府渔业主管部门应当逐船建立渔业船网工具指标审批和渔业捕捞许可证核发档案。

渔业船网工具指标批准书使用和渔业捕捞许可证被注销后，其核发档案应当保存至少5年。

第四十四条 签发人实行农业农村部和省级人民政府渔业主管部门报备制度，县级以上人民政府渔业主管部门应推荐一至两人为签发人。

省级人民政府渔业主管部门负责备案公布本省、自治区、直辖市县级以上地方人民政府渔业主管部门的签发人，农业农村部负责备案公布省、自治区、直辖市渔业主管部门的签发人。

第四十五条 签发人越权、违规签发，或擅自更改渔业船网工具指标和渔业捕捞许可证书证件，或有其他玩忽职守、徇私舞弊等行为的，视情节对有关签发人给予警告、通报批评、暂停或取消签发人资格等处分；签发人及其所在单位应依法承担相应责任。

越权、违规签发或擅自更改的证书证件由其签发人所在单位的上级机关撤销，由原发证机关注销。

第四十六条 禁止涂改、伪造、变造、买卖、出租、出借或以其他形式转让渔业船网工具指标批准书和渔业捕捞许可证。

第四十七条 有下列情形之一的，为无效渔业捕捞许可证：

（一）逾期未年审或年审不合格的；

（二）证书载明的渔船主机功率与实际功率不符的；

（三）以欺骗或者涂改、伪造、变造、买卖、出租、出借等非法方式取得的；

（四）被撤销、注销的。

使用无效的渔业捕捞许可证或者在检查时不能提供渔业捕捞许可证，从事渔业捕捞活动的，视为无证捕捞。

涂改、伪造、变造、买卖、出租、出借或以其他形式转让的渔业船网工具指标批准书，为无效渔业船网工具指标批准书，由批准机关予以注销，并核销相应船网工具指标。

第四十八条 依法被没收渔船的，海洋大中型捕捞渔船的船网工具指标由农业农村部核销,其他渔船的船网工具指标由省、自治区、直辖市人民政府渔业主管部门核销。

第四十九条 依法被列入失信被执行人的,县级以上人民政府渔业主管部门应当对其渔业船网工具指标、捕捞许可证的申请按规定予以限制,并冻结失信被执行人及其渔船在全国渔船动态管理系统中的相关数据。

第五十条 海洋大中型渔船从事捕捞活动应当填写渔捞日志,渔捞日志应当记载渔船捕捞作业、进港卸载渔获物、水上收购或转运渔获物等情况。其他渔船渔捞日志的管理由省、自治区、直辖市人民政府规定。

第五十一条 国内海洋大中型渔船应当在返港后向港口所在地县级人民政府渔业主管部门或其指定的机构或渔业组织提交渔捞日志。公海捕捞作业渔船应当每月向农业农村部或其指定机构提交渔捞日志。使用电子渔捞日志的,应当每日提交。

第五十二条 船长应当对渔捞日志记录内容的真实性、正确性负责。

禁止在 A 类渔区转载渔获物。

第五十三条 未按规定提交渔捞日志或者渔捞日志填写不真实、不规范的,由县级以上人民政府渔业主管部门或其所属的渔政监督管理机构给予警告,责令改正;逾期不改正的,可以处 1000 元以上 1 万元以下罚款。

第五十四条 违反本规定的其他行为,依照《中华人民共和国渔业法》或其他有关法律法规规章进行处罚。

第五章　附　　则

第五十五条 本规定有关用语的定义如下:

渔业捕捞活动:捕捞或准备捕捞水生生物资源的行为,以及为这种行为提供支持和服务的各种活动。在尚未管理的滩涂或水域手工零星采集水产品的除外。

渔船:《中华人民共和国渔港水域交通安全管理条例》规定的渔业船舶。

船长:《渔业船舶国籍证书》中所载明的船长。

捕捞渔船:从事捕捞活动的生产船。

捕捞辅助船:渔获物运销船、冷藏加工船、渔用物资和燃料补给船等为渔业捕捞生产提供服务的船舶。

非专业渔船:从事捕捞活动的教学、科研调查船,特殊用途渔船,用于休闲捕捞活动的专业旅游观光船等船舶。

远洋渔船:在公海或他国管辖海域作业的捕捞渔船和捕捞辅助船,包括专业远洋渔船和非专业远洋渔船。专业远洋渔船，指专门用于在公海或他国管辖海域作业的捕捞渔船和捕捞辅助船；非专业远洋渔船，指具有国内有效的渔业捕捞许可证，转产到公海或他国管辖海域作业的捕捞渔船和捕捞辅助船。

船网工具控制指标：渔船的数量及其主机功率数值、网具或其他渔具的数量的最高限额。

船网工具指标：渔船的主机功率数值、网具或其他渔具的数额。

制造渔船：新建造渔船，包括旧船淘汰后再建造渔船。

更新改造渔船：通过更新主机或对船体和结构进行改造改变渔船主机功率、作业类型、主尺度或总吨位。

购置渔船：从国内买入渔船。

进口渔船：从国外和香港、澳门、台湾地区买入渔船，包括以各种方式引进渔船。

渔业组织：渔业合作组织、渔业社团（协会）、村集体经济组织、村民委员会等法人或非法人组织。

渔业船舶证书：渔业船舶检验证书、渔业船舶国籍证书、渔业捕捞许可证。

第五十六条 香港、澳门特别行政区持有广东省户籍的流动渔船的船网工具指标和捕捞许可证管理，按照农业农村部有关港澳流动渔船管理的规定执行。

第五十七条 国内捕捞辅助船的总量控制应当与本行政区域内捕捞渔船数量和规模相匹配，其船网工具指标和捕捞许可证审批按照捕捞渔船进行管理。

国内捕捞辅助船、休闲渔船和徒手作业捕捞许可管理的具体办法，由省、自治区、直辖市人民政府渔业主管部门规定。

第五十八条 我国渔船到他国管辖水域作业，应当经农业农村部批准。

中国籍渔业船舶以光船条件出租到境外申请办理光船租赁登记和非专业远洋渔船申请办理远洋渔业项目前，应当将海洋渔业捕捞许可证交回原发证机关暂存，原发证机关应当出具暂存凭据。渔业捕捞许可证暂存期不计入渔业捕捞许可证核定的使用期限，暂存期间不需要办理年审手续。渔船回国终止光船租赁和远洋渔业项目后，凭暂存凭据领回渔业捕捞许可证。

第五十九条 本规定自 2019 年 1 月 1 日起施行。原农业部 2002 年 8 月 23 日发布，2004 年 7 月 1 日、2007 年 11 月 8 日和 2013 年 12 月 31 日修订的《渔业捕捞许可管理规定》同时废止。

农作物种子生产经营许可管理办法

（2016年7月8日农业部令第5号公布　根据2017年11月30日《农业部关于修改和废止部分规章、规范性文件的决定》第一次修订　根据2019年4月25日《农业农村部关于修改和废止部分规章、规范性文件的决定》第二次修订　根据2020年7月8日《农业农村部关于修改和废止部分规章、规范性文件的决定》第三次修订）

第一章　总　则

第一条　为加强农作物种子生产经营许可管理，规范农作物种子生产经营秩序，根据《中华人民共和国种子法》，制定本办法。

第二条　农作物种子生产经营许可证的申请、审核、核发和监管，适用本办法。

第三条　县级以上人民政府农业主管部门按照职责分工，负责农作物种子生产经营许可证的受理、审核、核发和监管工作。

第四条　负责审核、核发农作物种子生产经营许可证的农业主管部门，应当将农作物种子生产经营许可证的办理条件、程序等在办公场所公开。

第五条　农业主管部门应当按照保障农业生产安全、提升农作物品种选育和种子生产经营水平、促进公平竞争、强化事中事后监管的原则，依法加强农作物种子生产经营许可管理。

第二章　申请条件

第六条　申请领取种子生产经营许可证的企业，应当具有与种子生产经营相适应的设施、设备、品种及人员，符合本办法规定的条件。

第七条　申请领取主要农作物常规种子或非主要农作物种子生产经营许可证的企业，应当具备以下条件：

（一）基本设施。生产经营主要农作物常规种子的，具有办公场所150平方米以上、检验室100平方米以上、加工厂房500平方米以上、仓库500平方米以上；生产经营非主要农作物种子的，具有办公场所100平方米以上、检验室50平方米以上、加工厂房100平方米以上、仓库100平方米以上；

（二）检验仪器。具有净度分析台、电子秤、样品粉碎机、烘箱、生物显微

镜、电子天平、扦样器、分样器、发芽箱等检验仪器,满足种子质量常规检测需要;

(三)加工设备。具有与其规模相适应的种子加工、包装等设备。其中,生产经营主要农作物常规种子的,应当具有种子加工成套设备,生产经营常规小麦种子的,成套设备总加工能力 10 吨/小时以上;生产经营常规稻种子的,成套设备总加工能力 5 吨/小时以上;生产经营常规大豆种子的,成套设备总加工能力 3 吨/小时以上;生产经营常规棉花种子的,成套设备总加工能力 1 吨/小时以上;

(四)人员。具有种子生产、加工贮藏和检验专业技术人员各 2 名以上;

(五)品种。生产经营主要农作物常规种子的,生产经营的品种应当通过审定,并具有 1 个以上与申请作物类别相应的审定品种;生产经营登记作物种子的,应当具有 1 个以上的登记品种。生产经营授权品种种子的,应当征得品种权人的书面同意;

(六)生产环境。生产地点无检疫性有害生物,并具有种子生产的隔离和培育条件;

(七)农业部规定的其他条件。

第八条 申请领取主要农作物杂交种子及其亲本种子生产经营许可证的企业,应当具备以下条件:

(一)基本设施。具有办公场所 200 平方米以上、检验室 150 平方米以上、加工厂房 500 平方米以上、仓库 500 平方米以上;

(二)检验仪器。除具备本办法第七条第二项规定的条件外,还应当具有 PCR 扩增仪及产物检测配套设备、酸度计、高压灭菌锅、磁力搅拌器、恒温水浴锅、高速冷冻离心机、成套移液器等仪器设备,能够开展种子水分、净度、纯度、发芽率四项指标检测及品种分子鉴定;

(三)加工设备。具有种子加工成套设备,生产经营杂交玉米种子的,成套设备总加工能力 10 吨/小时以上;生产经营杂交稻种子的,成套设备总加工能力 5 吨/小时以上;生产经营其他主要农作物杂交种子的,成套设备总加工能力 1 吨/小时以上;

(四)人员。具有种子生产、加工贮藏和检验专业技术人员各 5 名以上;

(五)品种。生产经营的品种应当通过审定,并具有与申请作物类别相应的自育品种或作为第一选育人的审定品种 1 个以上,或者合作选育的审定品种 2 个以上,或者受让品种权的品种 3 个以上。生产经营授权品种种子的,应当征得品种权人的书面同意;

(六)具有本办法第七条第六项规定的条件;

（七）农业部规定的其他条件。

第九条 申请领取实行选育生产经营相结合、有效区域为全国的种子生产经营许可证的企业，应当具备以下条件：

（一）基本设施。具有办公场所500平方米以上，冷藏库200平方米以上。生产经营主要农作物种子或马铃薯种薯的，具有检验室300平方米以上；生产经营其他农作物种子的，具有检验室200平方米以上。生产经营杂交玉米、杂交稻、小麦种子或马铃薯种薯的，具有加工厂房1000平方米以上、仓库2000平方米以上；生产经营棉花、大豆种子的，具有加工厂房500平方米以上、仓库500平方米以上；生产经营其他农作物种子的，具有加工厂房200平方米以上、仓库500平方米以上；

（二）育种机构及测试网络。具有专门的育种机构和相应的育种材料，建有完整的科研育种档案。生产经营杂交玉米、杂交稻种子的，在全国不同生态区有测试点30个以上和相应的播种、收获、考种设施设备；生产经营其他农作物种子的，在全国不同生态区有测试点10个以上和相应的播种、收获、考种设施设备；

（三）育种基地。具有自有或租用（租期不少于5年）的科研育种基地。生产经营杂交玉米、杂交稻种子的，具有分布在不同生态区的育种基地5处以上、总面积200亩以上；生产经营其他农作物种子的，具有分布在不同生态区的育种基地3处以上、总面积100亩以上；

（四）品种。生产经营主要农作物种子的，生产经营的品种应当通过审定，并具有相应作物的作为第一育种者的国家级审定品种3个以上，或者省级审定品种6个以上（至少包含3个省份审定通过），或者国家级审定品种2个和省级审定品种3个以上，或者国家级审定品种1个和省级审定品种5个以上。生产经营杂交稻种子同时生产经营常规稻种子的，除具有杂交稻要求的品种条件外，还应当具有常规稻的作为第一育种者的国家级审定品种1个以上或者省级审定品种3个以上。生产经营非主要农作物种子的，应当具有相应作物的以本企业名义单独申请获得植物新品种权的品种5个以上。生产经营授权品种种子的，应当征得品种权人的书面同意；

（五）生产规模。生产经营杂交玉米种子的，近3年年均种子生产面积2万亩以上；生产经营杂交稻种子的，近3年年均种子生产面积1万亩以上；生产经营其他农作物种子的，近3年年均种子生产的数量不低于该类作物100万亩的大田用种量；

（六）种子经营。具有健全的销售网络和售后服务体系。生产经营杂交玉米种子的，在申请之日前3年内至少有1年，杂交玉米种子销售额2亿元以上或占该类种子全国市场份额的1%以上；生产经营杂交稻种子的，在申请之日前3年内至少有1年，杂交稻种子销售额1.2亿元以上或占该类种子全国市场份额的1%以上；生产经营蔬菜种子的，在申请之日前3年内至少有1年，蔬菜种子销售额8000万元以上或占该类种子全国市场份额的1%以上；生产经营其他农作物种子的，在申请之日前3年内至少有1年，其种子销售额占该类种子全国市场份额的1%以上；

（七）种子加工。具有种子加工成套设备，生产经营杂交玉米、小麦种子的，总加工能力20吨/小时以上；生产经营杂交稻种子的，总加工能力10吨/小时以上（含窝眼清选设备）；生产经营大豆种子的，总加工能力5吨/小时以上；生产经营其他农作物种子的，总加工能力1吨/小时以上。生产经营杂交玉米、杂交稻、小麦种子的，还应当具有相应的干燥设备；

（八）人员。生产经营杂交玉米、杂交稻种子的，具有本科以上学历或中级以上职称的专业育种人员10人以上；生产经营其他农作物种子的，具有本科以上学历或中级以上职称的专业育种人员6人以上。生产经营主要农作物种子的，具有专职的种子生产、加工贮藏和检验专业技术人员各5名以上；生产经营非主要农作物种子的，具有专职的种子生产、加工贮藏和检验专业技术人员各3名以上；

（九）具有本办法第七条第六项、第八条第二项规定的条件；

（十）农业部规定的其他条件。

第十条 从事种子进出口业务的企业和外商投资企业申请领取种子生产经营许可证，除具备本办法规定的相应农作物种子生产经营许可证核发的条件外，还应当符合有关法律、行政法规规定的其他条件。

第十一条 申请领取种子生产经营许可证，应当提交以下材料：

（一）种子生产经营许可证申请表（式样见附件1）；

（二）单位性质、股权结构等基本情况，公司章程、营业执照复印件，设立分支机构、委托生产种子、委托代销种子以及以购销方式销售种子等情况说明；

（三）种子检验室、加工厂房、仓库和其他设施的自有产权或自有资产的说明材料；办公场所自有产权证明复印件或租赁合同；种子检验、加工等设备清单和购置发票复印件；相关设施设备的情况说明及实景照片；

（四）品种审定证书复印件；生产经营授权品种种子的，提交植物新品种权证书复印件及品种权人的书面同意证明；

（五）委托种子生产合同复印件或自行组织种子生产的情况说明和证明材料；

（六）种子生产地点检疫证明；

（七）农业部规定的其他材料。

第十二条 申请领取选育生产经营相结合、有效区域为全国的种子生产经营许可证，除提交本办法第十一条所规定的材料外，还应当提交以下材料：

（一）自有科研育种基地证明或租用科研育种基地的合同复印件；

（二）品种试验测试网络和测试点情况说明，以及相应的播种、收获、烘干等设备设施的自有产权证明复印件及实景照片；

（三）育种机构、科研投入及育种材料、科研活动等情况说明和证明材料，育种人员基本情况；

（四）近三年种子生产地点、面积和基地联系人等情况说明和证明材料；

（五）种子经营量、经营额及其市场份额的情况说明和证明材料；

（六）销售网络和售后服务体系的建设情况。

第三章 受理、审核与核发

第十三条 种子生产经营许可证实行分级审核、核发。

（一）从事主要农作物常规种子生产经营及非主要农作物种子经营的，其种子生产经营许可证由企业所在地县级以上地方农业主管部门核发；

（二）从事主要农作物杂交种子及其亲本种子生产经营以及实行选育生产经营相结合、有效区域为全国的种子企业，其种子生产经营许可证由企业所在地县级农业主管部门审核，省、自治区、直辖市农业主管部门核发；

（三）从事农作物种子进出口业务的，其种子生产经营许可证由企业所在地省、自治区、直辖市农业主管部门审核，农业部核发。

第十四条 农业主管部门对申请人提出的种子生产经营许可申请，应当根据下列情况分别作出处理：

（一）不需要取得种子生产经营许可的，应当即时告知申请人不受理；

（二）不属于本部门职权范围的，应当即时作出不予受理的决定，并告知申请人向有关部门申请；

（三）申请材料存在可以当场更正的错误的，应当允许申请人当场更正；

（四）申请材料不齐全或者不符合法定形式的，应当当场或者在五个工作日内一次告知申请人需要补正的全部内容，逾期不告知的，自收到申请材料之日起即为受理；

（五）申请材料齐全、符合法定形式，或者申请人按照要求提交全部补正申请材料的，应当予以受理。

第十五条 审核机关应当对申请人提交的材料进行审查，并对申请人的办公场所和种子加工、检验、仓储等设施设备进行实地考察，查验相关申请材料原件。

审核机关应当自受理申请之日起二十个工作日内完成审核工作。具备本办法规定条件的，签署审核意见，上报核发机关；审核不予通过的，书面通知申请人并说明理由。

第十六条 核发机关应当自受理申请或收到审核意见之日起二十个工作日内完成核发工作。核发机关认为有必要的，可以进行实地考察并查验原件。符合条件的，发给种子生产经营许可证并予公告；不符合条件的，书面通知申请人并说明理由。

选育生产经营相结合、有效区域为全国的种子生产经营许可证，核发机关应当在核发前在中国种业信息网公示五个工作日。

第四章 许可证管理

第十七条 种子生产经营许可证设主证、副证（式样见附件2）。主证注明许可证编号、企业名称、统一社会信用代码、住所、法定代表人、生产经营范围、生产经营方式、有效区域、有效期至、发证机关、发证日期；副证注明作物种类、种子类别、品种名称及审定（登记）编号、种子生产地点等内容。

（一）许可证编号为“__(xxxx)农种许字(xxxx)第 xxxx 号”。“－－”上标注生产经营类型，A 为实行选育生产经营相结合，B 为主要农作物杂交种子及其亲本种子，C 为其他主要农作物种子，D 为非主要农作物种子，E 为种子进出口，F 为外商投资企业；第一个括号内为发证机关所在地简称，格式为“省地县”；第二个括号内为首次发证时的年号；“第 xxxx 号”为四位顺序号；

（二）生产经营范围按生产经营种子的作物名称填写，蔬菜、花卉、麻类按作物类别填写；

（三）生产经营方式按生产、加工、包装、批发、零售或进出口填写；

（四）有效区域。实行选育生产经营相结合的种子生产经营许可证的有效区域为全国。其他种子生产经营许可证的有效区域由发证机关在其管辖范围内确定；

（五）生产地点为种子生产所在地，主要农作物杂交种子标注至县级行政区域，其他作物标注至省级行政区域。

种子生产经营许可证加注许可信息代码。许可信息代码应当包括种子生产经营许可相关内容，由发证机关打印许可证书时自动生成。

第十八条 种子生产经营许可证载明的有效区域是指企业设立分支机构

的区域。

种子生产地点不受种子生产经营许可证载明的有效区域限制，由发证机关根据申请人提交的种子生产合同复印件及无检疫性有害生物证明确定。

种子销售活动不受种子生产经营许可证载明的有效区域限制，但种子的终端销售地应当在品种审定、品种登记或标签标注的适宜区域内。

第十九条 种子生产经营许可证有效期为五年。

在有效期内变更主证载明事项的，应当向原发证机关申请变更并提交相应材料，原发证机关应当依法进行审查，办理变更手续。

在有效期内变更副证载明的生产种子的品种、地点等事项的，应当在播种三十日前向原发证机关申请变更并提交相应材料，申请材料齐全且符合法定形式的，原发证机关应当当场予以变更登记。

种子生产经营许可证期满后继续从事种子生产经营的，企业应当在期满六个月前重新提出申请。

第二十条 在种子生产经营许可证有效期内，有下列情形之一的，发证机关应当注销许可证，并予以公告：

（一）企业停止生产经营活动一年以上的；

（二）企业不再具备本办法规定的许可条件，经限期整改仍达不到要求的。

第五章 监督检查

第二十一条 有下列情形之一的，不需要办理种子生产经营许可证：

（一）农民个人自繁自用常规种子有剩余，在当地集贸市场上出售、串换的；

（二）在种子生产经营许可证载明的有效区域设立分支机构的；

（三）专门经营不再分装的包装种子的；

（四）受具有种子生产经营许可证的企业书面委托生产、代销其种子的。

前款第一项所称农民，是指以家庭联产承包责任制的形式签订农村土地承包合同的农民；所称当地集贸市场，是指农民所在的乡（镇）区域。农民个人出售、串换的种子数量不应超过其家庭联产承包土地的年度用种量。违反本款规定出售、串换种子的，视为无证生产经营种子。

第二十二条 种子生产经营者在种子生产经营许可证载明有效区域设立的分支机构，应当在取得或变更分支机构营业执照后十五个工作日内向当地县级农业主管部门备案。备案时应当提交分支机构的营业执照复印件、设立企业的种子生产经营许可证复印件以及分支机构名称、住所、负责人、联系方式等材料（式样见附件3）。

第二十三条 专门经营不再分装的包装种子或者受具有种子生产经营许可证的企业书面委托代销其种子的，应当在种子销售前向当地县级农业主管部门备案，并建立种子销售台账。备案时应当提交种子销售者的营业执照复印件、种子购销凭证或委托代销合同复印件，以及种子销售者名称、住所、经营方式、负责人、联系方式、销售地点、品种名称、种子数量等材料（式样见附件4）。种子销售台账应当如实记录销售种子的品种名称、种子数量、种子来源和种子去向。

第二十四条 受具有种子生产经营许可证的企业书面委托生产其种子的，应当在种子播种前向当地县级农业主管部门备案。备案时应当提交委托企业的种子生产经营许可证复印件、委托生产合同，以及种子生产者名称、住所、负责人、联系方式、品种名称、生产地点、生产面积等材料（式样见附件5）。受托生产杂交玉米、杂交稻种子的，还应当提交与生产所在地农户、农民合作组织或村委会的生产协议。

第二十五条 种子生产经营者应当建立包括种子田间生产、加工包装、销售流通等环节形成的原始记载或凭证的种子生产经营档案，具体内容如下：

（一）田间生产方面：技术负责人，作物类别、品种名称、亲本（原种）名称、亲本（原种）来源，生产地点、生产面积、播种日期、隔离措施、产地检疫、收获日期、种子产量等。委托种子生产的，还应当包括种子委托生产合同。

（二）加工包装方面：技术负责人，品种名称、生产地点，加工时间、加工地点、包装规格、种子批次、标签标注，入库时间、种子数量、质量检验报告等。

（三）流通销售方面：经办人，种子销售对象姓名及地址、品种名称、包装规格、销售数量、销售时间、销售票据。批量购销的，还应包括种子购销合同。

种子生产经营者应当至少保存种子生产经营档案五年，确保档案记载信息连续、完整、真实，保证可追溯。档案材料含有复印件的，应当注明复印时间并经相关责任人签章。

第二十六条 种子生产经营者应当按批次保存所生产经营的种子样品，样品至少保存该类作物两个生产周期。

第二十七条 申请人故意隐瞒有关情况或者提供虚假材料申请种子生产经营许可证的，农业主管部门应当不予许可，并将申请人的不良行为记录在案，纳入征信系统。申请人在一年内不得再次申请种子生产经营许可证。

申请人以欺骗、贿赂等不正当手段取得种子生产经营许可证的，农业主管部门应当撤销种子生产经营许可证，并将申请人的不良行为记录在案，纳入征信系统。申请人在三年内不得再次申请种子生产经营许可证。

第二十八条　农业主管部门应当对种子生产经营行为进行监督检查，发现不符合本办法的违法行为，按照《中华人民共和国种子法》有关规定进行处理。

核发、撤销、吊销、注销种子生产经营许可证的有关信息，农业主管部门应当依法予以公布，并在中国种业信息网上及时更新信息。

对管理过程中获知的种子生产经营者的商业秘密，农业主管部门及其工作人员应当依法保密。

第二十九条　上级农业主管部门应当对下级农业主管部门的种子生产经营许可行为进行监督检查。有下列情形的，责令改正，对直接负责的主管人员和其他直接责任人依法给予行政处分；构成犯罪的，依法移送司法机关追究刑事责任：

（一）未按核发权限发放种子生产经营许可证的；

（二）擅自降低核发标准发放种子生产经营许可证的；

（三）其他未依法核发种子生产经营许可证的。

第六章　附　　则

第三十条　本办法所称种子生产经营，是指种植、采收、干燥、清选、分级、包衣、包装、标识、贮藏、销售及进出口种子的活动；种子生产是指繁（制）种的种植、采收的田间活动。

第三十一条　本办法所称种子加工成套设备，是指主机和配套系统相互匹配并固定安装在加工厂房内，实现种子精选、包衣、计量和包装基本功能的加工系统。主机主要包括风筛清选机（风选部分应具有前后吸风道，双沉降室；筛选部分应具有三层以上筛片）、比重式清选机和电脑计量包装设备；配套系统主要包括输送系统、储存系统、除尘系统、除杂系统和电控系统。

第三十二条　本办法规定的科研育种、生产、加工、检验、贮藏等设施设备，应为申请企业自有产权或自有资产，或者为其绝对控股子公司的自有产权或自有资产。办公场所应在种子生产经营许可证核发机关所辖行政区域，可以租赁。对申请企业绝对控股子公司的自有品种可以视为申请企业的自有品种。申请企业的绝对控股子公司不可重复利用上述办证条件申请办理种子生产经营许可证。

第三十三条　本办法所称不再分装的包装种子，是指按有关规定和标准包装的、不再分拆的最小包装种子。分装种子的，应当取得种子生产经营许可证，保证种子包装的完整性，并对其所分装种子负责。

有性繁殖作物的籽粒、果实,包括颖果、荚果、蒴果、核果等以及马铃薯微型脱毒种薯应当包装。无性繁殖的器官和组织、种苗以及不宜包装的非籽粒种子可以不包装。

种子包装应当符合有关国家标准或者行业标准。

第三十四条 转基因农作物种子生产经营许可管理规定,由农业部另行制定。

第三十五条 申请领取鲜食、爆裂玉米的种子生产经营许可证的,按非主要农作物种子的许可条件办理。

第三十六条 生产经营无性繁殖的器官和组织、种苗、种薯以及不宜包装的非籽粒种子的,应当具有相适应的设施、设备、品种及人员,具体办法由省级农业主管部门制定,报农业部备案。

第三十七条 没有设立农业主管部门的行政区域,种子生产经营许可证由上级行政区域农业主管部门审核、核发。

第三十八条 种子生产经营许可证由农业部统一印制,相关表格格式由农业部统一制定。种子生产经营许可证的申请、受理、审核、核发和打印,以及种子生产经营备案管理,在中国种业信息网统一进行。

第三十九条 本办法自2016年8月15日起施行。农业部2011年8月22日公布、2015年4月29日修订的《农作物种子生产经营许可管理办法》(农业部令2011年第3号)和2001年2月26日公布的《农作物商品种子加工包装规定》(农业部令第50号)同时废止。

本办法施行之日前已取得的农作物种子生产、经营许可证有效期不变,有效期在本办法发布之日至2016年8月15日届满的企业,其原有种子生产、经营许可证的有效期自动延展至2016年12月31日。

本办法施行之日前已取得农作物种子生产、经营许可证且在有效期内,申请变更许可证载明事项的,按本办法第十三条规定程序办理。

附件:1. 农作物种子生产经营许可证申请表(式样)

2. 农作物种子生产经营许可证(式样)

3. 农作物种子生产经营备案表(分支机构)(式样)

4. 农作物种子生产经营备案表(经营代销种子/经营不分装种子)(式样)

5. 农作物种子生产经营备案表(种子生产者)(式样)

附件 1

农作物种子生产经营许可证申请表(式样)

(　　)农种申字(　　)第　　号

<table>
<tr><td colspan="2">申请单位名称</td><td colspan="5"></td></tr>
<tr><td colspan="2">统一社会信用代码</td><td colspan="5"></td></tr>
<tr><td colspan="2">注册地址</td><td colspan="5"></td></tr>
<tr><td colspan="2">通讯地址</td><td colspan="5"></td></tr>
<tr><td colspan="2">法定代表人</td><td></td><td colspan="2">法定代表人身份证号</td><td colspan="2"></td></tr>
<tr><td colspan="2">联 系 人</td><td></td><td colspan="2">联系电话</td><td colspan="2"></td></tr>
<tr><td colspan="2">邮政编码</td><td></td><td colspan="2">电子邮箱</td><td colspan="2"></td></tr>
<tr><td rowspan="6">基本情况</td><td>种子生产人员</td><td colspan="2">名</td><td colspan="2">加工贮藏人员</td><td>名</td></tr>
<tr><td>种子检验人员</td><td colspan="2">名</td><td colspan="2">科研育种人员</td><td>名</td></tr>
<tr><td>检验仪器</td><td colspan="2">台</td><td colspan="2">检验室面积</td><td>平方米</td></tr>
<tr><td>加工成套设备</td><td colspan="2">吨/小时</td><td colspan="2">加工厂房面积</td><td>平方米</td></tr>
<tr><td>仓库面积</td><td colspan="2">平方米</td><td colspan="2">办公场所面积</td><td>平方米</td></tr>
<tr><td>科研室面积</td><td colspan="2">平方米</td><td colspan="2">生产基地面积</td><td>亩</td></tr>
<tr><td rowspan="8">申请事项</td><td>生产经营范围</td><td colspan="5"></td></tr>
<tr><td>生产经营方式</td><td colspan="5"></td></tr>
<tr><td>生产经营区域</td><td colspan="5"></td></tr>
<tr><td>作物种类</td><td>品种名称</td><td>品种审定(登记)编号</td><td>植物新品种权号</td><td>生产地点</td><td>加工包装地点</td></tr>
<tr><td></td><td></td><td></td><td></td><td></td><td></td></tr>
<tr><td></td><td></td><td></td><td></td><td></td><td></td></tr>
<tr><td></td><td></td><td></td><td></td><td></td><td></td></tr>
<tr><td></td><td></td><td></td><td></td><td></td><td></td></tr>
<tr><td colspan="4">申请单位:
负责人(签章)
年　月　日</td><td colspan="3">审核机关:
负责人(签章)
年　月　日</td></tr>
</table>

注:申请生产经营种子的作物种类和品种较多的,可另附页。

本表一式三份,申请单位一份、受理机关二份。

附件 2

（许可信息代码标注位置）

农作物种子生产经营许可证（主证式样）

许可证编号：　　　（　）农种许字（　）第　　号

企业名称：

住所：

法定代表人：

生产经营范围：

生产经营方式：

有效区域：

有效期至：

统一社会信用代码：

发证机关（盖章）

年　　月　　日

（许可信息代码标注位置）

农作物种子生产经营许可证（副证式样）

企业名称：　　　　　许可证编号：　（　）农种许字（　）第　号

发证日期：　　　　　有效期至：

作物种类	种子类别	品种名称	品种审定（登记）编号	种子生产地点	备注

经办人（签章）：　　　　　打印日期：　　年　　月　　日

附件3

农作物种子生产经营备案表(式样)
(类型:分支机构)

分支机构名称: 统一社会信用代码:
住　　所: 种子生产经营区域:
负 责 人: (签章) 联 系 方 式:
设立企业的种子生产经营许可证编号:
备案日期: 年 月 日
备案机关: 农业主管部门(盖章)
本表一式三份,分支机构一份、备案机关二份。

附件4

农作物种子生产经营备案表(式样)
(类型:经营代销种子/经营不分装种子)

备案者名称: 统一社会信用代码:
住　　所: 种子销售地点:
负 责 人: (签章) 联 系 电 话:
备案日期: 年 月 日
备案机关: 农业主管部门(盖章)

序号	作物种类	种子类别	品种名称	种子数量(公斤)	备注

本表一式三份,种子经营者一份、备案机关二份。

附件 5

农作物种子生产经营备案表(式样)

(类型:种子生产者)

生产者名称: 类 别: 企业/农户

身份证号码: 住 所:

负 责 人: (签章) 联系电话:

备案日期: 年 月 日

备案机关: 农业主管部门(盖章)

<table>
<tr><th rowspan="2">序号</th><th rowspan="2">作物种类</th><th rowspan="2">种子类别</th><th rowspan="2">品种名称</th><th rowspan="2">生产地点</th><th rowspan="2">生产面积(亩)</th><th colspan="3">委托企业</th><th rowspan="2">备注</th></tr>
<tr><th>单位名称</th><th>种子生产经营许可证号码</th><th>统一社会信用代码</th></tr>
<tr><td></td><td></td><td></td><td></td><td></td><td></td><td></td><td></td><td></td><td></td></tr>
<tr><td></td><td></td><td></td><td></td><td></td><td></td><td></td><td></td><td></td><td></td></tr>
</table>

本表一式三份,种子生产者一份、备案机关二份。

证券投资基金托管业务管理办法

(2020 年 7 月 10 日中国证券监督管理委员会、中国银行保险监督管理委员会令第 172 号公布 自公布之日起施行 国司备字[2020002357])

第一章 总 则

第一条 为了规范证券投资基金托管业务,维护证券投资基金托管业务竞争秩序,保护基金份额持有人及相关当事人合法权益,促进证券投资基金健康发展,根据《证券法》《证券投资基金法》《银行业监督管理法》及其他相关法律、行政法规,制定本办法。

第二条 本办法所称证券投资基金(以下简称基金)托管,是指由依法设立并取得基金托管资格的商业银行或者其他金融机构担任托管人,按照法律法规的规定及基金合同的约定,对基金履行安全保管基金财产、办理清算交割、复核审查净值信息、开展投资监督、召集基金份额持有人大会等职责的行为。

第三条 商业银行及其他金融机构从事基金托管业务，应当经中国证券监督管理委员会（以下简称中国证监会）核准，依法取得基金托管资格。

未取得基金托管资格的机构，不得从事基金托管业务。

第四条 基金托管人应当遵守法律法规的规定以及基金合同和基金托管协议的约定，恪守职业道德和行为规范，诚实信用、谨慎勤勉，为基金份额持有人利益履行基金托管职责。

第五条 基金托管人的基金托管部门高级管理人员和其他从业人员应当忠实、勤勉地履行职责，不得从事损害基金财产和基金份额持有人利益的证券交易及其他活动。

第六条 中国证监会、中国银行保险监督管理委员会（以下简称中国银保监会）依照法律法规和审慎监管原则，对基金托管人及其基金托管业务活动实施监督管理。

第七条 中国证券投资基金业协会依据法律法规和自律规则，对基金托管人及其基金托管业务活动进行自律管理。

第二章　基金托管机构

第八条 申请基金托管资格的商业银行及其他金融机构（以下简称申请人），应当具备下列条件：

（一）净资产不低于200亿元人民币，风险控制指标符合监管部门的有关规定；

（二）设有专门的基金托管部门，部门设置能够保证托管业务运营的完整与独立；

（三）基金托管部门拟任高级管理人员符合法定条件，取得基金从业资格的人员不低于该部门员工人数的1/2；拟从事基金清算、核算、投资监督、信息披露、内部稽核监控等业务的执业人员不少于8人，并具有基金从业资格，其中，核算、监督等核心业务岗位人员应当具备2年以上托管业务从业经验；

（四）有安全保管基金财产、确保基金财产完整与独立的条件；

（五）有安全高效的清算、交割系统；

（六）基金托管部门有满足营业需要的固定场所、配备独立的安全监控系统；

（七）基金托管部门配备独立的托管业务技术系统，包括网络系统、应用系统、安全防护系统、数据备份系统；

（八）有完善的内部稽核监控制度和风险控制制度；

（九）最近3年无重大违法违规记录；

（十）法律、行政法规规定的和经国务院批准的中国证监会规定的其他条件。

外国银行分行申请基金托管资格，净资产等财务指标可按境外总行计算；其境外总行应当具有完善的内部控制机制，具备良好的国际声誉和经营业绩，近3年基金托管业务规模、收入、利润、市场占有率等指标居于国际前列，近3年长期信用均保持在高水平；所在国家或者地区具有完善的证券法律和监管制度，相关金融监管机构已与中国证监会或者中国证监会认可的机构签定证券监管合作谅解备忘录，并保持着有效的监管合作关系。

第九条 申请人应当具有健全的清算、交割业务制度，清算、交割系统应当符合下列规定：

（一）系统内证券交易结算资金及时汇划到账；

（二）从交易所、证券登记结算机构等相关机构安全接收交易结算数据；

（三）与基金管理人、基金注册登记机构、证券登记结算机构等相关业务机构的系统安全对接；

（四）依法执行基金管理人的投资指令，及时办理清算、交割事宜。

第十条 申请人的基金托管营业场所、安全防范设施、与基金托管业务有关的其他设施和相关制度，应当符合下列规定：

（一）基金托管部门的营业场所相对独立，配备门禁系统；

（二）能够接触基金交易数据的业务岗位有单独的办公场所，无关人员不得随意进入；

（三）有完善的基金交易数据保密制度；

（四）有安全的基金托管业务数据备份系统；

（五）有基金托管业务的应急处理方案，具备应急处理能力。

第十一条 申请人应当向中国证监会报送下列申请材料：

（一）申请书；

（二）符合《证券法》规定的会计师事务所出具的审计报告，风险控制指标最近1年持续符合监管部门有关规定的说明；

（三）设立专门基金托管部门的证明文件，确保部门业务运营完整与独立的说明和承诺；

（四）内部机构设置和岗位职责规定；

（五）基金托管部门拟任高级管理人员任职材料；

（六）关于安全保管基金财产有关条件的报告；

（七）相关业务规章制度，包括业务管理、操作规程、基金会计核算、基金清算、信息披露、内部稽核监控、内控与风险管理、信息系统管理、从业人员管理、保密与档案管理、重大可疑情况报告、应急处理及其他履行基金托管人职责所需的规章制度；

（八）开办基金托管业务的商业计划书；

（九）中国证监会规定的其他材料。

申请人为外国银行分行的，还应当报送其总行的下列材料：

（一）具有良好的国际声誉和经营业绩，近3年基金托管业务规模、收入、利润、市场占有率等指标居于国际前列以及近3年长期信用情况的证明文件；

（二）对该分行开展基金托管业务建立相应流动性支持机制的说明；

（三）与该分行之间系统隔离、访问控制、信息隔离等安全保障制度及措施，以及规范数据跨境流动管理的说明文件。

第十二条　中国证监会应当自收到申请材料之日起5个工作日内作出是否受理的决定。申请材料齐全、符合法定形式的，向申请人出具受理凭证；申请材料不齐全或者不符合法定形式的，应当一次告知申请人需要补正的全部内容。

第十三条　中国证监会应当自受理申请材料之日起20个工作日内作出行政许可决定。作出不予核准决定的，应当说明理由并告知申请人，行政许可程序终止。

第十四条　取得基金托管资格的商业银行及其他金融机构为基金托管人。基金托管人应当及时办理基金托管部门高级管理人员的任职手续。

基金托管人应当按照《证券投资基金法》及本办法等规定要求，完成基金托管业务的筹备工作，通过中国证监会及其派出机构的现场检查验收，并在完成工商变更登记后，向中国证监会申领《经营证券期货业务许可证》。在取得《经营证券期货业务许可证》前，不得对外开展基金托管业务。

基金托管人开展基金托管业务的，应当持续符合本办法第八条第一款第（一）至第（八）项、第九条、第十条规定的条件。在申请募集基金时，拟任基金托管人应不存在因与托管业务相关的重大违法违规行为、严重失信行为正在被监管机构立案调查、司法机关立案侦查，或者处于整改期间的情形。

第三章　托管职责的履行

第十五条　基金托管人在与基金管理人订立基金合同、基金招募说明书、基金托管协议等法律文件前，应当从保护基金份额持有人角度，对涉及投资范围与投资限制、基金费用、收益分配、会计估值、信息披露等方面的条款进行评估,确保相关约定合规清晰、风险揭示充分、会计估值科学公允。在基金托管协议中,还应当对基金托管人与基金管理人之间的业务监督与协作等职责进行详细约定。

第十六条 外国银行分行的民事责任由总行承担。外国银行分行作为基金托管人的,应当在基金合同、基金招募说明书、基金托管协议等法律文件中约定其总行履行的各项义务,包括外国银行分行开展基金托管业务发生重大风险或损害基金持有人利益时应当按照中国法律承担相应的民事责任等。

外国银行总行应当根据分行托管规模,建立相应的流动性支持机制。

第十七条 基金托管人应当安全保管基金财产,按照相关规定和基金托管协议约定履行下列职责:

(一)为所托管的不同基金财产分别设置资金账户、证券账户等投资交易必需的相关账户,确保基金财产的独立与完整;

(二)建立与基金管理人的对账机制,定期核对资金头寸、证券账目、净值信息等数据,及时核查认购与申购资金的到账、赎回资金的支付以及投资资金的支付与到账情况,并对基金的会计凭证、交易记录、合同协议等重要文件档案保存20年以上;

(三)对基金财产投资信息和相关资料负保密义务,除法律、行政法规和其他有关规定、监管机构及审计要求外,不得向任何机构或者个人泄露相关信息和资料。

非银行金融机构开展基金托管业务,应当为其托管的基金选定具有基金托管资格的商业银行作为资金存管银行,并开立托管资金专门账户,用于托管基金现金资产的归集、存放与支付,该账户不得存放其他性质资金。

第十八条 基金托管人承担市场结算参与人职责的,应当建立健全结算风险防控制度和监测系统,动态评估不同产品和业务的结算风险,持续督促基金管理人采取措施防范风险。

基金托管人与基金管理人应当签订结算协议或者在基金托管协议中约定结算条款,明确双方在基金清算交收及相关风险控制方面的职责。基金清算交收过程中,出现基金财产中资金或证券不足以交收的,基金托管人应当及时通知基金管理人,督促基金管理人积极采取措施、最大程度控制违约交收风险与相关损失,并报告中国证监会。

第十九条 基金托管人与基金管理人应当按照《企业会计准则》及中国证监会的有关规定进行估值核算,对各类金融工具的估值方法予以定期评估。基金托管人发现基金份额净值计价出现错误的,应当提示基金管理人立即纠正,并采取合理措施防止损失进一步扩大。基金托管人发现基金份额净值计价出现重大错误或者估值出现重大偏离的,应当提示基金管理人依法履行披露和报告义务。

第二十条 基金托管人应当按照法律法规的规定以及基金合同的约定办理与基金托管业务有关的信息披露事项,包括但不限于:披露基金托管协议,对基金定期报告等信息披露文件中有关基金财务报告等信息及时进行复核审查并出具意见,在基金年度报告和中期报告中出具托管人报告,就基金托管部门负责人变动等重大事项发布临时公告。

第二十一条 基金托管人应当根据基金合同及托管协议约定,制定基金投资监督标准与监督流程,对基金合同生效之后所托管基金的投资范围、投资比例、投资风格、投资限制、关联方交易等进行严格监督,及时提示基金管理人违规风险。

当发现基金管理人发出但未执行的投资指令或者已经生效的投资指令违反法律、行政法规和其他有关规定,或者基金合同约定,应当依法履行通知基金管理人等程序,并及时报告中国证监会,持续跟进基金管理人的后续处理,督促基金管理人依法履行披露义务。基金管理人的上述违规失信行为给基金财产或者基金份额持有人造成损害的,基金托管人应当督促基金管理人及时予以赔偿。

第二十二条 基金托管人应当对所托管基金履行法律法规、基金合同有关收益分配约定情况进行定期复核,发现基金收益分配有违规失信行为的,应当及时通知基金管理人,并报告中国证监会。

第二十三条 对于转换基金运作方式、更换基金管理人等需召开基金份额持有人大会审议的事项,基金托管人应当积极配合基金管理人召集基金份额持有人大会;基金管理人未按规定召集或者不能召集的,基金托管人应当按照规定召集基金份额持有人大会,并依法履行对外披露与报告义务。

第二十四条 基金托管人在取得基金托管资格后,不得长期不开展基金托管业务;在从事基金托管业务过程中,不得进行不正当竞争,不得利用非法手段垄断市场,不得违反基金托管协议约定将部分或者全部托管的基金财产委托他人托管。

第二十五条 基金托管人应当按照市场化原则,综合考虑基金托管规模、产品类别、服务内容、业务处理难易程度等因素,与基金管理人协商确定基金托管费用的计算方式和方法。

基金托管费用的计提方式和计算方法应当在基金合同、托管协议、基金招募说明书中明确列示。

第四章 托管业务内部控制

第二十六条 基金托管人应当按照相关法律法规，针对基金托管业务建立科学合理、控制严密、运行高效的内部控制体系，保持托管业务内部控制制度健全、执行有效。

基金托管人应当加强对基金托管相关准入管理、业务活动、信息系统和人员考核等方面的集中统一管理，不得以承包、转委托等方式开展基金托管业务。

基金托管人应当每年聘请符合《证券法》规定的会计师事务所，或者由托管人内部审计部门组织，针对基金托管法定业务和增值业务的内部控制制度建设与实施情况，开展相关审查与评估，出具评估报告。

第二十七条 基金托管人应当将所托管的基金财产与其固有财产及其受托管理的各类财产严格分开保管，不得将所托管的基金财产归入其固有财产或其受托管理的各类财产，切实保障基金财产的完整和独立。

基金托管人应当建立严格的隔离墙制度，确保托管业务与本机构其他业务保持独立，隔离业务风险，切实防范利益冲突和利益输送。

第二十八条 基金托管人应当完善安全保障措施，保护基金业务数据及投资者信息安全，防范信息泄露与损毁。除法律法规和中国证监会另有规定外，基金托管人不得以任何方式向其他机构、个人提供基金业务数据及投资者信息。

第二十九条 基金托管人应当建立突发事件处理预案制度，对发生严重影响基金份额持有人利益、可能引发系统性风险或者严重影响社会稳定的突发事件，按照预案妥善处理。

第三十条 基金托管人应当健全从业人员管理制度，完善信息管理及保密制度，加强对基金托管部门从业人员执业行为及投资基金等相关活动的管理。

基金托管部门的从业人员不得利用未公开信息为自己或者他人谋取利益。

第三十一条 基金托管人应当根据托管业务发展及其风险控制的需要，不断完善托管业务信息技术系统，配置足够的托管业务人员，规范岗位职责，加强职业培训，保证托管服务质量。

第三十二条 基金托管人根据业务发展的需要，按照法律法规规定和基金托管协议约定委托符合条件的境外资产托管人开展境外资产托管业务的，应当对境外资产托管人进行尽职调查，制定遴选标准与程序，健全相关的业务风险管理和应急处理制度，加强对境外资产托管人的监督与约束。

第三十三条 基金托管人在法定托管职责之外依法开展基金服务外包等增值业务的，应当设立专门的团队与业务系统，与原有基金托管业务团队之间建立必要的业务隔离，有效防范潜在的利益冲突。

第五章 监督管理与法律责任

第三十四条 商业银行作为托管人的，中国证监会和中国银保监会依法通过非现场监管和现场检查等方式，对商业银行开展基金托管业务实施日常监管。商业银行开展基金托管业务违反法律法规和相关规定的，中国证监会和中国银保监会可依照相关法律法规采取监管措施。中国证监会和中国银保监会对商业银行开展基金托管业务加强信息共享和监管协作。

第三十五条 申请人在申请基金托管资格时，隐瞒有关情况或者提供虚假申请材料的，中国证监会不予受理或者不予核准，并给予警告；申请人在3年内不得再次申请基金托管资格。

申请人以欺骗、贿赂等不正当手段取得基金托管资格的，中国证监会可商中国银保监会取消基金托管资格，给予警告、罚款；中国银保监会可以区别不同情形，责令申请人对直接负责的主管人员和其他直接责任人员给予纪律处分，或者对其给予警告、罚款，或者禁止其一定期限直至终身从事银行业工作；申请人在3年内不得再次申请基金托管资格；涉嫌犯罪的依法移送司法机关，追究刑事责任。

第三十六条 未取得基金托管资格擅自从事基金托管业务的，责令停止，没收违法所得，并处违法所得1倍以上5倍以下罚款；没有违法所得或者违法所得不足100万元的，并处10万元以上100万元以下罚款；对直接负责的主管人员和其他直接责任人员给予警告，并处3万元以上30万元以下罚款。

第三十七条 基金托管人应当根据中国证监会的要求，履行下列信息报送义务：

（一）基金投资运作监督报告；

（二）基金托管业务运营情况报告；

（三）基金托管业务内部控制年度评估报告；

（四）中国证监会根据审慎监管原则要求报送的其他材料。

第三十八条 当基金托管人发生下列情形之一的，应当自发生之日起5日内向中国证监会报告：

（一）基金托管部门的设置发生重大变更；

（二）托管人或者其基金托管部门的名称、住所发生变更；

（三）基金托管部门的高级管理人员发生变更；

（四）托管人及基金托管部门的高级管理人员受到刑事、行政处罚，或者被监管机构、司法机关调查；

（五）涉及托管业务的重大诉讼或者仲裁；

（六）与基金托管业务相关的其他重大事项。

第三十九条 中国证监会可以根据日常监管情况，对基金托管人的基金托管部门进行现场检查，并采取下列措施：

（一）要求提供与检查事项有关的文件、会议记录、报表、凭证和其他资料，查阅、复制与检查事项有关的文件；

（二）询问相关工作人员，要求其对有关检查事项做出说明；

（三）检查基金托管业务系统；

（四）中国证监会规定的其他措施。

中国证监会进行现场检查后，应当向被检查的基金托管人出具检查结论。基金托管人及有关人员应当配合中国证监会进行检查，不得以任何理由拒绝、拖延提供有关材料，或者提供不真实、不准确、不完整的资料。

第四十条 基金托管人及相关人员违反本办法规定，中国证监会及其派出机构可以采取责令改正、监管谈话、出具警示函、责令定期报告、暂不受理与行政许可有关的文件等行政监管措施；对直接负责的主管人员和其他直接责任人员，可以采取监管谈话、出具警示函、责令参加培训、认定为不适当人选等行政监管措施。基金托管人违反本办法规定构成不满足《证券投资基金法》规定的准入条件，或者未能勤勉尽责、履行法定职责时存在重大失误等情形的，依照《证券投资基金法》第三十九条采取行政监管措施。

第四十一条 对有下列情形之一的基金托管人，中国证监会可商中国银保监会依法取消其基金托管资格，依法给予罚款；对直接负责的主管人员和其他直接责任人员，中国证监会依法给予罚款，可以并处暂停或者撤销基金从业资格，中国银保监会可以并处禁止一定期限直至终身从事银行业工作：

（一）未能在规定时间内通过整改验收的；

（二）违反法律法规，情节严重的；

（三）法律法规规定的其他情形。

第六章 附 则

第四十二条 本办法适用于境内商业银行及依法设立的其他金融机构。

香港特别行政区、澳门特别行政区和台湾地区的银行在内地设立的分行，参照适用本办法。

第四十三条 本办法自公布之日起施行。2013 年公布的《证券投资基金托管业务管理办法》(证监会令第 92 号)、《非银行金融机构开展证券投资基金托管业务暂行规定》(证监会公告〔2013〕15 号)同时废止。

关于修改《首次公开发行股票并上市管理办法》的决定

(2020 年 7 月 10 日中国证券监督管理委员会令第 173 号公布 自公布之日起施行 国司备字[2020002345])

第四十四条修改为："招股说明书中引用的财务报表在其最近一期截止日后 6 个月内有效，特殊情况下发行人可申请适当延长，但至多不超过 3 个月。财务报表应当以年度末、半年度末或者季度末为截止日。"

本决定自 2020 年 7 月 10 日起施行。

《首次公开发行股票并上市管理办法》根据本决定作相应修改，重新公布。

首次公开发行股票并上市管理办法

(2006 年 5 月 17 日中国证券监督管理委员会令第 32 号公布 根据 2015 年 12 月 30 日《中国证券监督管理委员会关于修改〈首次公开发行股票并上市管理办法〉的决定》第一次修订 根据 2018 年 6 月 6 日《中国证券监督管理委员会关于修改〈首次公开发行股票并上市管理办法〉的决定》第二次修订 根据 2020 年 7 月 10 日《中国证券监督管理委员会关于修改〈首次公开发行股票并上市管理办法〉的决定》第三次修订)

第一章 总 则

第一条 为了规范首次公开发行股票并上市的行为，保护投资者的合法权益和社会公共利益，根据《证券法》《公司法》，制定本办法。

第二条 在中华人民共和国境内首次公开发行股票并上市，适用本办法。

境内公司股票以外币认购和交易的，不适用本办法。

第三条 首次公开发行股票并上市，应当符合《证券法》《公司法》和本办法规定的发行条件。

第四条 发行人依法披露的信息，必须真实、准确、完整，不得有虚假记载、误导性陈述或者重大遗漏。

第五条 保荐人及其保荐代表人应当遵循勤勉尽责、诚实守信的原则，认真履行审慎核查和辅导义务，并对其所出具的发行保荐书的真实性、准确性、完整性负责。

第六条 为证券发行出具有关文件的证券服务机构和人员，应当按照本行业公认的业务标准和道德规范，严格履行法定职责，并对其所出具文件的真实性、准确性和完整性负责。

第七条 中国证券监督管理委员会（以下简称中国证监会）对发行人首次公开发行股票的核准，不表明其对该股票的投资价值或者投资者的收益作出实质性判断或者保证。股票依法发行后，因发行人经营与收益的变化引致的投资风险，由投资者自行负责。

第二章　发行条件

第一节　主体资格

第八条 发行人应当是依法设立且合法存续的股份有限公司。

经国务院批准，有限责任公司在依法变更为股份有限公司时，可以采取募集设立方式公开发行股票。

第九条 发行人自股份有限公司成立后，持续经营时间应当在3年以上，但经国务院批准的除外。

有限责任公司按原账面净资产值折股整体变更为股份有限公司的，持续经营时间可以从有限责任公司成立之日起计算。

第十条 发行人的注册资本已足额缴纳，发起人或者股东用作出资的资产的财产权转移手续已办理完毕，发行人的主要资产不存在重大权属纠纷。

第十一条 发行人的生产经营符合法律、行政法规和公司章程的规定，符合国家产业政策。

第十二条 发行人最近3年内主营业务和董事、高级管理人员没有发生重大变化，实际控制人没有发生变更。

第十三条　发行人的股权清晰，控股股东和受控股股东、实际控制人支配的股东持有的发行人股份不存在重大权属纠纷。

第二节　规范运行

第十四条　发行人已经依法建立健全股东大会、董事会、监事会、独立董事、董事会秘书制度，相关机构和人员能够依法履行职责。

第十五条　发行人的董事、监事和高级管理人员已经了解与股票发行上市有关的法律法规，知悉上市公司及其董事、监事和高级管理人员的法定义务和责任。

第十六条　发行人的董事、监事和高级管理人员符合法律、行政法规和规章规定的任职资格，且不得有下列情形：

（一）被中国证监会采取证券市场禁入措施尚在禁入期的；

（二）最近 36 个月内受到中国证监会行政处罚，或者最近 12 个月内受到证券交易所公开谴责；

（三）因涉嫌犯罪被司法机关立案侦查或者涉嫌违法违规被中国证监会立案调查，尚未有明确结论意见。

第十七条　发行人的内部控制制度健全且被有效执行，能够合理保证财务报告的可靠性、生产经营的合法性、营运的效率与效果。

第十八条　发行人不得有下列情形：

（一）最近 36 个月内未经法定机关核准，擅自公开或者变相公开发行过证券；或者有关违法行为虽然发生在 36 个月前，但目前仍处于持续状态；

（二）最近 36 个月内违反工商、税收、土地、环保、海关以及其他法律、行政法规，受到行政处罚，且情节严重；

（三）最近 36 个月内曾向中国证监会提出发行申请，但报送的发行申请文件有虚假记载、误导性陈述或重大遗漏；或者不符合发行条件以欺骗手段骗取发行核准；或者以不正当手段干扰中国证监会及其发行审核委员会审核工作；或者伪造、变造发行人或其董事、监事、高级管理人员的签字、盖章；

（四）本次报送的发行申请文件有虚假记载、误导性陈述或者重大遗漏；

（五）涉嫌犯罪被司法机关立案侦查，尚未有明确结论意见；

（六）严重损害投资者合法权益和社会公共利益的其他情形。

第十九条　发行人的公司章程中已明确对外担保的审批权限和审议程序，不存在为控股股东、实际控制人及其控制的其他企业进行违规担保的情形。

第二十条　发行人有严格的资金管理制度，不得有资金被控股股东、实际控制人及其控制的其他企业以借款、代偿债务、代垫款项或者其他方式占用的情形。

第三节 财务与会计

第二十一条 发行人资产质量良好，资产负债结构合理，盈利能力较强，现金流量正常。

第二十二条 发行人的内部控制在所有重大方面是有效的，并由注册会计师出具了无保留结论的内部控制鉴证报告。

第二十三条 发行人会计基础工作规范，财务报表的编制符合企业会计准则和相关会计制度的规定，在所有重大方面公允地反映了发行人的财务状况、经营成果和现金流量，并由注册会计师出具了无保留意见的审计报告。

第二十四条 发行人编制财务报表应以实际发生的交易或者事项为依据；在进行会计确认、计量和报告时应当保持应有的谨慎；对相同或者相似的经济业务，应选用一致的会计政策，不得随意变更。

第二十五条 发行人应完整披露关联方关系并按重要性原则恰当披露关联交易。关联交易价格公允，不存在通过关联交易操纵利润的情形。

第二十六条 发行人应当符合下列条件：

（一）最近3个会计年度净利润均为正数且累计超过人民币3000万元，净利润以扣除非经常性损益前后较低者为计算依据；

（二）最近3个会计年度经营活动产生的现金流量净额累计超过人民币5000万元；或者最近3个会计年度营业收入累计超过人民币3亿元；

（三）发行前股本总额不少于人民币3000万元；

（四）最近一期末无形资产（扣除土地使用权、水面养殖权和采矿权等后）占净资产的比例不高于20%；

（五）最近一期末不存在未弥补亏损。

中国证监会根据《关于开展创新企业境内发行股票或存托凭证试点的若干意见》等规定认定的试点企业（以下简称试点企业），可不适用前款第（一）项、第（五）项规定。

第二十七条 发行人依法纳税，各项税收优惠符合相关法律法规的规定。发行人的经营成果对税收优惠不存在严重依赖。

第二十八条 发行人不存在重大偿债风险，不存在影响持续经营的担保、诉讼以及仲裁等重大或有事项。

第二十九条 发行人申报文件中不得有下列情形：

（一）故意遗漏或虚构交易、事项或者其他重要信息；

（二）滥用会计政策或者会计估计；

（三）操纵、伪造或篡改编制财务报表所依据的会计记录或者相关凭证。

第三十条 发行人不得有下列影响持续盈利能力的情形：

（一）发行人的经营模式、产品或服务的品种结构已经或者将发生重大变化，并对发行人的持续盈利能力构成重大不利影响；

（二）发行人的行业地位或发行人所处行业的经营环境已经或者将发生重大变化，并对发行人的持续盈利能力构成重大不利影响；

（三）发行人最近1个会计年度的营业收入或净利润对关联方或者存在重大不确定性的客户存在重大依赖；

（四）发行人最近1个会计年度的净利润主要来自合并财务报表范围以外的投资收益；

（五）发行人在用的商标、专利、专有技术以及特许经营权等重要资产或技术的取得或者使用存在重大不利变化的风险；

（六）其他可能对发行人持续盈利能力构成重大不利影响的情形。

第三章 发行程序

第三十一条 发行人董事会应当依法就本次股票发行的具体方案、本次募集资金使用的可行性及其他必须明确的事项作出决议，并提请股东大会批准。

第三十二条 发行人股东大会就本次发行股票作出的决议，至少应当包括下列事项：

（一）本次发行股票的种类和数量；

（二）发行对象；

（三）价格区间或者定价方式；

（四）募集资金用途；

（五）发行前滚存利润的分配方案；

（六）决议的有效期；

（七）对董事会办理本次发行具体事宜的授权；

（八）其他必须明确的事项。

第三十三条 发行人应当按照中国证监会的有关规定制作申请文件，由保荐人保荐并向中国证监会申报。

特定行业的发行人应当提供管理部门的相关意见。

第三十四条 中国证监会收到申请文件后，在5个工作日内作出是否受理的决定。

第三十五条 中国证监会受理申请文件后，由相关职能部门对发行人的申请文件进行初审，并由发行审核委员会审核。

第三十六条 中国证监会在初审过程中，将征求发行人注册地省级人民政府是否同意发行人发行股票的意见。

第三十七条 中国证监会依照法定条件对发行人的发行申请作出予以核准或者不予核准的决定，并出具相关文件。

自中国证监会核准发行之日起，发行人应在6个月内发行股票；超过6个月未发行的，核准文件失效，须重新经中国证监会核准后方可发行。

第三十八条 发行申请核准后、股票发行结束前，发行人发生重大事项的，应当暂缓或者暂停发行，并及时报告中国证监会，同时履行信息披露义务。影响发行条件的，应当重新履行核准程序。

第三十九条 股票发行申请未获核准的，自中国证监会作出不予核准决定之日起6个月后，发行人可再次提出股票发行申请。

第四章 信息披露

第四十条 发行人应当按照中国证监会的有关规定编制和披露招股说明书。

第四十一条 招股说明书内容与格式准则是信息披露的最低要求。不论准则是否有明确规定，凡是对投资者作出投资决策有重大影响的信息，均应当予以披露。

第四十二条 发行人应当在招股说明书中披露已达到发行监管对公司独立性的基本要求。

第四十三条 发行人及其全体董事、监事和高级管理人员应当在招股说明书上签字、盖章，保证招股说明书的内容真实、准确、完整。保荐人及其保荐代表人应当对招股说明书的真实性、准确性、完整性进行核查，并在核查意见上签字、盖章。

第四十四条 招股说明书中引用的财务报表在其最近一期截止日后6个月内有效，特殊情况下发行人可申请适当延长，但至多不超过3个月。财务报表应当以年度末、半年度末或者季度末为截止日。

第四十五条 招股说明书的有效期为6个月，自中国证监会核准发行申请前招股说明书最后一次签署之日起计算。

第四十六条 申请文件受理后、发行审核委员会审核前，发行人应当将招股说明书(申报稿)在中国证监会网站(www.csrc.gov.cn)预先披露。发行人可以将招股说明书(申报稿)刊登于其企业网站,但披露内容应当完全一致,且不得早于在中国证监会网站的披露时间。

第四十七条 发行人及其全体董事、监事和高级管理人员应当保证预先披露的招股说明书(申报稿)的内容真实、准确、完整。

第四十八条 预先披露的招股说明书(申报稿)不是发行人发行股票的正式文件,不能含有价格信息,发行人不得据此发行股票。

发行人应当在预先披露的招股说明书(申报稿)的显要位置声明:"本公司的发行申请尚未得到中国证监会核准。本招股说明书(申报稿)不具有据以发行股票的法律效力,仅供预先披露之用。投资者应当以正式公告的招股说明书全文作为作出投资决定的依据。"

第四十九条 发行人股票发行前只需在一种中国证监会指定报刊刊登提示性公告,告知投资者网上刊登的地址。同时将招股说明书全文和摘要刊登于中国证监会指定的网站并将招股说明书全文置于发行人住所、拟上市证券交易所、保荐人、主承销商和其他承销机构的住所,以备公众查阅。

第五十条 保荐人出具的发行保荐书、证券服务机构出具的有关文件应当作为招股说明书的备查文件,在中国证监会指定的网站上披露,并置备于发行人住所、拟上市证券交易所、保荐人、主承销商和其他承销机构的住所,以备公众查阅。

第五十一条 发行人可以将招股说明书摘要、招股说明书全文、有关备查文件刊登于其他报刊和网站,但披露内容应当完全一致,且不得早于在中国证监会指定报刊和网站的披露时间。

第五章 监管和处罚

第五十二条 发行人向中国证监会报送的发行申请文件有虚假记载、误导性陈述或者重大遗漏的,发行人不符合发行条件以欺骗手段骗取发行核准的,发行人以不正当手段干扰中国证监会及其发行审核委员会审核工作的,发行人或其董事、监事、高级管理人员的签字、盖章系伪造或者变造的,除依照《证券法》的有关规定处罚外,中国证监会将采取终止审核并在36个月内不受理发行人的股票发行申请的监管措施。

第五十三条 保荐人出具有虚假记载、误导性陈述或者重大遗漏的发行保荐书,保荐人以不正当手段干扰中国证监会及其发行审核委员会审核工作的,保荐人或其相关签字人员的签字、盖章系伪造或变造的,或者不履行其他法定职责的，依照《证券法》和保荐制度的有关规定处理。

第五十四条 证券服务机构未勤勉尽责，所制作、出具的文件有虚假记载、误导性陈述或者重大遗漏的，除依照《证券法》及其他相关法律、行政法规和规章的规定处罚外，中国证监会将采取 12 个月内不接受相关机构出具的证券发行专项文件，36 个月内不接受相关签字人员出具的证券发行专项文件的监管措施。

第五十五条 发行人、保荐人或证券服务机构制作或者出具的文件不符合要求，擅自改动已提交的文件，或者拒绝答复中国证监会审核中提出的相关问题的，中国证监会将视情节轻重，对相关机构和责任人员采取监管谈话、责令改正等监管措施，记入诚信档案并公布；情节特别严重的，给予警告。

第五十六条 发行人公开发行证券上市当年即亏损的，中国证监会自确认之日起暂停保荐机构的保荐机构资格 3 个月，撤销相关人员的保荐代表人资格，尚未盈利的试点企业除外。

第五十七条 发行人披露盈利预测的，利润实现数如未达到盈利预测的 80%，除因不可抗力外，其法定代表人、盈利预测审核报告签字注册会计师应当在股东大会及中国证监会指定报刊上公开作出解释并道歉；中国证监会可以对法定代表人处以警告。

利润实现数未达到盈利预测的 50% 的，除因不可抗力外，中国证监会在 36 个月内不受理该公司的公开发行证券申请。

第六章 附 则

第五十八条 在中华人民共和国境内，首次公开发行股票且不上市的管理办法，由中国证监会另行规定。

第五十九条 本办法自 2006 年 5 月 18 日起施行。《关于股票发行工作若干规定的通知》（证监〔1996〕12 号）、《关于做好 1997 年股票发行工作的通知》（证监〔1997〕13 号）、《关于股票发行工作若干问题的补充通知》（证监〔1998〕8 号）、《关于对拟发行上市企业改制情况进行调查的通知》（证监发字〔1998〕259 号）、《关于对拟公开发行股票公司改制运行情况进行调查的通知》（证监发〔1999〕4 号）、《关于拟发行股票公司聘请审计机构等问题的通知》（证监发行字〔2000〕131 号）和《关于进一步规范股票首次发行上市有关工作的通知》（证监发行字〔2003〕116 号）同时废止。

关于修改《科创板首次公开发行股票注册管理办法(试行)》的决定

(2020 年 7 月 10 日中国证券监督管理委员会令第 174 号公布 自公布之日起施行 国司备字[2020002344])

第四十三条第二款修改为:"招股说明书引用经审计的财务报表在其最近一期截止日后 6 个月内有效,特殊情况下发行人可申请适当延长,但至多不超过 3 个月。财务报表应当以年度末、半年度末或者季度末为截止日。"

本决定自 2020 年 7 月 10 日起施行。

《科创板首次公开发行股票注册管理办法(试行)》根据本决定作相应修改,重新公布。

科创板首次公开发行股票注册管理办法(试行)

(2019 年 3 月 1 日中国证券监督管理委员会令第 153 号公布 根据 2020 年 7 月 10 日《中国证券监督管理委员会关于修改〈科创板首次公开发行股票注册管理办法(试行)〉的决定》修订)

第一章 总 则

第一条 为规范在上海证券交易所科创板试点注册制首次公开发行股票相关活动,保护投资者合法权益和社会公共利益,根据《中华人民共和国证券法》《中华人民共和国公司法》《全国人民代表大会常务委员会关于授权国务院在实施股票发行注册制改革中调整适用〈中华人民共和国证券法〉有关规定的决定》《全国人民代表大会常务委员会关于延长授权国务院在实施股票发行注册制改革中调整适用〈中华人民共和国证券法〉有关规定期限的决定》《关于在上海证券交易所设立科创板并试点注册制的实施意见》及相关法律法规,制定本办法。

第二条 在中华人民共和国境内首次公开发行股票并在上海证券交易所

科创板(以下简称科创板)上市,适用本办法。

第三条 发行人申请首次公开发行股票并在科创板上市,应当符合科创板定位,面向世界科技前沿、面向经济主战场、面向国家重大需求。优先支持符合国家战略,拥有关键核心技术,科技创新能力突出,主要依靠核心技术开展生产经营,具有稳定的商业模式,市场认可度高,社会形象良好,具有较强成长性的企业。

第四条 首次公开发行股票并在科创板上市,应当符合发行条件、上市条件以及相关信息披露要求,依法经上海证券交易所(以下简称交易所)发行上市审核并报经中国证券监督管理委员会(以下简称中国证监会)履行发行注册程序。

第五条 发行人作为信息披露第一责任人,应当诚实守信,依法充分披露投资者作出价值判断和投资决策所必需的信息,所披露信息必须真实、准确、完整,不得有虚假记载、误导性陈述或者重大遗漏。

发行人应当为保荐人、证券服务机构及时提供真实、准确、完整的财务会计资料和其他资料,全面配合相关机构开展尽职调查和其他相关工作。

发行人的控股股东、实际控制人应当全面配合相关机构开展尽职调查和其他相关工作,不得要求或者协助发行人隐瞒应当披露的信息。

第六条 保荐人应当诚实守信,勤勉尽责,按照依法制定的业务规则和行业自律规范的要求,充分了解发行人经营情况和风险,对注册申请文件和信息披露资料进行全面核查验证,对发行人是否符合发行条件、上市条件独立作出专业判断,审慎作出推荐决定,并对招股说明书及其所出具的相关文件的真实性、准确性、完整性负责。

第七条 证券服务机构应当严格按照依法制定的业务规则和行业自律规范,审慎履行职责,作出专业判断与认定,并对招股说明书中与其专业职责有关的内容及其所出具的文件的真实性、准确性、完整性负责。

证券服务机构及其相关执业人员应当对与本专业相关的业务事项履行特别注意义务,对其他业务事项履行普通注意义务,并承担相应法律责任。

第八条 同意发行人首次公开发行股票注册,不表明中国证监会和交易所对该股票的投资价值或者投资者的收益作出实质性判断或者保证,也不表明中国证监会和交易所对注册申请文件的真实性、准确性、完整性作出保证。

第九条 股票依法发行后,因发行人经营与收益的变化引致的投资风险,由投资者自行负责。

第二章　发行条件

第十条　发行人是依法设立且持续经营 3 年以上的股份有限公司，具备健全且运行良好的组织机构，相关机构和人员能够依法履行职责。

有限责任公司按原账面净资产值折股整体变更为股份有限公司的，持续经营时间可以从有限责任公司成立之日起计算。

第十一条　发行人会计基础工作规范，财务报表的编制和披露符合企业会计准则和相关信息披露规则的规定，在所有重大方面公允地反映了发行人的财务状况、经营成果和现金流量，并由注册会计师出具标准无保留意见的审计报告。

发行人内部控制制度健全且被有效执行，能够合理保证公司运行效率、合法合规和财务报告的可靠性，并由注册会计师出具无保留结论的内部控制鉴证报告。

第十二条　发行人业务完整，具有直接面向市场独立持续经营的能力：

（一）资产完整，业务及人员、财务、机构独立，与控股股东、实际控制人及其控制的其他企业间不存在对发行人构成重大不利影响的同业竞争，不存在严重影响独立性或者显失公平的关联交易。

（二）发行人主营业务、控制权、管理团队和核心技术人员稳定，最近 2 年内主营业务和董事、高级管理人员及核心技术人员均没有发生重大不利变化；控股股东和受控股股东、实际控制人支配的股东所持发行人的股份权属清晰，最近 2 年实际控制人没有发生变更，不存在导致控制权可能变更的重大权属纠纷。

（三）发行人不存在主要资产、核心技术、商标等的重大权属纠纷，重大偿债风险，重大担保、诉讼、仲裁等或有事项，经营环境已经或者将要发生重大变化等对持续经营有重大不利影响的事项。

第十三条　发行人生产经营符合法律、行政法规的规定，符合国家产业政策。

最近 3 年内，发行人及其控股股东、实际控制人不存在贪污、贿赂、侵占财产、挪用财产或者破坏社会主义市场经济秩序的刑事犯罪，不存在欺诈发行、重大信息披露违法或者其他涉及国家安全、公共安全、生态安全、生产安全、公众健康安全等领域的重大违法行为。

董事、监事和高级管理人员不存在最近 3 年内受到中国证监会行政处罚，或者因涉嫌犯罪被司法机关立案侦查或者涉嫌违法违规被中国证监会立案调查，尚未有明确结论意见等情形。

第三章 注册程序

第十四条 发行人董事会应当依法就本次股票发行的具体方案、本次募集资金使用的可行性及其他必须明确的事项作出决议，并提请股东大会批准。

第十五条 发行人股东大会就本次发行股票作出的决议，至少应当包括下列事项：

（一）本次公开发行股票的种类和数量；

（二）发行对象；

（三）定价方式；

（四）募集资金用途；

（五）发行前滚存利润的分配方案；

（六）决议的有效期；

（七）对董事会办理本次发行具体事宜的授权；

（八）其他必须明确的事项。

第十六条 发行人申请首次公开发行股票并在科创板上市，应当按照中国证监会有关规定制作注册申请文件，由保荐人保荐并向交易所申报。

交易所收到注册申请文件后，5个工作日内作出是否受理的决定。

第十七条 自注册申请文件受理之日起，发行人及其控股股东、实际控制人、董事、监事、高级管理人员，以及与本次股票公开发行并上市相关的保荐人、证券服务机构及相关责任人员，即承担相应法律责任。

第十八条 注册申请文件受理后，未经中国证监会或者交易所同意，不得改动。

发生重大事项的，发行人、保荐人、证券服务机构应当及时向交易所报告，并按要求更新注册申请文件和信息披露资料。

第十九条 交易所设立独立的审核部门，负责审核发行人公开发行并上市申请；设立科技创新咨询委员会，负责为科创板建设和发行上市审核提供专业咨询和政策建议；设立科创板股票上市委员会，负责对审核部门出具的审核报告和发行人的申请文件提出审议意见。

交易所主要通过向发行人提出审核问询、发行人回答问题方式开展审核工作，基于科创板定位，判断发行人是否符合发行条件、上市条件和信息披露要求。

第二十条 交易所按照规定的条件和程序，作出同意或者不同意发行人股票公开发行并上市的审核意见。同意发行人股票公开发行并上市的，将审核意见、发行人注册申请文件及相关审核资料报送中国证监会履行发行注册程序。不同意发行人股票公开发行并上市的,作出终止发行上市审核决定。

第二十一条 交易所应当自受理注册申请文件之日起3个月内形成审核意见。发行人根据要求补充、修改注册申请文件,以及交易所按照规定对发行人实施现场检查,或者要求保荐人、证券服务机构对有关事项进行专项核查的时间不计算在内。

第二十二条 交易所应当提高审核工作透明度,接受社会监督,公开下列事项:

(一)发行上市审核标准和程序等发行上市审核业务规则,以及相关监管问答;

(二)在审企业名单、企业基本情况及审核工作进度;

(三)发行上市审核问询及回复情况,但涉及国家秘密或者发行人商业秘密的除外;

(四)上市委员会会议的时间、参会委员名单、审议的发行人名单、审议结果及现场问询问题;

(五)对股票公开发行并上市相关主体采取的自律监管措施或者纪律处分;

(六)交易所规定的其他事项。

第二十三条 中国证监会收到交易所报送的审核意见、发行人注册申请文件及相关审核资料后,履行发行注册程序。发行注册主要关注交易所发行上市审核内容有无遗漏,审核程序是否符合规定,以及发行人在发行条件和信息披露要求的重大方面是否符合相关规定。中国证监会认为存在需要进一步说明或者落实事项的,可以要求交易所进一步问询。

中国证监会认为交易所对影响发行条件的重大事项未予关注或者交易所的审核意见依据明显不充分的,可以退回交易所补充审核。交易所补充审核后,同意发行人股票公开发行并上市的,重新向中国证监会报送审核意见及相关资料,本办法第二十四条规定的注册期限重新计算。

第二十四条 中国证监会在20个工作日内对发行人的注册申请作出同意注册或者不予注册的决定。发行人根据要求补充、修改注册申请文件,中国证监会要求交易所进一步问询,以及中国证监会要求保荐人、证券服务机构等对有关事项进行核查的时间不计算在内。

第二十五条 中国证监会同意注册的决定自作出之日起1年内有效,发行人应当在注册决定有效期内发行股票,发行时点由发行人自主选择。

第二十六条 中国证监会作出注册决定后、发行人股票上市交易前,发行人应当及时更新信息披露文件内容,财务报表过期的,发行人应当补充财务会计报告等文件;保荐人及证券服务机构应当持续履行尽职调查职责;发生重大事项的,发行人、保荐人应当及时向交易所报告。

交易所应当对上述事项及时处理,发现发行人存在重大事项影响发行条件、上市条件的,应当出具明确意见并及时向中国证监会报告。

第二十七条 中国证监会作出注册决定后、发行人股票上市交易前,发现可能影响本次发行的重大事项的,中国证监会可以要求发行人暂缓或者暂停发行、上市;相关重大事项导致发行人不符合发行条件的,可以撤销注册。

中国证监会撤销注册后,股票尚未发行的,发行人应当停止发行;股票已经发行尚未上市的,发行人应当按照发行价并加算银行同期存款利息返还股票持有人。

第二十八条 交易所因不同意发行人股票公开发行并上市,作出终止发行上市审核决定,或者中国证监会作出不予注册决定的,自决定作出之日起6个月后,发行人可以再次提出公开发行股票并上市申请。

第二十九条 中国证监会应当按规定公开股票发行注册行政许可事项相关的监管信息。

第三十条 存在下列情形之一的,发行人、保荐人应当及时书面报告交易所或者中国证监会,交易所或者中国证监会应当中止相应发行上市审核程序或者发行注册程序:

(一)相关主体涉嫌违反本办法第十三条第二款规定,被立案调查或者被司法机关侦查,尚未结案;

(二)发行人的保荐人,以及律师事务所、会计师事务所等证券服务机构因首次公开发行股票、上市公司证券发行、并购重组业务涉嫌违法违规,或者其他业务涉嫌违法违规且对市场有重大影响被中国证监会立案调查,或者被司法机关侦查,尚未结案;

(三)发行人的签字保荐代表人,以及签字律师、签字会计师等证券服务机构签字人员因首次公开发行股票、上市公司证券发行、并购重组业务涉嫌违法违规,或者其他业务涉嫌违法违规且对市场有重大影响被中国证监会立案调查,或者被司法机关侦查,尚未结案;

(四)发行人的保荐人,以及律师事务所、会计师事务所等证券服务机构被中国证监会依法采取限制业务活动、责令停业整顿、指定其他机构托管、接管等监管措施,或者被交易所实施一定期限内不接受其出具的相关文件的纪律处分,尚未解除;

(五)发行人的签字保荐代表人、签字律师、签字会计师等中介机构签字人员被中国证监会依法采取限制证券从业资格等监管措施或者证券市场禁入的措施，或者被交易所实施一定期限内不接受其出具的相关文件的纪律处分，尚未解除；

（六）发行人及保荐人主动要求中止发行上市审核程序或者发行注册程序，理由正当且经交易所或者中国证监会批准；

（七）发行人注册申请文件中记载的财务资料已过有效期，需要补充提交；

（八）中国证监会规定的其他情形。

前款所列情形消失后，发行人可以提交恢复申请；因前款第（二）、（三）项规定情形中止的，保荐人以及律师事务所、会计师事务所等证券服务机构按照有关规定履行复核程序后，发行人也可以提交恢复申请。交易所或者中国证监会按照有关规定恢复发行上市审核程序或者发行注册程序。

第三十一条 存在下列情形之一的，交易所或者中国证监会应当终止相应发行上市审核程序或者发行注册程序，并向发行人说明理由：

（一）发行人撤回注册申请文件或者保荐人撤销保荐；

（二）发行人未在要求的期限内对注册申请文件作出解释说明或者补充、修改；

（三）注册申请文件存在虚假记载、误导性陈述或者重大遗漏；

（四）发行人阻碍或者拒绝中国证监会、交易所依法对发行人实施检查、核查；

（五）发行人及其关联方以不正当手段严重干扰发行上市审核或者发行注册工作；

（六）发行人法人资格终止；

（七）注册申请文件内容存在重大缺陷，严重影响投资者理解和发行上市审核或者发行注册工作；

（八）发行人注册申请文件中记载的财务资料已过有效期且逾期 3 个月未更新；

（九）发行人中止发行上市审核程序超过交易所规定的时限或者中止发行注册程序超过 3 个月仍未恢复；

（十）交易所不同意发行人公开发行股票并上市；

（十一）中国证监会规定的其他情形。

第三十二条 中国证监会和交易所可以对发行人进行现场检查，可以要求保荐人、证券服务机构对有关事项进行专项核查并出具意见。

中国证监会和交易所应当建立健全信息披露质量现场检查制度，以及对保荐业务、发行承销业务的常态化检查制度，具体制度另行规定。

第三十三条 中国证监会与交易所建立全流程电子化审核注册系统，实现电子化受理、审核,以及发行注册各环节实时信息共享,并满足依法向社会公开相关信息的需要。

第四章 信息披露

第三十四条 发行人申请首次公开发行股票并在科创板上市,应当按照中国证监会制定的信息披露规则,编制并披露招股说明书,保证相关信息真实、准确、完整。信息披露内容应当简明易懂,语言应当浅白平实,以便投资者阅读、理解。

中国证监会制定的信息披露规则是信息披露的最低要求。不论上述规则是否有明确规定,凡是对投资者作出价值判断和投资决策有重大影响的信息,发行人均应当予以披露。

第三十五条 中国证监会依法制定招股说明书内容与格式准则、编报规则,对注册申请文件和信息披露资料的内容、格式、编制要求、披露形式等作出规定。

交易所可以依据中国证监会部门规章和规范性文件,制定信息披露细则或者指引,在中国证监会确定的信息披露内容范围内,对信息披露提出细化和补充要求,报中国证监会批准后实施。

第三十六条 发行人及其董事、监事、高级管理人员应当在招股说明书上签字、盖章,保证招股说明书的内容真实、准确、完整,不存在虚假记载、误导性陈述或者重大遗漏,并声明承担相应法律责任。

发行人控股股东、实际控制人应当在招股说明书上签字、盖章,确认招股说明书的内容真实、准确、完整,不存在虚假记载、误导性陈述或者重大遗漏,并声明承担相应法律责任。

第三十七条 保荐人及其保荐代表人应当在招股说明书上签字、盖章,确认招股说明书的内容真实、准确、完整,不存在虚假记载、误导性陈述或者重大遗漏,并声明承担相应的法律责任。

第三十八条 为证券发行出具专项文件的律师、注册会计师、资产评估人员、资信评级人员及其所在机构,应当在招股说明书上签字、盖章,确认对发行人信息披露文件引用其出具的专业意见无异议,信息披露文件不因引用其出具的专业意见而出现虚假记载、误导性陈述或者重大遗漏,并声明承担相应的法律责任。

第三十九条 发行人应当根据自身特点,有针对性地披露行业特点、业务模式、公司治理、发展战略、经营政策、会计政策,充分披露科研水平、科研人员、科研资金投入等相关信息,并充分揭示可能对公司核心竞争力、经营稳定性以及未来发展产生重大不利影响的风险因素。

发行人尚未盈利的,应当充分披露尚未盈利的成因,以及对公司现金流、业务拓展、人才吸引、团队稳定性、研发投入、战略性投入、生产经营可持续性等方面的影响。

第四十条 发行人应当披露其募集资金使用管理制度,以及募集资金重点投向科技创新领域的具体安排。

第四十一条 存在特别表决权股份的境内科技创新企业申请首次公开发行股票并在科创板上市的,发行人应当在招股说明书等公开发行文件中,披露并特别提示差异化表决安排的主要内容、相关风险和对公司治理的影响,以及依法落实保护投资者合法权益的各项措施。

保荐人和发行人律师应当就公司章程规定的特别表决权股份的持有人资格、特别表决权股份拥有的表决权数量与普通股份拥有的表决权数量的比例安排、持有人所持特别表决权股份能够参与表决的股东大会事项范围、特别表决权股份锁定安排及转让限制等事项是否符合有关规定发表专业意见。

第四十二条 发行人应当在招股说明书中披露公开发行股份前已发行股份的锁定期安排,特别是核心技术人员股份的锁定期安排以及尚未盈利情况下发行人控股股东、实际控制人、董事、监事、高级管理人员股份的锁定期安排。

保荐人和发行人律师应当就前款事项是否符合有关规定发表专业意见。

第四十三条 招股说明书的有效期为6个月,自公开发行前最后一次签署之日起计算。

招股说明书引用经审计的财务报表在其最近一期截止日后6个月内有效,特殊情况下发行人可申请适当延长,但至多不超过3个月。财务报表应当以年度末、半年度末或者季度末为截止日。

第四十四条 交易所受理注册申请文件后,发行人应当按交易所规定,将招股说明书、发行保荐书、上市保荐书、审计报告和法律意见书等文件在交易所网站预先披露。

第四十五条 预先披露的招股说明书及其他注册申请文件不能含有价格信息,发行人不得据此发行股票。

发行人应当在预先披露的招股说明书显要位置作如下声明:“本公司的发行申请尚需经上海证券交易所和中国证监会履行相应程序。本招股说明书不具有据以发行股票的法律效力,仅供预先披露之用。投资者应当以正式公告的招股说明书作为投资决定的依据。”

第四十六条 交易所审核同意后,将发行人注册申请文件报送中国证监会时，招股说明书、发行保荐书、上市保荐书、审计报告和法律意见书等文件应在交易所网站和中国证监会网站公开。

第四十七条 发行人股票发行前应当在交易所网站和中国证监会指定网站全文刊登招股说明书，同时在中国证监会指定报刊刊登提示性公告，告知投资者网上刊登的地址及获取文件的途径。

发行人可以将招股说明书以及有关附件刊登于其他报刊和网站，但披露内容应当完全一致，且不得早于在交易所网站、中国证监会指定报刊和网站的披露时间。

第四十八条 保荐人出具的发行保荐书、证券服务机构出具的文件及其他与发行有关的重要文件应当作为招股说明书的附件，在交易所网站和中国证监会指定的网站披露，以备投资者查阅。

第五章 发行与承销的特别规定

第四十九条 首次公开发行股票并在科创板上市的发行与承销行为，适用《证券发行与承销管理办法》，本办法另有规定的除外。

第五十条 首次公开发行股票，应当向经中国证券业协会注册的证券公司、基金管理公司、信托公司、财务公司、保险公司、合格境外机构投资者和私募基金管理人等专业机构投资者（以下统称网下投资者）询价确定股票发行价格。

发行人和主承销商可以根据自律规则，设置网下投资者的具体条件，并在发行公告中预先披露。

第五十一条 网下投资者可以按照管理的不同配售对象账户分别申报价格，每个报价应当包含配售对象信息、每股价格和该价格对应的拟申购股数。

首次公开发行股票价格（或者发行价格区间）确定后，提供有效报价的网下投资者方可参与新股申购。

第五十二条 交易所应当根据《证券发行与承销管理办法》和本办法制定科创板股票发行承销业务规则。

投资者报价要求、最高报价剔除比例、网下初始配售比例、网下优先配售比例、网下网上回拨机制、网下分类配售安排、战略配售、超额配售选择权等事项适用交易所相关规定。

《证券发行与承销管理办法》规定的战略投资者在承诺的持有期限内，可以按规定向证券金融公司借出获得配售的股票。借出期限届满后，证券金融公司应当将借入的股票返还给战略投资者。

第五十三条 保荐人的相关子公司或者保荐人所属证券公司的相关子公

司参与发行人股票配售的具体规则由交易所另行规定。

第五十四条 获中国证监会同意注册后，发行人与主承销商应当及时向交易所报备发行与承销方案。交易所5个工作日内无异议的，发行人与主承销商可依法刊登招股意向书，启动发行工作。

第五十五条 交易所对证券发行承销过程实施监管。发行承销涉嫌违法违规或者存在异常情形的，中国证监会可以要求交易所对相关事项进行调查处理，或者直接责令发行人和承销商暂停或者中止发行。

第六章 发行上市保荐的特别规定

第五十六条 首次公开发行股票并在科创板上市保荐业务，适用《证券发行上市保荐业务管理办法》，本办法另有规定的除外。

第五十七条 保荐人应当根据科创板企业特点和注册制要求对科创板保荐工作内部控制做出合理安排，有效控制风险，切实提高执业质量。

第五十八条 保荐人应当按照中国证监会和交易所的规定制作、报送和披露发行保荐书、上市保荐书、回复意见及其他发行上市相关文件，遵守交易所和中国证监会的发行上市审核及发行注册程序，配合交易所和中国证监会的发行上市审核及发行注册工作，并承担相应工作。

第五十九条 首次公开发行股票并在科创板上市的，持续督导的期间为证券上市当年剩余时间及其后3个完整会计年度。

交易所可以对保荐人持续督导内容、履责要求、发行人通知报告事项等作出规定。

第七章 监督管理和法律责任

第六十条 中国证监会负责建立健全以信息披露为中心的注册制规则体系，制定股票发行注册并上市的规章规则，依法批准交易所制定的上市条件、审核标准、审核程序、上市委员会制度、信息披露、保荐、发行承销等方面的制度规则，指导交易所制定与发行上市审核相关的其他业务规则。

第六十一条 中国证监会建立对交易所发行上市审核工作和发行承销过程监管的监督机制，持续关注交易所审核情况和发行承销过程监管情况；发现交易所自律监管措施或者纪律处分失当的，可以责令交易所改正。

第六十二条 中国证监会对交易所发行上市审核和发行承销过程监管等相关工作进行年度例行检查。在检查过程中，可以调阅审核工作文件，列席相关审核会议。

中国证监会定期或者不定期按一定比例对交易所发行上市审核和发行承销过程监管等相关工作进行抽查。

中国证监会在检查和抽查过程中发现问题的,交易所应当整改。

第六十三条 中国证监会建立对发行上市监管全流程的权力运行监督制约机制,对发行上市审核程序和发行注册程序相关内控制度运行情况进行督导督察,对廉政纪律执行情况和相关人员的履职尽责情况进行监督监察。

第六十四条 交易所应当建立内部防火墙制度,发行上市审核部门、发行承销监管部门与其他部门隔离运行。参与发行上市审核的人员,不得与发行人及其控股股东、实际控制人、相关保荐人、证券服务机构有利害关系,不得直接或者间接与发行人、保荐人、证券服务机构有利益往来,不得持有发行人股票,不得私下与发行人接触。

第六十五条 交易所应当建立定期报告制度,及时总结发行上市审核和发行承销监管的工作情况,并报告中国证监会。

第六十六条 交易所发行上市审核工作违反本办法规定,有下列情形之一的,由中国证监会责令改正;情节严重的,追究直接责任人员相关责任:

(一)未按审核标准开展发行上市审核工作;

(二)未按审核程序开展发行上市审核工作;

(三)不配合中国证监会对发行上市审核工作和发行承销监管工作的检查、抽查,或者不按中国证监会的整改要求进行整改。

第六十七条 发行人不符合发行上市条件,以欺骗手段骗取发行注册的,中国证监会将自确认之日起采取5年内不接受发行人公开发行证券相关文件的监管措施。对相关责任人员,视情节轻重,采取认定为不适当人选的监管措施,或者采取证券市场禁入的措施。

第六十八条 对发行人存在本办法第六十七条规定的行为并已经发行上市的,可以依照有关规定责令上市公司及其控股股东、实际控制人在一定期间从投资者手中购回本次公开发行的股票。

第六十九条 发行人存在本办法第三十一条第(三)项、第(四)项、第(五)项规定的情形,重大事项未报告、未披露,或者发行人及其董事、监事、高级管理人员、控股股东、实际控制人的签字、盖章系伪造或者变造的,中国证监会将自确认之日起采取3年至5年内不接受发行人公开发行证券相关文件的监管措施。

第七十条 发行人的控股股东、实际控制人违反本办法规定,致使发行人所报送的注册申请文件和披露的信息存在虚假记载、误导性陈述或者重大遗漏，或者纵容、指使、协助发行人进行财务造假、利润操纵或者有意隐瞒其他重要信息等骗取发行注册行为的，中国证监会可以视情节轻重，对相关单位和责任人员自确认之日起采取1年到5年内不接受相关单位及其控制的下属单位公开发行证券相关文件，对责任人员采取认定为不适当人选等监管措施，或者采取证券市场禁入的措施。

发行人的董事、监事和高级管理人员违反本办法规定，致使发行人所报送的注册申请文件和披露的信息存在虚假记载、误导性陈述或者重大遗漏的，中国证监会可以视情节轻重，对责任人员采取认定为不适当人选等监管措施，或者采取证券市场禁入的措施。

第七十一条 保荐人未勤勉尽责，致使发行人信息披露资料存在虚假记载、误导性陈述或者重大遗漏的，中国证监会将视情节轻重，自确认之日起采取暂停保荐人业务资格1年到3年，责令保荐人更换相关负责人的监管措施；情节严重的，撤销保荐人业务资格，对相关责任人员采取证券市场禁入的措施。

保荐代表人未勤勉尽责，致使发行人信息披露资料存在虚假记载、误导性陈述或者重大遗漏的，按规定撤销保荐代表人资格。

证券服务机构未勤勉尽责，致使发行人信息披露资料中与其职责有关的内容及其所出具的文件存在虚假记载、误导性陈述或者重大遗漏的，中国证监会可以视情节轻重，自确认之日起采取3个月至3年不接受相关单位及其责任人员出具的发行证券专项文件的监管措施；情节严重的，对证券服务机构相关责任人员采取证券市场禁入的措施。

第七十二条 保荐人存在下列情形的，中国证监会可以视情节轻重，自确认之日起采取暂停保荐人业务资格3个月至3年的监管措施；情节特别严重的，撤销其业务资格：

（一）伪造或者变造签字、盖章；

（二）重大事项未报告、未披露；

（三）以不正当手段干扰审核注册工作；

（四）不履行其他法定职责。

保荐代表人存在前款规定情形的，视情节轻重，按规定暂停保荐代表人资格3个月至3年；情节严重的，按规定撤销保荐代表人资格。

证券服务机构及其相关人员存在第一款规定情形的，中国证监会可以视情节轻重，自确认之日起，采取3个月至3年不接受相关单位及其责任人员出具的发行证券专项文件的监管措施。

第七十三条 发行人公开发行证券上市当年即亏损的，中国证监会自确认之日起暂停保荐人的保荐人资格3个月，撤销相关人员的保荐代表人资格，尚未盈利的企业或者已在证券发行募集文件中充分分析并揭示相关风险的除外。

第七十四条 保荐人、证券服务机构存在以下情形的，中国证监会可以视情节轻重，采取责令改正、监管谈话、出具警示函、1 年内不接受相关单位及其责任人员出具的与注册申请有关的文件等监管措施；情节严重的，可以同时采取 3 个月到 1 年内不接受相关单位及其责任人员出具的发行证券专项文件的监管措施：

（一）制作或者出具的文件不齐备或者不符合要求；

（二）擅自改动注册申请文件、信息披露资料或者其他已提交文件；

（三）注册申请文件或者信息披露资料存在相互矛盾或者同一事实表述不一致且有实质性差异；

（四）文件披露的内容表述不清，逻辑混乱，严重影响投资者理解；

（五）未及时报告或者未及时披露重大事项。

发行人存在前款规定情形的，中国证监会可视情节轻重，采取责令改正、监管谈话、出具警示函、6 个月至 1 年内不接受发行人公开发行证券相关文件的监管措施。

第七十五条 发行人披露盈利预测的，利润实现数如未达到盈利预测的 80%，除因不可抗力外，其法定代表人、财务负责人应当在股东大会及中国证监会指定报刊上公开作出解释并道歉；中国证监会可以对法定代表人处以警告。

利润实现数未达到盈利预测的 50% 的，除因不可抗力外，中国证监会在 3 年内不受理该公司的公开发行证券申请。

注册会计师为上述盈利预测出具审核报告的过程中未勤勉尽责的，中国证监会将视情节轻重，对相关机构和责任人员采取监管谈话等监管措施，记入诚信档案并公布；情节严重的，给予警告等行政处罚。

第七十六条 发行人及其控股股东和实际控制人、董事、监事、高级管理人员，保荐人、承销商、证券服务机构及其相关执业人员，在股票公开发行并上市相关的活动中存在其他违反本办法规定行为的，中国证监会可以视情节轻重，采取责令改正、监管谈话、出具警示函、责令公开说明、责令参加培训、责令定期报告、认定为不适当人选、暂不受理与行政许可有关的文件等监管措施，或者采取证券市场禁入的措施。

第七十七条 发行人及其控股股东、实际控制人、保荐人、证券服务机构及其相关人员违反《中华人民共和国证券法》依法应予以行政处罚的，中国证监会将依法予以处罚；对欺诈发行、虚假陈述负有责任的发行人、保荐人、会计师事务所、律师事务所、资产评估机构及其责任人员依法从重处罚。涉嫌犯罪的，依法移送司法机关，追究其刑事责任。

第七十八条 交易所负责对发行人及其控股股东、实际控制人、保荐人、承销商、证券服务机构等进行自律监管。

中国证券业协会负责制定保荐业务、发行承销自律监管规则，对保荐人、承销商、保荐代表人、网下投资者进行自律监管。

交易所和中国证券业协会应当对发行上市过程中违反自律监管规则的行为采取自律监管措施或者给予纪律处分。

第七十九条 中国证监会会同有关部门，加强对发行人等相关市场主体的监管信息共享，完善失信联合惩戒机制。

第八章 附 则

第八十条 符合《国务院办公厅转发证监会关于开展创新企业境内发行股票或存托凭证试点若干意见的通知》（国办发〔2018〕21号，以下简称《若干意见》）等规定的红筹企业，申请首次公开发行股票并在科创板上市，还应当符合本办法相关规定，但公司形式可适用其注册地法律规定；申请发行存托凭证并在科创板上市的，适用本办法关于发行上市审核注册程序的规定。

前款规定的红筹企业在科创板发行上市，适用《若干意见》"营业收入快速增长，拥有自主研发、国际领先技术，同行业竞争中处于相对优势地位"的具体标准，由交易所制定具体规则，并报中国证监会批准。

第八十一条 本办法自公布之日起施行。

国家市场监督管理总局关于废止部分规章的决定

（2020年7月13日国家市场监督管理总局令第29号公布 自公布之日起施行 国司备字[2020002223]）

为进一步深化机构改革，优化营商环境，提升监管效能，国家市场监督管理总局对现行部门规章进行了清理。经过清理，国家市场监督管理总局决定：

对《质量监督检验检疫统计管理办法》等24部规章予以废止。

本决定自公布之日起施行。

附件：国家市场监督管理总局决定废止的规章目录

附件

国家市场监督管理总局决定废止的规章目录

序号	部门规章名称	发布令号
1	质量监督检验检疫统计管理办法	2012 年 8 月 2 日国家质量监督检验检疫总局令第 147 号公布
2	工商行政管理机关行政赔偿实施办法	1995 年 8 月 1 日国家工商行政管理局令第 34 号公布,根据 2011 年 12 月 12 日国家工商行政管理总局令第 58 号《国家工商行政管理总局关于按照〈中华人民共和国行政强制法〉修改有关规章的决定》修订
3	中华人民共和国私营企业暂行条例施行办法	1989 年 1 月 16 日国家工商行政管理局令第 2 号公布,根据 1996 年 12 月 17 日国家工商行政管理局令第 64 号《〈中华人民共和国私营企业暂行条例施行办法〉修改意见》第一次修订,根据 1998 年 12 月 3 日国家工商行政管理局令第 86 号《国家工商行政管理局修改〈经济合同示范文本管理办法〉等 33 件规章的决定》第二次修订
4	企业登记程序规定	2004 年 6 月 10 日国家工商行政管理总局令第 9 号公布
5	关于禁止公用企业限制竞争行为的若干规定	1993 年 12 月 24 日国家工商行政管理局令第 20 号公布
6	关于禁止串通招标投标行为的暂行规定	1998 年 1 月 6 日国家工商行政管理局令第 82 号公布
7	网络商品和服务集中促销活动管理暂行规定	2015 年 9 月 2 日国家工商行政管理总局令第 77 号公布
8	广告语言文字管理暂行规定	1998 年 1 月 15 日国家工商行政管理局令第 84 号公布,根据 1998 年 12 月 3 日国家工商行政管理局令第 86 号《国家工商行政管理局修改〈经济合同示范文本管理办法〉等 33 件规章的决定》修订
9	食品生产加工企业质量安全监督管理实施细则(试行)	2005 年 9 月 1 日国家质量监督检验检疫总局令第 79 号公布
10	食品生产许可管理办法	2010 年 4 月 7 日国家质量监督检验检疫总局令第 129 号公布
11	食品召回管理规定	2007 年 8 月 27 日国家质量监督检验检疫总局令第 98 号公布

续表

序号	部门规章名称	发布令号
12	食品添加剂生产监督管理规定	2010 年 4 月 4 日国家质量监督检验检疫总局令第 127 号公布
13	食品安全抽样检验管理办法	2014 年 12 月 31 日国家食品药品监督管理总局令第 11 号公布
14	气瓶安全监察规定	2003 年 4 月 24 日国家质量监督检验检疫总局令第 46 号公布，根据 2015 年 8 月 25 日国家质量监督检验检疫总局令第 166 号《国家质量监督检验检疫总局关于修改部分规章的决定》修订
15	起重机械安全监察规定	2006 年 12 月 29 日国家质量监督检验检疫总局令第 92 号公布
16	社会公正计量行（站）监督管理办法	1995 年 7 月 5 日国家技术监督局令第 41 号公布
17	计量检定人员管理办法	2007 年 12 月 29 日国家质量监督检验检疫总局令第 105 号公布，根据 2015 年 8 月 25 日国家质量监督检验检疫总局令第 166 号《国家质量监督检验检疫总局关于修改部分规章的决定》修订
18	标准档案管理办法	1991 年 10 月 28 日国家技术监督局令第 25 号公布
19	食品检验机构资质认定管理办法	2010 年 8 月 5 日国家质量监督检验检疫总局令第 131 号公布，根据 2015 年 6 月 19 日国家质量监督检验检疫总局令第 165 号《国家质量监督检验检疫总局关于修改〈食品检验机构资质认定管理办法〉的决定》修订
20	奥林匹克标志备案及管理办法	2002 年 4 月 22 日国家工商行政管理总局令第 2 号公布
21	关于中国实施《专利合作条约》的规定	1993 年 11 月 23 日中华人民共和国专利局令第 5 号公布，根据 1995 年 5 月 28 日中华人民共和国专利局令第 7 号《〈关于中国实施《专利合作条约》的规定〉的修改》修订
22	亚洲运动会标志保护办法	2010 年 4 月 2 日国家工商行政管理总局令第 48 号公布
23	世界博览会标志备案办法	2004 年 12 月 24 日国家工商行政管理总局令第 19 号公布
24	药物临床试验质量管理规范	2003 年 8 月 6 日国家食品药品监督管理局令第 3 号公布

科学技术活动违规行为处理暂行规定

（2020年7月17日科学技术部令第19号公布　自2020年9月1日起施行　国司备字[2020002224]）

第一章　总　则

第一条　为规范科学技术活动违规行为处理，营造风清气正的良好科研氛围，根据《中华人民共和国科学技术进步法》等法律法规，制定本规定。

第二条　对下列单位和人员在开展有关科学技术活动过程中出现的违规行为的处理，适用本规定。

（一）受托管理机构及其工作人员，即受科学技术行政部门委托开展相关科学技术活动管理工作的机构及其工作人员；

（二）科学技术活动实施单位，即具体开展科学技术活动的科学技术研究开发机构、高等学校、企业及其他组织；

（三）科学技术人员，即直接从事科学技术活动的人员和为科学技术活动提供管理、服务的人员；

（四）科学技术活动咨询评审专家，即为科学技术活动提供咨询、评审、评估、评价等意见的专业人员；

（五）第三方科学技术服务机构及其工作人员，即为科学技术活动提供审计、咨询、绩效评估评价、经纪、知识产权代理、检验检测、出版等服务的第三方机构及其工作人员。

第三条　科学技术部加强对科学技术活动违规行为处理工作的统筹、协调和督促指导。

各级科学技术行政部门根据职责和权限对科学技术活动实施中发生的违规行为进行处理。

第四条　科学技术活动违规行为的处理，应区分主观过错、性质、情节和危害程度，做到程序正当、事实清楚、证据确凿、依据准确、处理恰当。

第二章　违规行为

第五条　受托管理机构的违规行为包括以下情形：

（一）采取弄虚作假等不正当手段获得管理资格；

（二）内部管理混乱，影响受托管理工作正常开展；

（三）重大事项未及时报告；

（四）存在管理过失，造成负面影响或财政资金损失；

（五）设租寻租、徇私舞弊、滥用职权、私分受托管理的科研资金；

（六）隐瞒、包庇科学技术活动中相关单位或人员的违法违规行为；

（七）不配合监督检查或评估评价工作，不整改、虚假整改或整改未达到要求；

（八）违反任务委托协议等合同约定的主要义务；

（九）违反国家科学技术活动保密相关规定；

（十）法律、行政法规、部门规章或规范性文件规定的其他相关违规行为。

第六条 受托管理机构工作人员的违规行为包括以下情形：

（一）管理失职，造成负面影响或财政资金损失；

（二）设租寻租、徇私舞弊等利用组织科学技术活动之便谋取不正当利益；

（三）承担或参加所管理的科技计划（专项、基金等）项目；

（四）参与所管理的科学技术活动中有关论文、著作、专利等科学技术成果的署名及相关科技奖励、人才评选等；

（五）未经批准在相关科学技术活动实施单位兼职；

（六）干预咨询评审或向咨询评审专家施加倾向性影响；

（七）泄露科学技术活动管理过程中需保密的专家名单、专家意见、评审结论和立项安排等相关信息；

（八）违反回避制度要求，隐瞒利益冲突；

（九）虚报、冒领、挪用、套取所管理的科研资金；

（十）违反国家科学技术活动保密相关规定；

（十一）法律、行政法规、部门规章或规范性文件规定的其他相关违规行为。

第七条 科学技术活动实施单位的违规行为包括以下情形：

（一）在科学技术活动的申报、评审、实施、验收、监督检查和评估评价等活动中提供虚假材料，组织"打招呼""走关系"等请托行为；

（二）管理失职，造成负面影响或财政资金损失；

（三）无正当理由不履行科学技术活动管理合同约定的主要义务；

（四）隐瞒、迁就、包庇、纵容或参与本单位人员的违法违规活动；

（五）未经批准，违规转包、分包科研任务；

（六）截留、挤占、挪用、套取、转移、私分财政科研资金；

（七）不配合监督检查或评估评价工作，不整改、虚假整改或整改未达到要求；

（八）不按规定上缴应收回的财政科研结余资金；

（九）未按规定进行科技伦理审查并监督执行；

（十）开展危害国家安全、损害社会公共利益、危害人体健康的科学技术活动；

（十一）违反国家科学技术活动保密相关规定；

（十二）法律、行政法规、部门规章或规范性文件规定的其他相关违规行为。

第八条 科学技术人员的违规行为包括以下情形：

（一）在科学技术活动的申报、评审、实施、验收、监督检查和评估评价等活动中提供虚假材料，实施“打招呼”“走关系”等请托行为；

（二）故意夸大研究基础、学术价值或科技成果的技术价值、社会经济效益，隐瞒技术风险，造成负面影响或财政资金损失；

（三）人才计划入选者、重大科研项目负责人在聘期内或项目执行期内擅自变更工作单位，造成负面影响或财政资金损失；

（四）故意拖延或拒不履行科学技术活动管理合同约定的主要义务；

（五）随意降低目标任务和约定要求，以项目实施周期外或不相关成果充抵交差；

（六）抄袭、剽窃、侵占、篡改他人科学技术成果，编造科学技术成果，侵犯他人知识产权等；

（七）虚报、冒领、挪用、套取财政科研资金；

（八）不配合监督检查或评估评价工作，不整改、虚假整改或整改未达到要求；

（九）违反科技伦理规范；

（十）开展危害国家安全、损害社会公共利益、危害人体健康的科学技术活动；

（十一）违反国家科学技术活动保密相关规定；

（十二）法律、行政法规、部门规章或规范性文件规定的其他相关违规行为。

第九条 科学技术活动咨询评审专家的违规行为包括以下情形：

（一）采取弄虚作假等不正当手段获取咨询、评审、评估、评价、监督检查资格；

（二）违反回避制度要求；

（三）接受“打招呼”“走关系”等请托；

（四）引导、游说其他专家或工作人员，影响咨询、评审、评估、评价、监督检查过程和结果；

（五）索取、收受利益相关方财物或其他不正当利益；

（六）出具明显不当的咨询、评审、评估、评价、监督检查意见；

（七）泄漏咨询评审过程中需保密的申请人、专家名单、专家意见、评审结论等相关信息；

（八）抄袭、剽窃咨询评审对象的科学技术成果；

（九）违反国家科学技术活动保密相关规定；

（十）法律、行政法规、部门规章或规范性文件规定的其他相关违规行为。

第十条 第三方科学技术服务机构及其工作人员的违规行为包括以下情形：

（一）采取弄虚作假等不正当手段获取科学技术活动相关业务；

（二）从事学术论文买卖、代写代投以及伪造、虚构、篡改研究数据等；

（三）违反回避制度要求；

（四）擅自委托他方代替提供科学技术活动相关服务；

（五）出具虚假或失实结论；

（六）索取、收受利益相关方财物或其他不正当利益；

（七）泄漏需保密的相关信息或材料等；

（八）违反国家科学技术活动保密相关规定；

（九）法律、行政法规、部门规章或规范性文件规定的其他相关违规行为。

第三章 处理措施

第十一条 对科学技术活动违规行为，视违规主体和行为性质，可单独或合并采取以下处理措施：

（一）警告；

（二）责令限期整改；

（三）约谈；

（四）一定范围内或公开通报批评；

（五）终止、撤销有关财政性资金支持的科学技术活动；

（六）追回结余资金，追回已拨财政资金以及违规所得；

（七）撤销奖励或荣誉称号，追回奖金；

（八）取消一定期限内财政性资金支持的科学技术活动管理资格；

（九）禁止在一定期限内承担或参与财政性资金支持的科学技术活动；

（十）记入科研诚信严重失信行为数据库。

第十二条 违规行为涉嫌违反党纪政纪、违法犯罪的，移交有关机关处理。

第十三条 对于第三方科学技术服务机构及人员违规的，可视情况将相关问题及线索移交具有处罚或处理权限的主管部门或行业协会处理。

第十四条 受托管理机构、科学技术活动实施单位有组织地开展科学技术活动违规行为的，或存在重大管理过失的，按本规定第十一条第（八）项追究主要负责人、直接负责人的责任，具体期限与被处理单位的受限年限保持一致。

第十五条 有证据表明违规行为已经造成恶劣影响或财政资金严重损失的，应直接或提请具有相应职责和权限的行政机关责令采取有效措施，防止影响或损失扩大，中止相关科学技术活动，暂停拨付相应财政资金，同时暂停接受相关责任主体申请新的财政性资金支持的科学技术活动。

第十六条 采取本规定第十一条第（九）项处理措施的，违规行为未涉及科学技术活动核心关键任务、约束性目标或指标，但造成较大负面影响或财政资金损失，对违规单位取消 2 年以内（含 2 年）相关资格，对违规个人取消 3 年以内（含 3 年）相关资格。

上述违规行为涉及科学技术活动的核心关键任务、约束性目标或指标，并导致相关科学技术活动偏离约定目标，或造成严重负面影响或财政资金损失，对违规单位取消 2 至 5 年相关资格，对违规个人取消 3 至 5 年相关资格。

上述违规行为涉及科学技术活动的核心关键任务、约束性目标或指标，并导致相关科学技术活动停滞、严重偏离约定目标，或造成特别严重负面影响或财政资金损失，对违规单位和个人取消 5 年以上直至永久相关资格。

第十七条 有以下情形之一的，可以给予从轻处理：

（一）主动反映问题线索，并经查属实；

（二）主动承认错误并积极配合调查和整改；

（三）主动退回因违规行为所获各种利益；

（四）主动挽回损失浪费或有效阻止危害结果发生；

（五）通过全国性媒体公开作出严格遵守科学技术活动相关国家法律及管理规定、不再实施违规行为的承诺；

（六）其他可以给予从轻处理情形。

第十八条 有以下情形之一的，应当给予从重处理：

（一）伪造、销毁、藏匿证据；

（二）阻止他人提供证据，或干扰、妨碍调查核实；

（三）打击、报复举报人；

（四）有组织地实施违规行为；

（五）多次违规或同时存在多种违规行为；

（六）其他应当给予从重处理情形。

第十九条 科学技术活动违规行为涉及多个主体的，应甄别不同主体的责任，并视其违规行为在负面影响或财政资金损失发生过程和结果中所起作用等因素分别给予相应处理。

第四章 处理程序

第二十条 科学技术活动违规行为认定后，视事实、性质、情节，按照本规定第十一条的处理措施作出相应处理决定，并制作处理决定书。

第二十一条 作出处理决定前，应告知被处理单位或人员拟作出处理决定的事实、理由及依据，并告知其享有陈述与申辩的权利及其行使的方式和期限。被处理单位或人员逾期未提出陈述或申辩的，视为放弃陈述与申辩的权利；作出陈述或申辩的，应充分听取其意见。

第二十二条 处理决定书应载明以下内容：

（一）被处理主体的基本情况；

（二）违规行为情况及事实根据；

（三）处理依据和处理决定；

（四）救济途径和期限；

（五）作出处理决定的单位名称和时间；

（六）法律、行政法规、部门规章或规范性文件规定的其他相关事项。

第二十三条 处理决定书应送达被处理单位或人员，抄送被处理人员所在单位或被处理单位的上级主管部门，并可视情通知被处理人员或单位所属相关行业协会。

处理决定书可采取直接送达、委托送达、邮寄送达等方式；被送达人下落不明的，可公告送达。涉及保密内容的，按照保密相关规定送达。

对于影响范围广、社会关注度高的违规行为的处理决定，除涉密内容外，应向社会公开，发挥警示教育作用。

第二十四条 被处理单位或人员对处理决定不服的，可自收到处理决定书之日起 15 个工作日内，按照处理决定书载明的救济途径向作出处理决定的相关部门或单位提出复查申请，写明理由并提供相关证据或线索。

处理主体应自收到复查申请后 15 个工作日内作出是否受理的决定。决定受理的，应当另行组织对处理决定所认定的事实和相关依据进行复查。

复查应制作复查决定书，复查原则上应自受理之日起 90 个工作日内完成并送达复查申请人。复查期间，不停止原处理决定的执行。

第二十五条 被处理单位或人员也可以不经复查，直接依法申请复议或提起诉讼。

第二十六条 采取本规定第十一条第（九）项处理措施的，取消资格期限自处理决定下达之日起计算，处理决定作出前已执行本规定第十五条采取暂停活动的，暂停活动期限可折抵处理期限。

第二十七条 科学技术活动违规行为涉及多个部门的，可组织开展联合调查，按职责和权限分别予以处理。

第二十八条 科学技术活动违规行为处理超出科学技术行政部门职责和权限范围内的，应将问题及线索移交相关部门、机构，并可以适当方式向相关部门、机构提出意见建议。

第五章 附 则

第二十九条 科学技术行政部门委托受托管理机构管理的科学技术活动中，项目承担单位和人员出现的情节轻微、未造成明显负面影响或财政资金损失的违规行为，由受托管理机构依据有关科学技术活动管理合同、管理办法等处理。

第三十条 各级科学技术行政部门已在职责和权限范围内制定科学技术活动违规行为处理规定且处理尺度不低于本规定的，可按照已有规定进行处理。

第三十一条 科学技术活动违规行为处理属其他部门、机构职责和权限的，由有权处理的部门、机构依据法律、行政法规及其他有关规定处理。

科学技术活动违规行为涉事单位或人员属军队管理的，由军队按照其有关规定进行处理。

第三十二条 法律、行政法规对科学技术活动违规行为及相应处理另有规定的，从其规定。

科学技术部部门规章或规范性文件相关内容与本规定不一致的，适用本规定。

第三十三条 本规定自 2020 年 9 月 1 日起施行。

第三十四条 本规定由科学技术部负责解释。

公安部关于修改《公安机关办理刑事案件程序规定》的决定

（2020 年 7 月 20 日公安部令第 159 号公布　自 2020 年 9 月 1 日起施行　国司备字[2020002379]）

公安部决定对《公安机关办理刑事案件程序规定》作如下修改：

一、将第十三条修改为："根据《中华人民共和国引渡法》《中华人民共和国国际刑事司法协助法》，中华人民共和国缔结或者参加的国际条约和公安部签订的双边、多边合作协议，或者按照互惠原则，我国公安机关可以和外国警察机关开展刑事司法协助和警务合作。"

二、将第十四条修改为："根据刑事诉讼法的规定，除下列情形外，刑事案件由公安机关管辖：

"（一）监察机关管辖的职务犯罪案件；

"（二）人民检察院管辖的在对诉讼活动实行法律监督中发现的司法工作人员利用职权实施的非法拘禁、刑讯逼供、非法搜查等侵犯公民权利、损害司法公正的犯罪，以及经省级以上人民检察院决定立案侦查的公安机关管辖的国家机关工作人员利用职权实施的重大犯罪案件；

"（三）人民法院管辖的自诉案件。对于人民法院直接受理的被害人有证据证明的轻微刑事案件，因证据不足驳回起诉，人民法院移送公安机关或者被害人向公安机关控告的，公安机关应当受理；被害人直接向公安机关控告的，公安机关应当受理；

"（四）军队保卫部门管辖的军人违反职责的犯罪和军队内部发生的刑事案件；

"（五）监狱管辖的罪犯在监狱内犯罪的刑事案件；

"（六）海警部门管辖的海（岛屿）岸线以外我国管辖海域内发生的刑事案件。对于发生在沿海港岙口、码头、滩涂、台轮停泊点等区域的，由公安机关管辖；

"（七）其他依照法律和规定应当由其他机关管辖的刑事案件。"

三、将第十五条改为两条，作为第十五条、第十六条，修改为：

"第十五条　刑事案件由犯罪地的公安机关管辖。如果由犯罪嫌疑人居住地的公安机关管辖更为适宜的，可以由犯罪嫌疑人居住地的公安机关管辖。

“法律、司法解释或者其他规范性文件对有关犯罪案件的管辖作出特别规定的，从其规定。

“第十六条　犯罪地包括犯罪行为发生地和犯罪结果发生地。犯罪行为发生地，包括犯罪行为的实施地以及预备地、开始地、途经地、结束地等与犯罪行为有关的地点；犯罪行为有连续、持续或者继续状态的，犯罪行为连续、持续或者继续实施的地方都属于犯罪行为发生地。犯罪结果发生地，包括犯罪对象被侵害地、犯罪所得的实际取得地、藏匿地、转移地、使用地、销售地。

“居住地包括户籍所在地、经常居住地。经常居住地是指公民离开户籍所在地最后连续居住一年以上的地方，但住院就医的除外。单位登记的住所地为其居住地。主要营业地或者主要办事机构所在地与登记的住所地不一致的，主要营业地或者主要办事机构所在地为其居住地。”

四、将第十六条改为第十七条，修改为：“针对或者主要利用计算机网络实施的犯罪，用于实施犯罪行为的网络服务使用的服务器所在地，网络服务提供者所在地，被侵害的网络信息系统及其管理者所在地，以及犯罪过程中犯罪嫌疑人、被害人使用的网络信息系统所在地，被害人被侵害时所在地和被害人财产遭受损失地公安机关可以管辖。”

五、将第十七条改为第十八条，修改为：“行驶中的交通工具上发生的刑事案件，由交通工具最初停靠地公安机关管辖；必要时，交通工具始发地、途经地、目的地公安机关也可以管辖。”

六、增加一条，作为第十九条：“在中华人民共和国领域外的中国航空器内发生的刑事案件，由该航空器在中国最初降落地的公安机关管辖。”

七、增加一条，作为第二十条：“中国公民在中国驻外使、领馆内的犯罪，由其主管单位所在地或者原户籍地的公安机关管辖。

“中国公民在中华人民共和国领域外的犯罪，由其入境地、离境前居住地或者现居住地的公安机关管辖；被害人是中国公民的，也可由被害人离境前居住地或者现居住地的公安机关管辖。”

八、将第十九条改为第二十二条，增加一款，作为第三款：“提请上级公安机关指定管辖时，应当在有关材料中列明犯罪嫌疑人基本情况、涉嫌罪名、案件基本事实、管辖争议情况、协商情况和指定管辖理由，经公安机关负责人批准后，层报有权指定管辖的上级公安机关。”

九、将第二十条改为第二十三条，第一款、第二款修改为：“上级公安机关指定管辖的，应当将指定管辖决定书分别送达被指定管辖的公安机关和其他有关的公安机关，并根据办案需要抄送同级人民法院、人民检察院。

“原受理案件的公安机关，在收到上级公安机关指定其他公安机关管辖的决定书后,不再行使管辖权,同时应当将犯罪嫌疑人、涉案财物以及案卷材料等移送被指定管辖的公安机关。”

十、将第二十一条改为第二十四条,第二款修改为:“设区的市一级以上公安机关负责下列犯罪中重大案件的侦查:

“(一)危害国家安全犯罪;

“(二)恐怖活动犯罪;

“(三)涉外犯罪;

“(四)经济犯罪;

“(五)集团犯罪;

“(六)跨区域犯罪。”

十一、将第二十三条改为第二十六条,第三款修改为:“对倒卖、伪造、变造火车票的刑事案件,由最初受理案件的铁路公安机关或者地方公安机关管辖。必要时,可以移送主要犯罪地的铁路公安机关或者地方公安机关管辖。”

增加两款,作为第四款、第五款:“在列车上发生的刑事案件,犯罪嫌疑人在列车运行途中被抓获的,由前方停靠站所在地的铁路公安机关管辖;必要时,也可以由列车始发站、终点站所在地的铁路公安机关管辖。犯罪嫌疑人不是在列车运行途中被抓获的,由负责该列车乘务的铁路公安机关管辖;但在列车运行途经的车站被抓获的,也可以由该车站所在地的铁路公安机关管辖。

“在国际列车上发生的刑事案件,根据我国与相关国家签订的协定确定管辖;没有协定的,由该列车始发或者前方停靠的中国车站所在地的铁路公安机关管辖。”

第四款改为第六款。

十二、删去第二十四条。

十三、删去第二十六条。

十四、将第二十七条改为第二十八条,修改为:“海关走私犯罪侦查机构管辖中华人民共和国海关关境内发生的涉税走私犯罪和发生在海关监管区内的非涉税走私犯罪等刑事案件。”

十五、增加一条,作为第二十九条:“公安机关侦查的刑事案件的犯罪嫌疑人涉及监察机关管辖的案件时,应当及时与同级监察机关协商,一般应当由监察机关为主调查,公安机关予以协助。”

十六、将第二十九条改为第三十一条,删去第二款中的“列入武装警察部队序列的公安边防、消防、警卫部门人员的犯罪案件,由公安机关管辖。”

十七、将第三十一条改为第三十三条,第一款第四项修改为:“(四)其他可能影响案件公正办理的不正当行为。”

十八、将第三十四条改为第三十六条,增加一款,作为第二款:“当事人及其法定代理人对县级以上公安机关负责人提出回避申请的,公安机关应当及时将申请移送同级人民检察院。”

十九、将第四十四条改为第四十六条,修改为:“符合下列情形之一,犯罪嫌疑人没有委托辩护人的,公安机关应当自发现该情形之日起三日以内通知法律援助机构为犯罪嫌疑人指派辩护律师:

“(一)犯罪嫌疑人是盲、聋、哑人,或者是尚未完全丧失辨认或者控制自己行为能力的精神病人;

“(二)犯罪嫌疑人可能被判处无期徒刑、死刑。”

二十、将第四十五条改为第四十七条,第一款修改为:“公安机关收到在押的犯罪嫌疑人提出的法律援助申请后,应当在二十四小时以内将其申请转交所在地的法律援助机构,并在三日以内通知申请人的法定代理人、近亲属或者其委托的其他人员协助提供有关证件、证明等相关材料。犯罪嫌疑人的法定代理人、近亲属或者其委托的其他人员地址不详无法通知的,应当在转交申请时一并告知法律援助机构。”

二十一、增加一条,作为第四十九条:“犯罪嫌疑人、被告人入所羁押时没有委托辩护人,法律援助机构也没有指派律师提供辩护的,看守所应当告知其有权约见值班律师,获得法律咨询、程序选择建议、申请变更强制措施、对案件处理提出意见等法律帮助,并为犯罪嫌疑人、被告人约见值班律师提供便利。

“没有委托辩护人、法律援助机构没有指派律师提供辩护的犯罪嫌疑人、被告人,向看守所申请由值班律师提供法律帮助的,看守所应当在二十四小时内通知值班律师。”

二十二、将第四十九条改为第五十二条,第二款、第三款、第四款修改为:“辩护律师在侦查期间要求会见前款规定案件的在押或者被监视居住的犯罪嫌疑人,应当向办案部门提出申请。

“对辩护律师提出的会见申请,办案部门应当在收到申请后三日以内,报经县级以上公安机关负责人批准,作出许可或者不许可的决定,书面通知辩护律师,并及时通知看守所或者执行监视居住的部门。除有碍侦查或者可能泄露国家秘密的情形外,应当作出许可的决定。

“公安机关不许可会见的,应当说明理由。有碍侦查或者可能泄露国家秘密的情形消失后,公安机关应当许可会见。”

二十三、将第五十条改为第五十三条,删去第二款中的“特别重大贿赂犯罪案件”。

二十四、将第五十一条改为第五十四条,第一款修改为:“辩护律师会见在押或者被监视居住的犯罪嫌疑人需要聘请翻译人员的,应当向办案部门提出申请。办案部门应当在收到申请后三日以内,报经县级以上公安机关负责人批准,作出许可或者不许可的决定,书面通知辩护律师。对于具有本规定第三十二条所列情形之一的,作出不予许可的决定,并通知其更换;不具有相关情形的,应当许可。"

二十五、将第五十二条改为第五十五条,第二款修改为:"辩护律师会见在押或者被监视居住的犯罪嫌疑人时,违反法律规定或者会见的规定的,看守所或者监视居住执行机关应当制止。对于严重违反规定或者不听劝阻的,可以决定停止本次会见,并及时通报其所在的律师事务所、所属的律师协会以及司法行政机关。"

二十六、将第五十三条改为第五十六条,第二款修改为:"辩护人实施干扰诉讼活动行为,涉嫌犯罪,属于公安机关管辖的,应当由办理辩护人所承办案件的公安机关报请上一级公安机关指定其他公安机关立案侦查,或者由上一级公安机关立案侦查。不得指定原承办案件公安机关的下级公安机关立案侦查。辩护人是律师的,立案侦查的公安机关应当及时通知其所在的律师事务所、所属的律师协会以及司法行政机关。"

二十七、将第五十七条改为第六十条,修改为:"公安机关必须依照法定程序,收集、调取能够证实犯罪嫌疑人有罪或者无罪、犯罪情节轻重的各种证据。必须保证一切与案件有关或者了解案情的公民,有客观地充分地提供证据的条件,除特殊情况外,可以吸收他们协助调查。"

二十八、将第五十九条改为第六十二条,修改为:"公安机关向有关单位和个人调取证据,应当经办案部门负责人批准,开具调取证据通知书,明确调取的证据和提供时限。被调取单位及其经办人、持有证据的个人应当在通知书上盖章或者签名,拒绝盖章或者签名的,公安机关应当注明。必要时,应当采用录音录像方式固定证据内容及取证过程。"

二十九、将第六十条改为第六十三条,修改为:"公安机关接受或者依法调取的行政机关在行政执法和查办案件过程中收集的物证、书证、视听资料、电子数据、鉴定意见、勘验笔录、检查笔录等证据材料,经公安机关审查符合法定要求的,可以作为证据使用。"

三十、增加一条,作为第六十六条:"收集、调取电子数据,能够扣押电子数据原始存储介质的,应当扣押原始存储介质,并制作笔录、予以封存。

"确因客观原因无法扣押原始存储介质的,可以现场提取或者网络在线提取电子数据。无法扣押原始存储介质,也无法现场提取或者网络在线提取的,可以采取打印、拍照或者录音录像等方式固定相关证据,并在笔录中注明原因。

"收集、调取的电子数据,足以保证完整性,无删除、修改、增加等情形的,可以作为证据使用。经审查无法确定真伪,或者制作、取得的时间、地点、方式等有疑问,不能提供必要证明或者作出合理解释的,不能作为证据使用。"

三十一、将第六十七条改为第七十一条,第二款修改为:"收集物证、书证、视听资料、电子数据违反法定程序,可能严重影响司法公正的,应当予以补正或者作出合理解释;不能补正或者作出合理解释的,对该证据应当予以排除。"

三十二、将第六十八条改为第七十二条,第一款修改为:"人民法院认为现有证据材料不能证明证据收集的合法性,通知有关侦查人员或者公安机关其他人员出庭说明情况的,有关侦查人员或者其他人员应当出庭。必要时,有关侦查人员或者其他人员也可以要求出庭说明情况。侦查人员或者其他人员出庭,应当向法庭说明证据收集过程,并就相关情况接受发问。"

三十三、将第七十一条改为第七十五条,第一款修改为:"对危害国家安全犯罪、恐怖活动犯罪、黑社会性质的组织犯罪、毒品犯罪等案件,证人、鉴定人、被害人因在侦查过程中作证,本人或者其近亲属的人身安全面临危险的,公安机关应当采取以下一项或者多项保护措施:

"(一)不公开真实姓名、住址、通讯方式和工作单位等个人信息;

"(二)禁止特定的人员接触被保护人;

"(三)对被保护人的人身和住宅采取专门性保护措施;

"(四)将被保护人带到安全场所保护;

"(五)变更被保护人的住所和姓名;

"(六)其他必要的保护措施。"

三十四、将第七十二条改为第七十六条,修改为:"公安机关依法决定不公开证人、鉴定人、被害人的真实姓名、住址、通讯方式和工作单位等个人信息的,可以在起诉意见书、询问笔录等法律文书、证据材料中使用化名等代替证人、鉴定人、被害人的个人信息。但是,应当另行书面说明使用化名的情况并标明密级,单独成卷。"

三十五、将第七十四条改为第七十八条,第一款修改为:"公安机关根据案件情况对需要拘传的犯罪嫌疑人,或者经过传唤没有正当理由不到案的犯罪嫌疑人,可以拘传到其所在市、县公安机关执法办案场所进行讯问。"

三十六、将第八十条改为第八十四条,第二款修改为:"对同一犯罪嫌疑人,不得同时责令其提出保证人和交纳保证金。对未成年人取保候审,应当优先适用保证人保证。"

三十七、将第八十三条改为第八十七条,修改为:"犯罪嫌疑人的保证金起点数额为人民币一千元。犯罪嫌疑人为未成年人的,保证金起点数额为人民币五百元。具体数额应当综合考虑保证诉讼活动正常进行的需要、犯罪嫌疑人的社会危险性、案件的性质、情节、可能判处刑罚的轻重以及犯罪嫌疑人的经济状况等情况确定。”

三十八、将第九十条改为第九十四条,修改为:“执行取保候审的派出所应当定期了解被取保候审人遵守取保候审规定的有关情况,并制作笔录。”

三十九、将第九十一条改为第九十五条,第二款修改为:“人民法院、人民检察院决定取保候审的,负责执行的派出所在批准被取保候审人离开所居住的市、县前,应当征得决定取保候审的机关同意。”

四十、将第九十二条改为第九十六条,第二款修改为:“人民法院、人民检察院决定取保候审的,被取保候审人违反应当遵守的规定,负责执行的派出所应当及时通知决定取保候审的机关。”

四十一、将第九十四条改为第九十八条,第二款修改为:“被取保候审人或者其成年家属、法定代理人、辩护人或者单位、居民委员会、村民委员会负责人拒绝签名的,公安机关应当在没收保证金决定书上注明。”

四十二、将第九十六条改为第一百条,修改为:“没收保证金的决定已过复议期限,或者复议、复核后维持原决定或者变更没收保证金数额的,公安机关应当及时通知指定的银行将没收的保证金按照国家的有关规定上缴国库。人民法院、人民检察院决定取保候审的,还应当在三日以内通知决定取保候审的机关。”

四十三、将第九十七条改为第一百零一条,第二款修改为:“被取保候审人可以凭退还保证金决定书到银行领取退还的保证金。被取保候审人委托他人领取的,应当出具委托书。”

四十四、将第一百条改为第一百零四条,第一款修改为:“决定对保证人罚款的,应当报经县级以上公安机关负责人批准,制作对保证人罚款决定书,在三日以内送达保证人,告知其如果对罚款决定不服,可以在收到决定书之日起五日以内向作出决定的公安机关申请复议。公安机关应当在收到复议申请后七日以内作出决定。”

四十五、将第一百零一条改为第一百零五条,修改为:“对于保证人罚款的决定已过复议期限,或者复议、复核后维持原决定或者变更罚款数额的,公安机关应当及时通知指定的银行将保证人罚款按照国家的有关规定上缴国库。人民法院、人民检察院决定取保候审的,还应当在三日以内通知决定取保候审的机关。”

四十六、将第一百零二条改为第一百零六条,修改为:“对于犯罪嫌疑人采取保证人保证的,如果保证人在取保候审期间情况发生变化,不愿继续担保或者丧失担保条件,公安机关应当责令被取保候审人重新提出保证人或者交纳保证金,或者作出变更强制措施的决定。

“人民法院、人民检察院决定取保候审的,负责执行的派出所应当自发现保证人不愿继续担保或者丧失担保条件之日起三日以内通知决定取保候审的机关。”

四十七、将第一百零四条改为第一百零八条,修改为:“需要解除取保候审的,应当经县级以上公安机关负责人批准,制作解除取保候审决定书、通知书,并及时通知负责执行的派出所、被取保候审人、保证人和有关单位。

“人民法院、人民检察院作出解除取保候审决定的,负责执行的公安机关应当根据决定书及时解除取保候审,并通知被取保候审人、保证人和有关单位。”

四十八、将第一百一十四条改为第一百一十八条,增加一款,作为第二款:“负责执行的派出所应当及时将执行情况通知决定监视居住的机关。”

四十九、将第一百一十五条改为第一百一十九条,删去第二款。

五十、将第一百一十六条改为第一百二十条,第二款修改为:“人民法院、人民检察院决定监视居住的,负责执行的派出所在批准被监视居住人离开住处或者指定的居所以及与他人会见或者通信前,应当征得决定监视居住的机关同意。”

五十一、将第一百一十七条改为第一百二十一条,第二款修改为:“人民法院、人民检察院决定监视居住的,被监视居住人违反应当遵守的规定,负责执行的派出所应当及时通知决定监视居住的机关。”

五十二、将第一百一十九条改为第一百二十三条,修改为:“需要解除监视居住的,应当经县级以上公安机关负责人批准,制作解除监视居住决定书,并及时通知负责执行的派出所、被监视居住人和有关单位。

“人民法院、人民检察院作出解除、变更监视居住决定的,负责执行的公安机关应当及时解除并通知被监视居住人和有关单位。”

五十三、将第一百二十一条改为第一百二十五条,第二款修改为:“紧急情况下,对于符合本规定第一百二十四条所列情形之一的,经出示人民警察证,可以将犯罪嫌疑人口头传唤至公安机关后立即审查,办理法律手续。”

五十四、将第一百二十二条改为第一百二十六条,第二款修改为:“异地执行拘留,无法及时将犯罪嫌疑人押解回管辖地的,应当在宣布拘留后立即将其送抓获地看守所羁押,至迟不得超过二十四小时。到达管辖地后,应当立即将犯罪嫌疑人送看守所羁押。”

五十五、将第一百二十六条改为第一百三十条，修改为：“犯罪嫌疑人不讲真实姓名、住址，身份不明的，应当对其身份进行调查。对符合逮捕条件的犯罪嫌疑人，也可以按其自报的姓名提请批准逮捕。”

五十六、将第一百三十三条改为第一百三十七条，增加一款，作为第二款：“犯罪嫌疑人自愿认罪认罚的，应当记录在案，并在提请批准逮捕书中写明有关情况。”

五十七、将第一百三十六条改为第一百四十条，修改为：“对于人民检察院决定不批准逮捕的，公安机关在收到不批准逮捕决定书后，如果犯罪嫌疑人已被拘留的，应当立即释放，发给释放证明书，并在执行完毕后三日以内将执行回执送达作出不批准逮捕决定的人民检察院。”

五十八、将第一百三十八条改为第一百四十二条，修改为：“接到人民检察院批准逮捕决定书后，应当由县级以上公安机关负责人签发逮捕证，立即执行，并在执行完毕后三日以内将执行回执送达作出批准逮捕决定的人民检察院。如果未能执行，也应当将回执送达人民检察院，并写明未能执行的原因。”

五十九、将第一百四十七条改为第一百五十一条，第一款修改为：“在侦查期间，发现犯罪嫌疑人另有重要罪行的，应当自发现之日起五日以内报县级以上公安机关负责人批准后，重新计算侦查羁押期限，制作变更羁押期限通知书，送达看守所，并报批准逮捕的人民检察院备案。”

六十、删去第一百五十二条。

六十一、将第一百五十三条改为第一百五十六条，修改为：“继续盘问期间发现需要对犯罪嫌疑人拘留、逮捕、取保候审或者监视居住的，应当立即办理法律手续。”

六十二、将第一百五十六条改为第一百五十九条，第一款修改为：“犯罪嫌疑人被逮捕后，人民检察院经审查认为不需要继续羁押，建议予以释放或者变更强制措施的，公安机关应当予以调查核实。认为不需要继续羁押的，应当予以释放或者变更强制措施；认为需要继续羁押的，应当说明理由。”

六十三、将第一百六十六条改为第一百六十九条，修改为：“公安机关对于公民扭送、报案、控告、举报或者犯罪嫌疑人自动投案的，都应当立即接受，问明情况，并制作笔录，经核对无误后，由扭送人、报案人、控告人、举报人、投案人签名、捺指印。必要时，应当对接受过程录音录像。”

六十四、将第一百六十七条改为第一百七十条，修改为：“公安机关对扭送人、报案人、控告人、举报人、投案人提供的有关证据材料等应当登记，制作接受证据材料清单，由扭送人、报案人、控告人、举报人、投案人签名，并妥善保管。必要时，应当拍照或者录音录像。”

六十五、将第一百六十八条改为第一百七十一条，修改为："公安机关接受案件时，应当制作受案登记表和受案回执，并将受案回执交扭送人、报案人、控告人、举报人。扭送人、报案人、控告人、举报人无法取得联系或者拒绝接受回执的，应当在回执中注明。"

六十六、将第一百七十一条改为第一百七十四条，第一款、第二款合并，作为第一款，修改为："对接受的案件，或者发现的犯罪线索，公安机关应当迅速进行审查。发现案件事实或者线索不明的，必要时，经办案部门负责人批准，可以进行调查核实。"

第三款改为第二款，修改为："调查核实过程中，公安机关可以依照有关法律和规定采取询问、查询、勘验、鉴定和调取证据材料等不限制被调查对象人身、财产权利的措施。但是，不得对被调查对象采取强制措施，不得查封、扣押、冻结被调查对象的财产，不得采取技术侦查措施。"

六十七、将第一百七十二条改为第一百七十五条，第一款、第二款合并，作为第一款，修改为："经过审查，认为有犯罪事实，但不属于自己管辖的案件，应当立即报经县级以上公安机关负责人批准，制作移送案件通知书，在二十四小时以内移送有管辖权的机关处理，并告知扭送人、报案人、控告人、举报人。对于不属于自己管辖而又必须采取紧急措施的，应当先采取紧急措施，然后办理手续，移送主管机关。"

增加两款，作为第二款、第三款："对不属于公安机关职责范围的事项，在接报案时能够当场判断的，应当立即口头告知扭送人、报案人、控告人、举报人向其他主管机关报案。

"对于重复报案、案件正在办理或者已经办结的，应当向扭送人、报案人、控告人、举报人作出解释，不再登记，但有新的事实或者证据的除外。"

六十八、将第一百七十五条改为第一百七十八条，增加一款，作为第三款："决定不予立案后又发现新的事实或者证据，或者发现原认定事实错误，需要追究刑事责任的，应当及时立案处理。"

六十九、将第一百七十六条改为第一百七十九条，第一款、第二款修改为："控告人对不予立案决定不服的，可以在收到不予立案通知书后七日以内向作出决定的公安机关申请复议；公安机关应当在收到复议申请后三十日以内作出决定，并将决定书送达控告人。

"控告人对不予立案的复议决定不服的，可以在收到复议决定书后七日以内向上一级公安机关申请复核；上一级公安机关应当在收到复核申请后三十日以内作出决定。对上级公安机关撤销不予立案决定的，下级公安机关应当执行。"

增加一款，作为第三款："案情重大、复杂的，公安机关可以延长复议、复核时限，但是延长时限不得超过三十日，并书面告知申请人。"

七十、将第一百七十七条改为第一百八十条，增加两款，作为第二款、第三款："公安机关认为行政执法机关移送的案件材料不全的，应当在接受案件后二十四小时以内通知移送案件的行政执法机关在三日以内补正，但不得以材料不全为由不接受移送案件。

"公安机关认为行政执法机关移送的案件不属于公安机关职责范围的，应当书面通知移送案件的行政执法机关向其他主管机关移送案件，并说明理由。"

七十一、将第一百八十一条改为第一百八十四条，修改为："经立案侦查，认为有犯罪事实需要追究刑事责任，但不属于自己管辖或者需要由其他公安机关并案侦查的案件，经县级以上公安机关负责人批准，制作移送案件通知书，移送有管辖权的机关或者并案侦查的公安机关，并在移送案件后三日以内书面通知扭送人、报案人、控告人、举报人或者移送案件的行政执法机关；犯罪嫌疑人已经到案的，应当依照本规定的有关规定通知其家属。"

七十二、将第一百八十二条改为第一百八十五条，第一款修改为："案件变更管辖或者移送其他公安机关并案侦查时，与案件有关的法律文书、证据、财物及其孳息等应当随案移交。"

七十三、将第一百八十四条改为第一百八十七条，第一款修改为："需要撤销案件或者对犯罪嫌疑人终止侦查的，办案部门应当制作撤销案件或者终止侦查报告书，报县级以上公安机关负责人批准。"

第三款修改为："对查封、扣押的财物及其孳息、文件，或者冻结的财产，除按照法律和有关规定另行处理的以外，应当解除查封、扣押、冻结，并及时返还或者通知当事人。"

七十四、增加一条，作为第一百八十八条："犯罪嫌疑人自愿如实供述涉嫌犯罪的事实，有重大立功或者案件涉及国家重大利益，需要撤销案件的，应当层报公安部，由公安部商请最高人民检察院核准后撤销案件。报请撤销案件的公安机关应当同时将相关情况通报同级人民检察院。

"公安机关根据前款规定撤销案件的，应当对查封、扣押、冻结的财物及其孳息作出处理。"

七十五、将第一百八十六条改为第一百九十条，修改为："公安机关撤销案件以后又发现新的事实或者证据，或者发现原认定事实错误，认为有犯罪事实需要追究刑事责任的，应当重新立案侦查。

"对犯罪嫌疑人终止侦查后又发现新的事实或者证据，或者发现原认定事实错误，需要对其追究刑事责任的，应当继续侦查。”

七十六、将第一百八十八条改为第一百九十二条，修改为：“公安机关经过侦查，对有证据证明有犯罪事实的案件，应当进行预审，对收集、调取的证据材料的真实性、合法性、关联性及证明力予以审查、核实。”

七十七、增加一条，作为第一百九十四条：“公安机关开展勘验、检查、搜查、辨认、查封、扣押等侦查活动，应当邀请有关公民作为见证人。

“下列人员不得担任侦查活动的见证人：

“（一）生理上、精神上有缺陷或者年幼，不具有相应辨别能力或者不能正确表达的人；

“（二）与案件有利害关系，可能影响案件公正处理的人；

“（三）公安机关的工作人员或者其聘用的人员。

“确因客观原因无法由符合条件的人员担任见证人的，应当对有关侦查活动进行全程录音录像，并在笔录中注明有关情况。”

七十八、将第一百九十三条改为第一百九十八条，增加三款，作为第一款、第二款、第三款：“讯问犯罪嫌疑人，除下列情形以外，应当在公安机关执法办案场所的讯问室进行：

“（一）紧急情况下在现场进行讯问的；

“（二）对有严重伤病或者残疾、行动不便的，以及正在怀孕的犯罪嫌疑人，在其住处或者就诊的医疗机构进行讯问的。

“对于已送交看守所羁押的犯罪嫌疑人，应当在看守所讯问室进行讯问。

“对于正在被执行行政拘留、强制隔离戒毒的人员以及正在监狱服刑的罪犯，可以在其执行场所进行讯问。

原条文改为第四款，修改为：“对于不需要拘留、逮捕的犯罪嫌疑人，经办案部门负责人批准，可以传唤到犯罪嫌疑人所在市、县公安机关执法办案场所或者到他的住处进行讯问。”

七十九、将第一百九十四条改为第一百九十九条，其中的“工作证件”修改为“人民警察证”。

八十、将第一百九十八条改为第二百零三条，第一款修改为：“侦查人员讯问犯罪嫌疑人时，应当首先讯问犯罪嫌疑人是否有犯罪行为，并告知犯罪嫌疑人享有的诉讼权利，如实供述自己罪行可以从宽处理以及认罪认罚的法律规定，让他陈述有罪的情节或者无罪的辩解，然后向他提出问题。”

第三款修改为：“第一次讯问，应当问明犯罪嫌疑人的姓名、别名、曾用名、出生年月日、户籍所在地、现住地、籍贯、出生地、民族、职业、文化程度、政治面貌、工作单位、家庭情况、社会经历，是否属于人大代表、政协委员，是否受过刑事处罚或者行政处理等情况。”

八十一、将第二百零一条改为第二百零六条,第一款修改为:“讯问笔录应当交犯罪嫌疑人核对;对于没有阅读能力的,应当向他宣读。如果记录有遗漏或者差错,应当允许犯罪嫌疑人补充或者更正,并捺指印。笔录经犯罪嫌疑人核对无误后,应当由其在笔录上逐页签名、捺指印,并在末页写明‘以上笔录我看过(或向我宣读过),和我说的相符’。拒绝签名、捺指印的,侦查人员应当在笔录上注明。”

八十二、将第二百零三条改为第二百零八条,其中的“录音或者录像”修改为“录音录像”。

八十三、将第二百零五条改为第二百一十条,第一款修改为:“询问证人、被害人,可以在现场进行,也可以到证人、被害人所在单位、住处或者证人、被害人提出的地点进行。在必要的时候,可以书面、电话或者当场通知证人、被害人到公安机关提供证言。”

第三款修改为:“在现场询问证人、被害人,侦查人员应当出示人民警察证。到证人、被害人所在单位、住处或者证人、被害人提出的地点询问证人、被害人,应当经办案部门负责人批准,制作询问通知书。询问前,侦查人员应当出示询问通知书和人民警察证。”

八十四、将第二百零六条改为第二百一十一条,第一款修改为:“询问前,应当了解证人、被害人的身份,证人、被害人、犯罪嫌疑人之间的关系。询问时,应当告知证人、被害人必须如实地提供证据、证言和有意作伪证或者隐匿罪证应负的法律责任。”

八十五、将第二百一十条改为第二百一十五条,修改为:“公安机关对案件现场进行勘查,侦查人员不得少于二人。”

八十六、将第二百一十一条改为第二百一十六条,修改为:“勘查现场,应当拍摄现场照片、绘制现场图,制作笔录,由参加勘查的人和见证人签名。对重大案件的现场勘查,应当录音录像。”

八十七、将第二百一十二条改为第二百一十七条,第一款、第二款修改为:“为了确定被害人、犯罪嫌疑人的某些特征、伤害情况或者生理状态,可以对人身进行检查,依法提取、采集肖像、指纹等人体生物识别信息,采集血液、尿液等生物样本。被害人死亡的,应当通过被害人近亲属辨认、提取生物样本鉴定等方式确定被害人身份。

“犯罪嫌疑人拒绝检查、提取、采集的,侦查人员认为必要的时候,经办案部门负责人批准,可以强制检查、提取、采集。”

八十八、将第二百一十六条改为第二百二十一条,第二款修改为:“进行侦查实验,应当全程录音录像,并制作侦查实验笔录,由参加实验的人签名。”

八十九、将第二百二十五条改为第二百三十条,第二款、第三款修改为:“对于财物、文件的持有人无法确定,以及持有人不在现场或者拒绝签名的,侦查人员应当在清单中注明。

“依法扣押文物、贵金属、珠宝、字画等贵重财物的,应当拍照或者录音录像,并及时鉴定、估价。”

增加一款,作为第四款:“执行查封、扣押时,应当为犯罪嫌疑人及其所扶养的亲属保留必需的生活费用和物品。能够保证侦查活动正常进行的,可以允许有关当事人继续合理使用有关涉案财物,但应当采取必要的保值、保管措施。”

九十、将第二百二十六条改为第二百三十一条,修改为:“对作为犯罪证据但不便提取或者没有必要提取的财物、文件,经登记、拍照或者录音录像、估价后,可以交财物、文件持有人保管或者封存,并且开具登记保存清单一式两份,由侦查人员、持有人和见证人签名,一份交给财物、文件持有人,另一份连同照片或者录音录像资料附卷备查。财物、文件持有人应当妥善保管,不得转移、变卖、毁损。”

九十一、将第二百二十九条改为第二百三十四条,第一款修改为:“有关犯罪事实查证属实后,对于有证据证明权属明确且无争议的被害人合法财产及其孳息,且返还不损害其他被害人或者利害关系人的利益,不影响案件正常办理的,应当在登记、拍照或者录音录像和估价后,报经县级以上公安机关负责人批准,开具发还清单返还,并在案卷材料中注明返还的理由,将原物照片、发还清单和被害人的领取手续存卷备查。”

增加一款,作为第二款:“领取人应当是涉案财物的合法权利人或者其委托的人;委托他人领取的,应当出具委托书。侦查人员或者公安机关其他工作人员不得代为领取。”

第二款改为第三款。

九十二、将第二百三十条改为两条,作为第二百三十五条、第二百三十六条,修改为:

“第二百三十五条 对查封、扣押的财物及其孳息、文件,公安机关应当妥善保管,以供核查。任何单位和个人不得违规使用、调换、损毁或者自行处理。

“县级以上公安机关应当指定一个内设部门作为涉案财物管理部门,负责对涉案财物实行统一管理,并设立或者指定专门保管场所,对涉案财物进行集中保管。

“对价值较低、易于保管,或者需要作为证据继续使用,以及需要先行返还被害人的涉案财物,可以由办案部门设置专门的场所进行保管。办案部门应当指定不承担办案工作的民警负责本部门涉案财物的接收、保管、移交等管理工作;严禁由侦查人员自行保管涉案财物。

“第二百三十六条　在侦查期间,对于易损毁、灭失、腐烂、变质而不宜长期保存,或者难以保管的物品,经县级以上公安机关主要负责人批准,可以在拍照或者录音录像后委托有关部门变卖、拍卖,变卖、拍卖的价款暂予保存,待诉讼终结后一并处理。

“对于违禁品,应当依照国家有关规定处理;需要作为证据使用的,应当在诉讼终结后处理。”

九十三、将第二百三十一条改为第二百三十七条,修改为:“公安机关根据侦查犯罪的需要,可以依照规定查询、冻结犯罪嫌疑人的存款、汇款、证券交易结算资金、期货保证金等资金,债券、股票、基金份额和其他证券,以及股权、保单权益和其他投资权益等财产,并可以要求有关单位和个人配合。

“对于前款规定的财产,不得划转、转账或者以其他方式变相扣押。”

九十四、将第二百三十二条改为第二百三十八条,修改为:“向金融机构等单位查询犯罪嫌疑人的存款、汇款、证券交易结算资金、期货保证金等资金,债券、股票、基金份额和其他证券,以及股权、保单权益和其他投资权益等财产,应当经县级以上公安机关负责人批准,制作协助查询财产通知书,通知金融机构等单位协助办理。”

九十五、将第二百三十三条改为第二百三十九条,修改为:“需要冻结犯罪嫌疑人财产的,应当经县级以上公安机关负责人批准,制作协助冻结财产通知书,明确冻结财产的账户名称、账户号码、冻结数额、冻结期限、冻结范围以及是否及于孳息等事项,通知金融机构等单位协助办理。

“冻结股权、保单权益的,应当经设区的市一级以上公安机关负责人批准。

“冻结上市公司股权的,应当经省级以上公安机关负责人批准。”

九十六、将第二百三十四条改为第二百四十一条,修改为:“不需要继续冻结犯罪嫌疑人财产时,应当经原批准冻结的公安机关负责人批准,制作协助解除冻结财产通知书,通知金融机构等单位协助办理。”

九十七、将第二百三十五条改为第二百四十二条,修改为:“犯罪嫌疑人的财产已被冻结的,不得重复冻结,但可以轮候冻结。”

九十八、将第二百三十六条改为三条,作为第二百四十条、第二百四十三条、第二百四十四条,修改为:

“第二百四十条　需要延长冻结期限的,应当按照原批准权限和程序,在冻结期限届满前办理继续冻结手续。逾期不办理继续冻结手续的,视为自动解除冻结。

“第二百四十三条　冻结存款、汇款、证券交易结算资金、期货保证金等财产的期限为六个月。每次续冻期限最长不得超过六个月。

“对于重大、复杂案件，经设区的市一级以上公安机关负责人批准，冻结存款、汇款、证券交易结算资金、期货保证金等财产的期限可以为一年。每次续冻期限最长不得超过一年。

“第二百四十四条　冻结债券、股票、基金份额等证券的期限为二年。每次续冻期限最长不得超过二年。”

九十九、增加一条，作为第二百四十五条：“冻结股权、保单权益或者投资权益的期限为六个月。每次续冻期限最长不得超过六个月。”

一百、将第二百三十八条改为第二百四十七条，修改为：“对冻结的财产，经查明确实与案件无关的，应当在三日以内通知金融机构等单位解除冻结，并通知被冻结财产的所有人。”

一百零一、将第二百五十一条改为第二百六十条，第一款改为三款，作为第一款、第二款、第三款，修改为：“辨认时，应当将辨认对象混杂在特征相类似的其他对象中，不得在辨认前向辨认人展示辨认对象及其影像资料，不得给辨认人任何暗示。

“辨认犯罪嫌疑人时，被辨认的人数不得少于七人；对犯罪嫌疑人照片进行辨认的，不得少于十人的照片。

“辨认物品时，混杂的同类物品不得少于五件；对物品的照片进行辨认的，不得少于十个物品的照片。”

第二款改为第四款。

一百零二、将第二百五十三条改为第二百六十二条，其中的“录音或者录像”修改为“录音录像”。

一百零三、将第二百六十五条改为第二百七十四条，第一款修改为：“应当逮捕的犯罪嫌疑人在逃的，经县级以上公安机关负责人批准，可以发布通缉令，采取有效措施，追捕归案。”

一百零四、将第二百六十九条改为第二百七十八条，修改为：“需要对犯罪嫌疑人在口岸采取边控措施的，应当按照有关规定制作边控对象通知书，并附有关法律文书，经县级以上公安机关负责人审核后，层报省级公安机关批准，办理全国范围内的边控措施。需要限制犯罪嫌疑人人身自由的，应当附有关限制人身自由的法律文书。

“紧急情况下，需要采取边控措施的，县级以上公安机关可以出具公函，先向有关口岸所在地出入境边防检查机关交控，但应当在七日以内按照规定程序办理全国范围内的边控措施。”

一百零五、增加一条，作为第二百八十四条：“对侦查终结的案件，公安机关应当全面审查证明证据收集合法性的证据材料，依法排除非法证据。排除非法证据后证据不足的，不得移送审查起诉。

“公安机关发现侦查人员非法取证的，应当依法作出处理，并可另行指派侦查人员重新调查取证。”

一百零六、将第二百七十八条改为第二百八十八条，修改为：“对查封、扣押的犯罪嫌疑人的财物及其孳息、文件或者冻结的财产，作为证据使用的，应当随案移送，并制作随案移送清单一式两份，一份留存，一份交人民检察院。制作清单时，应当根据已经查明的案情，写明对涉案财物的处理建议。

“对于实物不宜移送的，应当将其清单、照片或者其他证明文件随案移送。待人民法院作出生效判决后，按照人民法院送达的生效判决书、裁定书依法作出处理，并向人民法院送交回执。人民法院在判决、裁定中未对涉案财物作出处理的，公安机关应当征求人民法院意见，并根据人民法院的决定依法作出处理。”

一百零七、将第二百七十九条改为第二百八十九条，增加一款，作为第二款：“犯罪嫌疑人自愿认罪的，应当记录在案，随案移送，并在起诉意见书中写明有关情况；认为案件符合速裁程序适用条件的，可以向人民检察院提出适用速裁程序的建议。”

一百零八、增加一条，作为第二百九十条：“对于犯罪嫌疑人在境外，需要及时进行审判的严重危害国家安全犯罪、恐怖活动犯罪案件，应当在侦查终结后层报公安部批准，移送同级人民检察院审查起诉。

“在审查起诉或者缺席审理过程中，犯罪嫌疑人、被告人向公安机关自动投案或者被公安机关抓获的，公安机关应当立即通知人民检察院、人民法院。”

一百零九、将第二百八十二条改为第二百九十三条，修改为：“人民检察院作出不起诉决定的，如果被不起诉人在押，公安机关应当立即办理释放手续。除依法转为行政案件办理外，应当根据人民检察院解除查封、扣押、冻结财物的书面通知，及时解除查封、扣押、冻结。

“人民检察院提出对被不起诉人给予行政处罚、处分或者没收其违法所得的检察意见，移送公安机关处理的，公安机关应当将处理结果及时通知人民检察院。”

一百一十、将第二百八十三条改为第二百九十四条，第一款修改为：“认为人民检察院作出的不起诉决定有错误的，应当在收到不起诉决定书后七日以内制作要求复议意见书，经县级以上公安机关负责人批准后，移送人民检察院复议。”

一百一十一、将第二百八十五条改为第二百九十六条，第一项修改为：“（一）原认定犯罪事实不清或者证据不够充分的，应当在查清事实、补充证据后，制作补充侦查报告书，移送人民检察院审查；对确实无法查明的事项或者无法补充的证据，应当书面向人民检察院说明情况”。

第三项修改为：“（三）发现原认定的犯罪事实有重大变化，不应当追究刑事责任的，应当撤销案件或者对犯罪嫌疑人终止侦查，并将有关情况通知退查的人民检察院”。

一百一十二、将第三百一十二条改为第三百二十三条，修改为：“讯问未成年犯罪嫌疑人，应当通知未成年犯罪嫌疑人的法定代理人到场。无法通知、法定代理人不能到场或者法定代理人是共犯的，也可以通知未成年犯罪嫌疑人的其他成年亲属，所在学校、单位、居住地或者办案单位所在地基层组织或者未成年人保护组织的代表到场，并将有关情况记录在案。到场的法定代理人可以代为行使未成年犯罪嫌疑人的诉讼权利。

“到场的法定代理人或者其他人员提出侦查人员在讯问中侵犯未成年人合法权益的，公安机关应当认真核查，依法处理。”

一百一十三、将第三百一十五条改为第三百二十六条，增加一款，作为第二款：“询问未成年被害人、证人，应当以适当的方式进行，注意保护其隐私和名誉，尽可能减少询问频次，避免造成二次伤害。必要时，可以聘请熟悉未成年人身心特点的专业人员协助。”

一百一十四、增加一条，作为第三百四十六条：“公安机关在异地执行传唤、拘传、拘留、逮捕，开展勘验、检查、搜查、查封、扣押、冻结、讯问等侦查活动，应当向当地公安机关提出办案协作请求，并在当地公安机关协助下进行，或者委托当地公安机关代为执行。

“开展查询、询问、辨认等侦查活动或者送达法律文书的，也可以向当地公安机关提出办案协作请求，并按照有关规定进行通报。”

一百一十五、增加一条，作为第三百四十七条：“需要异地公安机关协助的，办案地公安机关应当制作办案协作函件，连同有关法律文书和人民警察证复印件一并提供给协作地公安机关。必要时，可以将前述法律手续传真或者通过公安机关有关信息系统传输至协作地公安机关。

“请求协助执行传唤、拘传、拘留、逮捕的，应当提供传唤证、拘传证、拘留证、逮捕证；请求协助开展搜查、查封、扣押、查询、冻结等侦查活动的，应当提供搜查证、查封决定书、扣押决定书、协助查询财产通知书、协助冻结财产通知书；请求协助开展勘验、检查、讯问、询问等侦查活动的，应当提供立案决定书。”

一百一十六、将第三百三十五条改为第三百四十八条，修改为：“公安机关应当指定一个部门归口接收协作请求，并进行审核。对符合本规定第三百四十七条规定的协作请求，应当及时交主管业务部门办理。

“异地公安机关提出协作请求的，只要法律手续完备，协作地公安机关就应当及时无条件予以配合，不得收取任何形式的费用或者设置其他条件。”

一百一十七、删去第三百三十六条。

一百一十八、将第三百三十七条改为第三百四十九条，修改为：“对协作过程中获取的犯罪线索，不属于自己管辖的，应当及时移交有管辖权的公安机关或者其他有关部门。”

一百一十九、将第三百三十八条、第三百三十九条合并，作为第三百五十条，修改为：“异地执行传唤、拘传的，协作地公安机关应当协助将犯罪嫌疑人传唤、拘传到本市、县公安机关执法办案场所或者到他的住处进行讯问。

“异地执行拘留、逮捕的，协作地公安机关应当派员协助执行。”

一百二十、将第三百四十条改为第三百五十一条，删去第一款。

第二款改为第一款。

第三款改为第二款，修改为：“协作地公安机关抓获犯罪嫌疑人后，应当立即通知办案地公安机关。办案地公安机关应当立即携带法律文书及时提解，提解的侦查人员不得少于二人。”

增加一款，作为第三款：“办案地公安机关不能及时到达协作地的，应当委托协作地公安机关在拘留、逮捕后二十四小时以内进行讯问。”

一百二十一、增加一条，作为第三百五十二条：“办案地公安机关请求代为讯问、询问、辨认的，协作地公安机关应当制作讯问、询问、辨认笔录，交被讯问、询问人和辨认人签名、捺指印后，提供给办案地公安机关。

“办案地公安机关可以委托协作地公安机关协助进行远程视频讯问、询问，讯问、询问过程应当全程录音录像。”

一百二十二、将第三百四十一条改为第三百五十三条，修改为：“办案地公安机关请求协查犯罪嫌疑人的身份、年龄、违法犯罪经历等情况的，协作地公安机关应当在接到请求后七日以内将协查结果通知办案地公安机关；交通十分不便的边远地区，应当在十五日以内将协查结果通知办案地公安机关。

“办案地公安机关请求协助调查取证或者查询犯罪信息、资料的，协作地公安机关应当及时协查并反馈。”

一百二十三、删去第三百四十二条。

一百二十四、将第三百四十三条改为第三百五十四条，修改为：“对不履行办案协作程序或者协作职责造成严重后果的，对直接负责的主管人员和其他直接责任人员，应当给予处分；构成犯罪的，依法追究刑事责任。”

一百二十五、将第三百四十四条改为第三百五十五条，修改为：“协作地公安机关依照办案地公安机关的协作请求履行办案协作职责所产生的法律责任，由办案地公安机关承担。但是，协作行为超出协作请求范围，造成执法过错的，由协作地公安机关承担相应法律责任。”

一百二十六、增加一条，作为第三百五十六条：“办案地和协作地公安机关对于案件管辖、定性处理等发生争议的，可以进行协商。协商不成的，提请共同的上级公安机关决定。”

一百二十七、将第三百五十条改为第三百六十二条，修改为：“公安机关办理外国人犯罪案件，使用中华人民共和国通用的语言文字。犯罪嫌疑人不通晓我国语言文字的，公安机关应当为他翻译；犯罪嫌疑人通晓我国语言文字，不需要他人翻译的，应当出具书面声明。”

一百二十八、删去第三百五十三条。

一百二十九、删去第三百五十四条。

一百三十、将第三百六十一条改为第三百七十一条，第二款修改为：“被判处徒刑的外国人，主刑执行期满后应当执行驱逐出境附加刑的，省级公安机关在收到执行监狱的上级主管部门转交的刑事判决书、执行通知书副本或者复印件后，应当通知该外国人所在地的设区的市一级公安机关或者指定有关公安机关执行。”

一百三十一、将第三百六十四条改为第三百七十四条，第一款、第二款修改为：“公安部是公安机关进行刑事司法协助和警务合作的中央主管机关，通过有关法律、国际条约、协议规定的联系途径、外交途径或者国际刑事警察组织渠道，接收或者向外国提出刑事司法协助或者警务合作请求。

“地方各级公安机关依照职责权限办理刑事司法协助事务和警务合作事务。”

一百三十二、将第三百六十五条改为第三百七十五条，修改为：“公安机关进行刑事司法协助和警务合作的范围，主要包括犯罪情报信息的交流与合作，调查取证，安排证人作证或者协助调查，查封、扣押、冻结涉案财物，没收、返还违法所得及其他涉案财物，送达刑事诉讼文书，引渡、缉捕和递解犯罪嫌疑人、被告人或者罪犯，以及国际条约、协议规定的其他刑事司法协助和警务合作事宜。”

一百三十三、将第三百六十六条改为第三百七十六条，修改为：“在不违背我国法律和有关国际条约、协议的前提下，我国边境地区设区的市一级公安机关和县级公安机关与相邻国家的警察机关，可以按照惯例相互开展执法会晤、人员往来、边境管控、情报信息交流等警务合作，但应当报省级公安机关批准，并报公安部备案；开展其他警务合作的，应当报公安部批准。”

一百三十四、将第三百六十七条改为第三百七十七条，增加一款，作为第二款：“对于请求书的签署机关、请求书及所附材料的语言文字、有关办理期限和具体程序等事项，在不违反我国法律基本原则的情况下，可以按照刑事司法协助条约、警务合作协议规定或者双方协商办理。”

一百三十五、将第三百六十八条改为第三百七十八条，第二款修改为：“在执行过程中，需要采取查询、查封、扣押、冻结等措施或者返还涉案财物，且符合法律规定的条件的，可以根据我国有关法律和公安部的执行通知办理有关法律手续。”

一百三十六、将第三百七十条改为第三百八十条，修改为：“需要请求外国警方提供刑事司法协助或者警务合作的，应当按照我国有关法律、国际条约、协议的规定提出刑事司法协助或者警务合作请求书，所附文件及相应译文，经省级公安机关审核后报送公安部。”

一百三十七、将第三百七十一条改为第三百八十一条，修改为：“需要通过国际刑事警察组织查找或者缉捕犯罪嫌疑人、被告人或者罪犯，查询资料、调查取证的，应当提出申请层报国际刑事警察组织中国国家中心局。”

一百三十八、增加一条，作为第三百八十二条：“公安机关需要外国协助安排证人、鉴定人来中华人民共和国作证或者通过视频、音频作证，或者协助调查的，应当制作刑事司法协助请求书并附相关材料，经公安部审核同意后，由对外联系机关及时向外国提出请求。

“来中华人民共和国作证或者协助调查的证人、鉴定人离境前，公安机关不得就其入境前实施的犯罪进行追究；除因入境后实施违法犯罪而被采取强制措施的以外，其人身自由不受限制。

“证人、鉴定人在条约规定的期限内或者被通知无需继续停留后十五日内没有离境的，前款规定不再适用，但是由于不可抗力或者其他特殊原因未能离境的除外。”

一百三十九、将第三百七十三条改为第三百八十四条，修改为：“办理引渡案件，依照《中华人民共和国引渡法》等法律规定和有关条约执行。”

一百四十、将第三百七十五条改为第三百八十六条，增加一款，作为第二款：“办理刑事复议、复核案件的具体程序，适用《公安机关办理刑事复议复核案件程序规定》。”

一百四十一、增加一条，作为第三百八十七条：“公安机关可以使用电子签名、电子指纹捺印技术制作电子笔录等材料，可以使用电子印章制作法律文书。对案件当事人进行电子签名、电子指纹捺印的过程，公安机关应当同步录音录像。”

一百四十二、第七十八条、第八十二条、第九十二条、第九十七条、第九十八条、第一百零五条、第一百一十条、第一百二十一条、第一百二十三条、第一百二十七条、第一百四十一条、第一百四十五条、第一百四十六条、第一百九十二条、第二百零七条、第二百二十四条、第二百五十八条、第三百零二条、第三百一十五条中引用的条文序号根据本决定作相应调整。

《公安机关办理刑事案件程序规定》的有关条文序号根据本决定作相应调整。

本决定自2020年9月1日起施行。

《公安机关办理刑事案件程序规定》根据本决定作相应修改，重新公布。

公安机关办理刑事案件程序规定

（2012年12月13日公安部令第127号修订发布　根据2020年7月20日《公安部关于修改〈公安机关办理刑事案件程序规定〉的决定》修订）

目　录

第一章　任务和基本原则

第一条　为了保障《中华人民共和国刑事诉讼法》的贯彻实施，保证公安机关在刑事诉讼中正确履行职权，规范办案程序，确保办案质量，提高办案效率，制定本规定。

第二条　公安机关在刑事诉讼中的任务，是保证准确、及时地查明犯罪事实，正确应用法律，惩罚犯罪分子，保障无罪的人不受刑事追究，教育公民自觉遵守法律，积极同犯罪行为作斗争，维护社会主义法制，尊重和保障人权，保护公民的人身权利、财产权利、民主权利和其他权利，保障社会主义建设事业的顺利进行。

第三条　公安机关在刑事诉讼中的基本职权，是依照法律对刑事案件立案、侦查、预审；决定、执行强制措施；对依法不追究刑事责任的不予立案，已经追究的撤销案件；对侦查终结应当起诉的案件，移送人民检察院审查决定；对不够刑事处罚的犯罪嫌疑人需要行政处理的，依法予以处理或者移送有关部门；对被判处有期徒刑的罪犯，在被交付执行刑罚前，剩余刑期在三个月以下的，代为执行刑罚；执行拘役、剥夺政治权利、驱逐出境。

第四条　公安机关进行刑事诉讼，必须依靠群众，以事实为根据，以法律为准绳。对于一切公民，在适用法律上一律平等，在法律面前，不允许有任何特权。

第五条　公安机关进行刑事诉讼，同人民法院、人民检察院分工负责，互相配合，互相制约，以保证准确有效地执行法律。

第六条　公安机关进行刑事诉讼，依法接受人民检察院的法律监督。

第七条　公安机关进行刑事诉讼，应当建立、完善和严格执行办案责任制度、执法过错责任追究制度等内部执法监督制度。

在刑事诉讼中，上级公安机关发现下级公安机关作出的决定或者办理的案件有错误的，有权予以撤销或者变更，也可以指令下级公安机关予以纠正。

下级公安机关对上级公安机关的决定必须执行，如果认为有错误，可以在执行的同时向上级公安机关报告。

第八条　公安机关办理刑事案件，应当重证据，重调查研究，不轻信口供。严禁刑讯逼供和以威胁、引诱、欺骗以及其他非法方法收集证据，不得强迫任何人证实自己有罪。

第九条　公安机关在刑事诉讼中，应当保障犯罪嫌疑人、被告人和其他诉讼参与人依法享有的辩护权和其他诉讼权利。

第十条 公安机关办理刑事案件,应当向同级人民检察院提请批准逮捕、移送审查起诉。

第十一条 公安机关办理刑事案件,对不通晓当地通用的语言文字的诉讼参与人,应当为他们翻译。

在少数民族聚居或者多民族杂居的地区,应当使用当地通用的语言进行讯问。对外公布的诉讼文书,应当使用当地通用的文字。

第十二条 公安机关办理刑事案件,各地区、各部门之间应当加强协作和配合,依法履行协查、协办职责。

上级公安机关应当加强监督、协调和指导。

第十三条 根据《中华人民共和国引渡法》《中华人民共和国国际刑事司法协助法》,中华人民共和国缔结或者参加的国际条约和公安部签订的双边、多边合作协议,或者按照互惠原则,我国公安机关可以和外国警察机关开展刑事司法协助和警务合作。

第二章 管 辖

第十四条 根据刑事诉讼法的规定,除下列情形外,刑事案件由公安机关管辖:

(一)监察机关管辖的职务犯罪案件;

(二)人民检察院管辖的在对诉讼活动实行法律监督中发现的司法工作人员利用职权实施的非法拘禁、刑讯逼供、非法搜查等侵犯公民权利、损害司法公正的犯罪,以及经省级以上人民检察院决定立案侦查的公安机关管辖的国家机关工作人员利用职权实施的重大犯罪案件;

(三)人民法院管辖的自诉案件。对于人民法院直接受理的被害人有证据证明的轻微刑事案件,因证据不足驳回起诉,人民法院移送公安机关或者被害人向公安机关控告的,公安机关应当受理;被害人直接向公安机关控告的,公安机关应当受理;

(四)军队保卫部门管辖的军人违反职责的犯罪和军队内部发生的刑事案件;

(五)监狱管辖的罪犯在监狱内犯罪的刑事案件;

(六)海警部门管辖的海(岛屿)岸线以外我国管辖海域内发生的刑事案件。对于发生在沿海港岙口、码头、滩涂、台轮停泊点等区域的,由公安机关管辖;

(七)其他依照法律和规定应当由其他机关管辖的刑事案件。

第十五条 刑事案件由犯罪地的公安机关管辖。如果由犯罪嫌疑人居住地的公安机关管辖更为适宜的,可以由犯罪嫌疑人居住地的公安机关管辖。

法律、司法解释或者其他规范性文件对有关犯罪案件的管辖作出特别规定的,从其规定。

第十六条 犯罪地包括犯罪行为发生地和犯罪结果发生地。犯罪行为发生地,包括犯罪行为的实施地以及预备地、开始地、途经地、结束地等与犯罪行为有关的地点;犯罪行为有连续、持续或者继续状态的,犯罪行为连续、持续或者继续实施的地方都属于犯罪行为发生地。犯罪结果发生地,包括犯罪对象被侵害地、犯罪所得的实际取得地、藏匿地、转移地、使用地、销售地。

居住地包括户籍所在地、经常居住地。经常居住地是指公民离开户籍所在地最后连续居住一年以上的地方,但住院就医的除外。单位登记的住所地为其居住地。主要营业地或者主要办事机构所在地与登记的住所地不一致的,主要营业地或者主要办事机构所在地为其居住地。

第十七条 针对或者主要利用计算机网络实施的犯罪,用于实施犯罪行为的网络服务使用的服务器所在地,网络服务提供者所在地,被侵害的网络信息系统及其管理者所在地,以及犯罪过程中犯罪嫌疑人、被害人使用的网络信息系统所在地,被害人被侵害时所在地和被害人财产遭受损失地公安机关可以管辖。

第十八条 行驶中的交通工具上发生的刑事案件,由交通工具最初停靠地公安机关管辖;必要时,交通工具始发地、途经地、目的地公安机关也可以管辖。

第十九条 在中华人民共和国领域外的中国航空器内发生的刑事案件,由该航空器在中国最初降落地的公安机关管辖。

第二十条 中国公民在中国驻外使、领馆内的犯罪,由其主管单位所在地或者原户籍地的公安机关管辖。

中国公民在中华人民共和国领域外的犯罪,由其入境地、离境前居住地或者现居住地的公安机关管辖;被害人是中国公民的,也可由被害人离境前居住地或者现居住地的公安机关管辖。

第二十一条 几个公安机关都有权管辖的刑事案件,由最初受理的公安机关管辖。必要时,可以由主要犯罪地的公安机关管辖。

具有下列情形之一的,公安机关可以在职责范围内并案侦查:

(一)一人犯数罪的;

(二)共同犯罪的;

(三)共同犯罪的犯罪嫌疑人还实施其他犯罪的;

（四）多个犯罪嫌疑人实施的犯罪存在关联，并案处理有利于查明犯罪事实的。

第二十二条 对管辖不明确或者有争议的刑事案件，可以由有关公安机关协商。协商不成的，由共同的上级公安机关指定管辖。

对情况特殊的刑事案件，可以由共同的上级公安机关指定管辖。

提请上级公安机关指定管辖时，应当在有关材料中列明犯罪嫌疑人基本情况、涉嫌罪名、案件基本事实、管辖争议情况、协商情况和指定管辖理由，经公安机关负责人批准后，层报有权指定管辖的上级公安机关。

第二十三条 上级公安机关指定管辖的，应当将指定管辖决定书分别送达被指定管辖的公安机关和其他有关的公安机关，并根据办案需要抄送同级人民法院、人民检察院。

原受理案件的公安机关，在收到上级公安机关指定其他公安机关管辖的决定书后，不再行使管辖权，同时应当将犯罪嫌疑人、涉案财物以及案卷材料等移送被指定管辖的公安机关。

对指定管辖的案件，需要逮捕犯罪嫌疑人的，由被指定管辖的公安机关提请同级人民检察院审查批准；需要提起公诉的，由该公安机关移送同级人民检察院审查决定。

第二十四条 县级公安机关负责侦查发生在本辖区内的刑事案件。

设区的市一级以上公安机关负责下列犯罪中重大案件的侦查：

（一）危害国家安全犯罪；

（二）恐怖活动犯罪；

（三）涉外犯罪；

（四）经济犯罪；

（五）集团犯罪；

（六）跨区域犯罪。

上级公安机关认为有必要的，可以侦查下级公安机关管辖的刑事案件；下级公安机关认为案情重大需要上级公安机关侦查的刑事案件，可以请求上一级公安机关管辖。

第二十五条 公安机关内部对刑事案件的管辖，按照刑事侦查机构的设置及其职责分工确定。

第二十六条 铁路公安机关管辖铁路系统的机关、厂、段、院、校、所、队、工区等单位发生的刑事案件，车站工作区域内、列车内发生的刑事案件，铁路沿线发生的盗窃或者破坏铁路、通信、电力线路和其他重要设施的刑事案件，以及内部职工在铁路线上工作时发生的刑事案件。

铁路系统的计算机信息系统延伸到地方涉及铁路业务的网点,其计算机信息系统发生的刑事案件由铁路公安机关管辖。

对倒卖、伪造、变造火车票的刑事案件,由最初受理案件的铁路公安机关或者地方公安机关管辖。必要时,可以移送主要犯罪地的铁路公安机关或者地方公安机关管辖。

在列车上发生的刑事案件,犯罪嫌疑人在列车运行途中被抓获的,由前方停靠站所在地的铁路公安机关管辖;必要时,也可以由列车始发站、终点站所在地的铁路公安机关管辖。犯罪嫌疑人不是在列车运行途中被抓获的,由负责该列车乘务的铁路公安机关管辖;但在列车运行途经的车站被抓获的,也可以由该车站所在地的铁路公安机关管辖。

在国际列车上发生的刑事案件,根据我国与相关国家签订的协定确定管辖;没有协定的,由该列车始发或者前方停靠的中国车站所在地的铁路公安机关管辖。

铁路建设施工工地发生的刑事案件由地方公安机关管辖。

第二十七条 民航公安机关管辖民航系统的机关、厂、段、院、校、所、队、工区等单位、机场工作区域内、民航飞机内发生的刑事案件。

重大飞行事故刑事案件由犯罪结果发生地机场公安机关管辖。犯罪结果发生地未设机场公安机关或者不在机场公安机关管辖范围内的,由地方公安机关管辖,有关机场公安机关予以协助。

第二十八条 海关走私犯罪侦查机构管辖中华人民共和国海关关境内发生的涉税走私犯罪和发生在海关监管区内的非涉税走私犯罪等刑事案件。

第二十九条 公安机关侦查的刑事案件的犯罪嫌疑人涉及监察机关管辖的案件时,应当及时与同级监察机关协商,一般应当由监察机关为主调查,公安机关予以协助。

第三十条 公安机关侦查的刑事案件涉及人民检察院管辖的案件时,应当将属于人民检察院管辖的刑事案件移送人民检察院。涉嫌主罪属于公安机关管辖的,由公安机关为主侦查;涉嫌主罪属于人民检察院管辖的,公安机关予以配合。

公安机关侦查的刑事案件涉及其他侦查机关管辖的案件时,参照前款规定办理。

第三十一条 公安机关和军队互涉刑事案件的管辖分工按照有关规定办理。

公安机关和武装警察部队互涉刑事案件的管辖分工依照公安机关和军队互涉刑事案件的管辖分工的原则办理。

第三章　回　避

第三十二条　公安机关负责人、侦查人员有下列情形之一的，应当自行提出回避申请，没有自行提出回避申请的，应当责令其回避，当事人及其法定代理人也有权要求他们回避：

（一）是本案的当事人或者是当事人的近亲属的；

（二）本人或者他的近亲属和本案有利害关系的；

（三）担任过本案的证人、鉴定人、辩护人、诉讼代理人的；

（四）与本案当事人有其他关系，可能影响公正处理案件的。

第三十三条　公安机关负责人、侦查人员不得有下列行为：

（一）违反规定会见本案当事人及其委托人；

（二）索取、接受本案当事人及其委托人的财物或者其他利益；

（三）接受本案当事人及其委托人的宴请，或者参加由其支付费用的活动；

（四）其他可能影响案件公正办理的不正当行为。

违反前款规定的，应当责令其回避并依法追究法律责任。当事人及其法定代理人有权要求其回避。

第三十四条　公安机关负责人、侦查人员自行提出回避申请的，应当说明回避的理由；口头提出申请的，公安机关应当记录在案。

当事人及其法定代理人要求公安机关负责人、侦查人员回避，应当提出申请，并说明理由；口头提出申请的，公安机关应当记录在案。

第三十五条　侦查人员的回避，由县级以上公安机关负责人决定；县级以上公安机关负责人的回避，由同级人民检察院检察委员会决定。

第三十六条　当事人及其法定代理人对侦查人员提出回避申请的，公安机关应当在收到回避申请后二日以内作出决定并通知申请人；情况复杂的，经县级以上公安机关负责人批准，可以在收到回避申请后五日以内作出决定。

当事人及其法定代理人对县级以上公安机关负责人提出回避申请的，公安机关应当及时将申请移送同级人民检察院。

第三十七条　当事人及其法定代理人对驳回申请回避的决定不服的，可以在收到驳回申请回避决定书后五日以内向作出决定的公安机关申请复议。

公安机关应当在收到复议申请后五日以内作出复议决定并书面通知申请人。

第三十八条　在作出回避决定前，申请或者被申请回避的公安机关负责人、侦查人员不得停止对案件的侦查。

作出回避决定后，申请或者被申请回避的公安机关负责人、侦查人员不得再参与本案的侦查工作。

第三十九条 被决定回避的公安机关负责人、侦查人员在回避决定作出以前所进行的诉讼活动是否有效，由作出决定的机关根据案件情况决定。

第四十条 本章关于回避的规定适用于记录人、翻译人员和鉴定人。

记录人、翻译人员和鉴定人需要回避的，由县级以上公安机关负责人决定。

第四十一条 辩护人、诉讼代理人可以依照本章的规定要求回避、申请复议。

第四章 律师参与刑事诉讼

第四十二条 公安机关应当保障辩护律师在侦查阶段依法从事下列执业活动：

（一）向公安机关了解犯罪嫌疑人涉嫌的罪名和案件有关情况，提出意见；

（二）与犯罪嫌疑人会见和通信，向犯罪嫌疑人了解案件有关情况；

（三）为犯罪嫌疑人提供法律帮助、代理申诉、控告；

（四）为犯罪嫌疑人申请变更强制措施。

第四十三条 公安机关在第一次讯问犯罪嫌疑人或者对犯罪嫌疑人采取强制措施的时候，应当告知犯罪嫌疑人有权委托律师作为辩护人，并告知其如果因经济困难或者其他原因没有委托辩护律师的，可以向法律援助机构申请法律援助。告知的情形应当记录在案。

对于同案的犯罪嫌疑人委托同一名辩护律师的，或者两名以上未同案处理但实施的犯罪存在关联的犯罪嫌疑人委托同一名辩护律师的，公安机关应当要求其更换辩护律师。

第四十四条 犯罪嫌疑人可以自己委托辩护律师。犯罪嫌疑人在押的，也可以由其监护人、近亲属代为委托辩护律师。

犯罪嫌疑人委托辩护律师的请求可以书面提出，也可以口头提出。口头提出的，公安机关应当制作笔录，由犯罪嫌疑人签名、捺指印。

第四十五条 在押的犯罪嫌疑人向看守所提出委托辩护律师要求的，看守所应当及时将其请求转达给办案部门，办案部门应当及时向犯罪嫌疑人委托的辩护律师或者律师事务所转达该项请求。

在押的犯罪嫌疑人仅提出委托辩护律师的要求，但提不出具体对象的，办案部门应当及时通知犯罪嫌疑人的监护人、近亲属代为委托辩护律师。犯罪嫌疑人无监护人或者近亲属的，办案部门应当及时通知当地律师协会或者司法行政机关为其推荐辩护律师。

第四十六条 符合下列情形之一，犯罪嫌疑人没有委托辩护人的，公安机关应当自发现该情形之日起三日以内通知法律援助机构为犯罪嫌疑人指派辩护律师：

（一）犯罪嫌疑人是盲、聋、哑人，或者是尚未完全丧失辨认或者控制自己行为能力的精神病人；

（二）犯罪嫌疑人可能被判处无期徒刑、死刑。

第四十七条 公安机关收到在押的犯罪嫌疑人提出的法律援助申请后，应当在二十四小时以内将其申请转交所在地的法律援助机构，并在三日以内通知申请人的法定代理人、近亲属或者其委托的其他人员协助提供有关证件、证明等相关材料。犯罪嫌疑人的法定代理人、近亲属或者其委托的其他人员地址不详无法通知的，应当在转交申请时一并告知法律援助机构。

犯罪嫌疑人拒绝法律援助机构指派的律师作为辩护人或者自行委托辩护人的，公安机关应当在三日以内通知法律援助机构。

第四十八条 辩护律师接受犯罪嫌疑人委托或者法律援助机构的指派后，应当及时告知公安机关并出示律师执业证书、律师事务所证明和委托书或者法律援助公函。

第四十九条 犯罪嫌疑人、被告人入所羁押时没有委托辩护人，法律援助机构也没有指派律师提供辩护的，看守所应当告知其有权约见值班律师，获得法律咨询、程序选择建议、申请变更强制措施、对案件处理提出意见等法律帮助，并为犯罪嫌疑人、被告人约见值班律师提供便利。

没有委托辩护人、法律援助机构没有指派律师提供辩护的犯罪嫌疑人、被告人，向看守所申请由值班律师提供法律帮助的，看守所应当在二十四小时内通知值班律师。

第五十条 辩护律师向公安机关了解案件有关情况的，公安机关应当依法将犯罪嫌疑人涉嫌的罪名以及当时已查明的该罪的主要事实，犯罪嫌疑人被采取、变更、解除强制措施，延长侦查羁押期限等案件有关情况，告知接受委托或者指派的辩护律师，并记录在案。

第五十一条 辩护律师可以同在押或者被监视居住的犯罪嫌疑人会见、通信。

第五十二条 对危害国家安全犯罪案件、恐怖活动犯罪案件，办案部门应当在将犯罪嫌疑人送看守所羁押时书面通知看守所；犯罪嫌疑人被监视居住的，应当在送交执行时书面通知执行机关。

辩护律师在侦查期间要求会见前款规定案件的在押或者被监视居住的犯罪嫌疑人，应当向办案部门提出申请。

对辩护律师提出的会见申请，办案部门应当在收到申请后三日以内，报经县级以上公安机关负责人批准，作出许可或者不许可的决定，书面通知辩护律师，并及时通知看守所或者执行监视居住的部门。除有碍侦查或者可能泄露国家秘密的情形外，应当作出许可的决定。

公安机关不许可会见的，应当说明理由。有碍侦查或者可能泄露国家秘密的情形消失后，公安机关应当许可会见。

有下列情形之一的，属于本条规定的“有碍侦查”：

（一）可能毁灭、伪造证据，干扰证人作证或者串供的；

（二）可能引起犯罪嫌疑人自残、自杀或者逃跑的；

（三）可能引起同案犯逃避、妨碍侦查的；

（四）犯罪嫌疑人的家属与犯罪有牵连的。

第五十三条 辩护律师要求会见在押的犯罪嫌疑人，看守所应当在查验其律师执业证书、律师事务所证明和委托书或者法律援助公函后，在四十八小时以内安排律师会见到犯罪嫌疑人，同时通知办案部门。

侦查期间，辩护律师会见危害国家安全犯罪案件、恐怖活动犯罪案件在押或者被监视居住的犯罪嫌疑人时，看守所或者监视居住执行机关还应当查验侦查机关的许可决定文书。

第五十四条 辩护律师会见在押或者被监视居住的犯罪嫌疑人需要聘请翻译人员的，应当向办案部门提出申请。办案部门应当在收到申请后三日以内，报经县级以上公安机关负责人批准，作出许可或者不许可的决定，书面通知辩护律师。对于具有本规定第三十二条所列情形之一的，作出不予许可的决定，并通知其更换；不具有相关情形的，应当许可。

翻译人员参与会见的，看守所或者监视居住执行机关应当查验公安机关的许可决定文书。

第五十五条 辩护律师会见在押或者被监视居住的犯罪嫌疑人时，看守所或者监视居住执行机关应当采取必要的管理措施，保障会见顺利进行，并告知其遵守会见的有关规定。辩护律师会见犯罪嫌疑人时，公安机关不得监听，不得派员在场。

辩护律师会见在押或者被监视居住的犯罪嫌疑人时，违反法律规定或者会见的规定的，看守所或者监视居住执行机关应当制止。对于严重违反规定或者不听劝阻的，可以决定停止本次会见，并及时通报其所在的律师事务所、所属的律师协会以及司法行政机关。

第五十六条 辩护人或者其他任何人在刑事诉讼中，违反法律规定，实施干扰诉讼活动行为的，应当依法追究法律责任。

辩护人实施干扰诉讼活动行为，涉嫌犯罪，属于公安机关管辖的，应当由办理辩护人所承办案件的公安机关报请上一级公安机关指定其他公安机关立案侦查，或者由上一级公安机关立案侦查。不得指定原承办案件公安机关的下级公安机关立案侦查。辩护人是律师的，立案侦查的公安机关应当及时通知其所在的律师事务所、所属的律师协会以及司法行政机关。

第五十七条 辩护律师对在执业活动中知悉的委托人的有关情况和信息，有权予以保密。但是，辩护律师在执业活动中知悉委托人或者其他人，准备或者正在实施危害国家安全、公共安全以及严重危害他人人身安全的犯罪的，应当及时告知司法机关。

第五十八条 案件侦查终结前，辩护律师提出要求的，公安机关应当听取辩护律师的意见，根据情况进行核实，并记录在案。辩护律师提出书面意见的，应当附卷。

对辩护律师收集的犯罪嫌疑人不在犯罪现场、未达到刑事责任年龄、属于依法不负刑事责任的精神病人的证据，公安机关应当进行核实并将有关情况记录在案，有关证据应当附卷。

第五章 证　　据

第五十九条 可以用于证明案件事实的材料，都是证据。

证据包括：

（一）物证；

（二）书证；

（三）证人证言；

（四）被害人陈述；

（五）犯罪嫌疑人供述和辩解；

（六）鉴定意见；

（七）勘验、检查、侦查实验、搜查、查封、扣押、提取、辨认等笔录；

（八）视听资料、电子数据。

证据必须经过查证属实，才能作为认定案件事实的根据。

第六十条 公安机关必须依照法定程序，收集、调取能够证实犯罪嫌疑人有罪或者无罪、犯罪情节轻重的各种证据。必须保证一切与案件有关或者了解案情的公民，有客观地充分地提供证据的条件，除特殊情况外，可以吸收他们协助调查。

第六十一条 公安机关向有关单位和个人收集、调取证据时，应当告知其必须如实提供证据。

对涉及国家秘密、商业秘密、个人隐私的证据，应当保密。

对于伪造证据、隐匿证据或者毁灭证据的，应当追究其法律责任。

第六十二条 公安机关向有关单位和个人调取证据，应当经办案部门负责人批准，开具调取证据通知书，明确调取的证据和提供时限。被调取单位及其经办人、持有证据的个人应当在通知书上盖章或者签名，拒绝盖章或者签名的，公安机关应当注明。必要时，应当采用录音录像方式固定证据内容及取证过程。

第六十三条 公安机关接受或者依法调取的行政机关在行政执法和查办案件过程中收集的物证、书证、视听资料、电子数据、鉴定意见、勘验笔录、检查笔录等证据材料，经公安机关审查符合法定要求的，可以作为证据使用。

第六十四条 收集、调取的物证应当是原物。只有在原物不便搬运、不易保存或者依法应当由有关部门保管、处理或者依法应当返还时，才可以拍摄或者制作足以反映原物外形或者内容的照片、录像或者复制品。

物证的照片、录像或者复制品经与原物核实无误或者经鉴定证明为真实的，或者以其他方式确能证明其真实的，可以作为证据使用。原物的照片、录像或者复制品，不能反映原物的外形和特征的，不能作为证据使用。

第六十五条 收集、调取的书证应当是原件。只有在取得原件确有困难时，才可以使用副本或者复制件。

书证的副本、复制件，经与原件核实无误或者经鉴定证明为真实的，或者以其他方式确能证明其真实的，可以作为证据使用。书证有更改或者更改迹象不能作出合理解释的，或者书证的副本、复制件不能反映书证原件及其内容的，不能作为证据使用。

第六十六条 收集、调取电子数据，能够扣押电子数据原始存储介质的，应当扣押原始存储介质，并制作笔录、予以封存。

确因客观原因无法扣押原始存储介质的，可以现场提取或者网络在线提取电子数据。无法扣押原始存储介质，也无法现场提取或者网络在线提取的，可以采取打印、拍照或者录音录像等方式固定相关证据，并在笔录中注明原因。

收集、调取的电子数据，足以保证完整性，无删除、修改、增加等情形的，可以作为证据使用。经审查无法确定真伪，或者制作、取得的时间、地点、方式等有疑问，不能提供必要证明或者作出合理解释的，不能作为证据使用。

第六十七条　物证的照片、录像或者复制品，书证的副本、复制件，视听资料、电子数据的复制件，应当附有关制作过程及原件、原物存放处的文字说明，并由制作人和物品持有人或者物品持有单位有关人员签名。

第六十八条　公安机关提请批准逮捕书、起诉意见书必须忠实于事实真象。故意隐瞒事实真象的，应当依法追究责任。

第六十九条　需要查明的案件事实包括：

（一）犯罪行为是否存在；

（二）实施犯罪行为的时间、地点、手段、后果以及其他情节；

（三）犯罪行为是否为犯罪嫌疑人实施；

（四）犯罪嫌疑人的身份；

（五）犯罪嫌疑人实施犯罪行为的动机、目的；

（六）犯罪嫌疑人的责任以及与其他同案人的关系；

（七）犯罪嫌疑人有无法定从重、从轻、减轻处罚以及免除处罚的情节；

（八）其他与案件有关的事实。

第七十条　公安机关移送审查起诉的案件，应当做到犯罪事实清楚，证据确实、充分。

证据确实、充分，应当符合以下条件：

（一）认定的案件事实都有证据证明；

（二）认定案件事实的证据均经法定程序查证属实；

（三）综合全案证据，对所认定事实已排除合理怀疑。

对证据的审查，应当结合案件的具体情况，从各证据与待证事实的关联程度、各证据之间的联系等方面进行审查判断。

只有犯罪嫌疑人供述，没有其他证据的，不能认定案件事实；没有犯罪嫌疑人供述，证据确实、充分的，可以认定案件事实。

第七十一条　采用刑讯逼供等非法方法收集的犯罪嫌疑人供述和采用暴力、威胁等非法方法收集的证人证言、被害人陈述，应当予以排除。

收集物证、书证、视听资料、电子数据违反法定程序，可能严重影响司法公正的，应当予以补正或者作出合理解释；不能补正或者作出合理解释的，对该证据应当予以排除。

在侦查阶段发现有应当排除的证据的，经县级以上公安机关负责人批准，应当依法予以排除，不得作为提请批准逮捕、移送审查起诉的依据。

人民检察院认为可能存在以非法方法收集证据情形，要求公安机关进行说明的，公安机关应当及时进行调查，并向人民检察院作出书面说明。

第七十二条　人民法院认为现有证据材料不能证明证据收集的合法性，

通知有关侦查人员或者公安机关其他人员出庭说明情况的,有关侦查人员或者其他人员应当出庭。必要时,有关侦查人员或者其他人员也可以要求出庭说明情况。侦查人员或者其他人员出庭,应当向法庭说明证据收集过程,并就相关情况接受发问。

经人民法院通知,人民警察应当就其执行职务时目击的犯罪情况出庭作证。

第七十三条 凡是知道案件情况的人,都有作证的义务。

生理上、精神上有缺陷或者年幼,不能辨别是非,不能正确表达的人,不能作证人。

对于证人能否辨别是非,能否正确表达,必要时可以进行审查或者鉴别。

第七十四条 公安机关应当保障证人及其近亲属的安全。

对证人及其近亲属进行威胁、侮辱、殴打或者打击报复,构成犯罪的,依法追究刑事责任;尚不够刑事处罚的,依法给予治安管理处罚。

第七十五条 对危害国家安全犯罪、恐怖活动犯罪、黑社会性质的组织犯罪、毒品犯罪等案件,证人、鉴定人、被害人因在侦查过程中作证,本人或者其近亲属的人身安全面临危险的,公安机关应当采取以下一项或者多项保护措施:

(一)不公开真实姓名、住址、通讯方式和工作单位等个人信息;

(二)禁止特定的人员接触被保护人;

(三)对被保护人的人身和住宅采取专门性保护措施;

(四)将被保护人带到安全场所保护;

(五)变更被保护人的住所和姓名;

(六)其他必要的保护措施。

证人、鉴定人、被害人认为因在侦查过程中作证,本人或者其近亲属的人身安全面临危险,向公安机关请求予以保护,公安机关经审查认为符合前款规定的条件,确有必要采取保护措施的,应当采取上述一项或者多项保护措施。

公安机关依法采取保护措施,可以要求有关单位和个人配合。

案件移送审查起诉时,应当将采取保护措施的相关情况一并移交人民检察院。

第七十六条 公安机关依法决定不公开证人、鉴定人、被害人的真实姓名、住址、通讯方式和工作单位等个人信息的,可以在起诉意见书、询问笔录等法律文书、证据材料中使用化名等代替证人、鉴定人、被害人的个人信息。但是,应当另行书面说明使用化名的情况并标明密级,单独成卷。

第七十七条 证人保护工作所必需的人员、经费、装备等,应当予以保障。

证人因履行作证义务而支出的交通、住宿、就餐等费用,应当给予补助。证人作证的补助列入公安机关业务经费。

第六章　强制措施

第一节　拘　　传

第七十八条　公安机关根据案件情况对需要拘传的犯罪嫌疑人,或者经过传唤没有正当理由不到案的犯罪嫌疑人,可以拘传到其所在市、县公安机关执法办案场所进行讯问。

需要拘传的,应当填写呈请拘传报告书,并附有关材料,报县级以上公安机关负责人批准。

第七十九条　公安机关拘传犯罪嫌疑人应当出示拘传证,并责令其在拘传证上签名、捺指印。

犯罪嫌疑人到案后,应当责令其在拘传证上填写到案时间;拘传结束后,应当由其在拘传证上填写拘传结束时间。犯罪嫌疑人拒绝填写的,侦查人员应当在拘传证上注明。

第八十条　拘传持续的时间不得超过十二小时;案情特别重大、复杂,需要采取拘留、逮捕措施的,经县级以上公安机关负责人批准,拘传持续的时间不得超过二十四小时。不得以连续拘传的形式变相拘禁犯罪嫌疑人。

拘传期限届满,未作出采取其他强制措施决定的,应当立即结束拘传。

第二节　取保候审

第八十一条　公安机关对具有下列情形之一的犯罪嫌疑人,可以取保候审:

(一)可能判处管制、拘役或者独立适用附加刑的;

(二)可能判处有期徒刑以上刑罚,采取取保候审不致发生社会危险性的;

(三)患有严重疾病、生活不能自理,怀孕或者正在哺乳自己婴儿的妇女,采取取保候审不致发生社会危险性的;

(四)羁押期限届满,案件尚未办结,需要继续侦查的。

对拘留的犯罪嫌疑人,证据不符合逮捕条件,以及提请逮捕后,人民检察院不批准逮捕,需要继续侦查,并且符合取保候审条件的,可以依法取保候审。

第八十二条　对累犯,犯罪集团的主犯,以自伤、自残办法逃避侦查的犯罪嫌疑人,严重暴力犯罪以及其他严重犯罪的犯罪嫌疑人不得取保候审,但犯罪嫌疑人具有本规定第八十一条第一款第三项、第四项规定情形的除外。

第八十三条 需要对犯罪嫌疑人取保候审的，应当制作呈请取保候审报告书，说明取保候审的理由、采取的保证方式以及应当遵守的规定，经县级以上公安机关负责人批准，制作取保候审决定书。取保候审决定书应当向犯罪嫌疑人宣读，由犯罪嫌疑人签名、捺指印。

第八十四条 公安机关决定对犯罪嫌疑人取保候审的，应当责令犯罪嫌疑人提出保证人或者交纳保证金。

对同一犯罪嫌疑人，不得同时责令其提出保证人和交纳保证金。对未成年人取保候审，应当优先适用保证人保证。

第八十五条 采取保证人保证的，保证人必须符合以下条件，并经公安机关审查同意：

（一）与本案无牵连；

（二）有能力履行保证义务；

（三）享有政治权利，人身自由未受到限制；

（四）有固定的住处和收入。

第八十六条 保证人应当履行以下义务：

（一）监督被保证人遵守本规定第八十九条、第九十条的规定；

（二）发现被保证人可能发生或者已经发生违反本规定第八十九条、第九十条规定的行为的，应当及时向执行机关报告。

保证人应当填写保证书，并在保证书上签名、捺指印。

第八十七条 犯罪嫌疑人的保证金起点数额为人民币一千元。犯罪嫌疑人为未成年人的，保证金起点数额为人民币五百元。具体数额应当综合考虑保证诉讼活动正常进行的需要、犯罪嫌疑人的社会危险性、案件的性质、情节、可能判处刑罚的轻重以及犯罪嫌疑人的经济状况等情况确定。

第八十八条 县级以上公安机关应当在其指定的银行设立取保候审保证金专门账户，委托银行代为收取和保管保证金。

提供保证金的人，应当一次性将保证金存入取保候审保证金专门账户。保证金应当以人民币交纳。

保证金应当由办案部门以外的部门管理。严禁截留、坐支、挪用或者以其他任何形式侵吞保证金。

第八十九条 公安机关在宣布取保候审决定时，应当告知被取保候审人遵守以下规定：

（一）未经执行机关批准不得离开所居住的市、县；

（二）住址、工作单位和联系方式发生变动的，在二十四小时以内向执行机关报告；

（三）在传讯的时候及时到案；

（四）不得以任何形式干扰证人作证；

（五）不得毁灭、伪造证据或者串供。

第九十条 公安机关在决定取保候审时，还可以根据案件情况，责令被取保候审人遵守以下一项或者多项规定：

（一）不得进入与其犯罪活动等相关联的特定场所；

（二）不得与证人、被害人及其近亲属、同案犯以及与案件有关联的其他特定人员会见或者以任何方式通信；

（三）不得从事与其犯罪行为等相关联的特定活动；

（四）将护照等出入境证件、驾驶证件交执行机关保存。

公安机关应当综合考虑案件的性质、情节、社会影响、犯罪嫌疑人的社会关系等因素，确定特定场所、特定人员和特定活动的范围。

第九十一条 公安机关决定取保候审的，应当及时通知被取保候审人居住地的派出所执行。必要时，办案部门可以协助执行。

采取保证人担保形式的，应当同时送交有关法律文书、被取保候审人基本情况、保证人基本情况等材料。采取保证金担保形式的，应当同时送交有关法律文书、被取保候审人基本情况和保证金交纳情况等材料。

第九十二条 人民法院、人民检察院决定取保候审的，负责执行的县级公安机关应当在收到法律文书和有关材料后二十四小时以内，指定被取保候审人居住地派出所核实情况后执行。

第九十三条 执行取保候审的派出所应当履行下列职责：

（一）告知被取保候审人必须遵守的规定，及其违反规定或者在取保候审期间重新犯罪应当承担的法律后果；

（二）监督、考察被取保候审人遵守有关规定，及时掌握其活动、住址、工作单位、联系方式及变动情况；

（三）监督保证人履行保证义务；

（四）被取保候审人违反应当遵守的规定以及保证人未履行保证义务的，应当及时制止、采取紧急措施，同时告知决定机关。

第九十四条 执行取保候审的派出所应当定期了解被取保候审人遵守取保候审规定的有关情况，并制作笔录。

第九十五条 被取保候审人无正当理由不得离开所居住的市、县。有正当理由需要离开所居住的市、县的，应当经负责执行的派出所负责人批准。

人民法院、人民检察院决定取保候审的，负责执行的派出所在批准被取保候审人离开所居住的市、县前，应当征得决定取保候审的机关同意。

第九十六条 被取保候审人在取保候审期间违反本规定第八十九条、第九十条规定，已交纳保证金的，公安机关应当根据其违反规定的情节，决定没收部分或者全部保证金，并且区别情形，责令其具结悔过、重新交纳保证金、提出保证人，变更强制措施或者给予治安管理处罚；需要予以逮捕的，可以对其先行拘留。

人民法院、人民检察院决定取保候审的，被取保候审人违反应当遵守的规定，负责执行的派出所应当及时通知决定取保候审的机关。

第九十七条 需要没收保证金的，应当经过严格审核后，报县级以上公安机关负责人批准，制作没收保证金决定书。

决定没收五万元以上保证金的，应当经设区的市一级以上公安机关负责人批准。

第九十八条 没收保证金的决定，公安机关应当在三日以内向被取保候审人宣读，并责令其在没收保证金决定书上签名、捺指印；被取保候审人在逃或者具有其他情形不能到场的，应当向其成年家属、法定代理人、辩护人或者单位、居住地的居民委员会、村民委员会宣布，由其成年家属、法定代理人、辩护人或者单位、居住地的居民委员会或者村民委员会的负责人在没收保证金决定书上签名。

被取保候审人或者其成年家属、法定代理人、辩护人或者单位、居民委员会、村民委员会负责人拒绝签名的，公安机关应当在没收保证金决定书上注明。

第九十九条 公安机关在宣读没收保证金决定书时，应当告知如果对没收保证金的决定不服，被取保候审人或者其法定代理人可以在五日以内向作出决定的公安机关申请复议。公安机关应当在收到复议申请后七日以内作出决定。

被取保候审人或者其法定代理人对复议决定不服的，可以在收到复议决定书后五日以内向上一级公安机关申请复核一次。上一级公安机关应当在收到复核申请后七日以内作出决定。对上级公安机关撤销或者变更没收保证金决定的，下级公安机关应当执行。

第一百条 没收保证金的决定已过复议期限，或者复议、复核后维持原决定或者变更没收保证金数额的，公安机关应当及时通知指定的银行将没收的保证金按照国家的有关规定上缴国库。人民法院、人民检察院决定取保候审的，还应当在三日以内通知决定取保候审的机关。

第一百零一条 被取保候审人在取保候审期间，没有违反本规定第八十九条、第九十条有关规定，也没有重新故意犯罪的，或者具有本规定第一百八十六条规定的情形之一的，在解除取保候审、变更强制措施的同时，公安机关应当制作退还保证金决定书，通知银行如数退还保证金。

被取保候审人可以凭退还保证金决定书到银行领取退还的保证金。被取保候审人委托他人领取的，应当出具委托书。

第一百零二条 被取保候审人没有违反本规定第八十九条、第九十条规定，但在取保候审期间涉嫌重新故意犯罪被立案侦查的，负责执行的公安机关应当暂扣其交纳的保证金，待人民法院判决生效后，根据有关判决作出处理。

第一百零三条 被保证人违反应当遵守的规定，保证人未履行保证义务的，查证属实后，经县级以上公安机关负责人批准，对保证人处一千元以上二万元以下罚款；构成犯罪的，依法追究刑事责任。

第一百零四条 决定对保证人罚款的，应当报经县级以上公安机关负责人批准，制作对保证人罚款决定书，在三日以内送达保证人，告知其如果对罚款决定不服，可以在收到决定书之日起五日以内向作出决定的公安机关申请复议。公安机关应当在收到复议申请后七日以内作出决定。

保证人对复议决定不服的，可以在收到复议决定书后五日以内向上一级公安机关申请复核一次。上一级公安机关应当在收到复核申请后七日以内作出决定。对上级公安机关撤销或者变更罚款决定的，下级公安机关应当执行。

第一百零五条 对于保证人罚款的决定已过复议期限，或者复议、复核后维持原决定或者变更罚款数额的，公安机关应当及时通知指定的银行将保证人罚款按照国家的有关规定上缴国库。人民法院、人民检察院决定取保候审的，还应当在三日以内通知决定取保候审的机关。

第一百零六条 对于犯罪嫌疑人采取保证人保证的，如果保证人在取保候审期间情况发生变化，不愿继续担保或者丧失担保条件，公安机关应当责令被取保候审人重新提出保证人或者交纳保证金，或者作出变更强制措施的决定。

人民法院、人民检察院决定取保候审的，负责执行的派出所应当自发现保证人不愿继续担保或者丧失担保条件之日起三日以内通知决定取保候审的机关。

第一百零七条 公安机关在取保候审期间不得中断对案件的侦查，对取保候审的犯罪嫌疑人，根据案情变化，应当及时变更强制措施或者解除取保候审。

取保候审最长不得超过十二个月。

第一百零八条 需要解除取保候审的，应当经县级以上公安机关负责人批准，制作解除取保候审决定书、通知书，并及时通知负责执行的派出所、被取保候审人、保证人和有关单位。

人民法院、人民检察院作出解除取保候审决定的，负责执行的公安机关应当根据决定书及时解除取保候审，并通知被取保候审人、保证人和有关单位。

第三节　监视居住

第一百零九条　公安机关对符合逮捕条件，有下列情形之一的犯罪嫌疑人，可以监视居住：

（一）患有严重疾病、生活不能自理的；

（二）怀孕或者正在哺乳自己婴儿的妇女；

（三）系生活不能自理的人的唯一扶养人；

（四）因案件的特殊情况或者办理案件的需要，采取监视居住措施更为适宜的；

（五）羁押期限届满，案件尚未办结，需要采取监视居住措施的。

对人民检察院决定不批准逮捕的犯罪嫌疑人，需要继续侦查，并且符合监视居住条件的，可以监视居住。

对于符合取保候审条件，但犯罪嫌疑人不能提出保证人，也不交纳保证金的，可以监视居住。

对于被取保候审人违反本规定第八十九条、第九十条规定的，可以监视居住。

第一百一十条　对犯罪嫌疑人监视居住，应当制作呈请监视居住报告书，说明监视居住的理由、采取监视居住的方式以及应当遵守的规定，经县级以上公安机关负责人批准，制作监视居住决定书。监视居住决定书应当向犯罪嫌疑人宣读，由犯罪嫌疑人签名、捺指印。

第一百一十一条　监视居住应当在犯罪嫌疑人、被告人住处执行；无固定住处的，可以在指定的居所执行。对于涉嫌危害国家安全犯罪、恐怖活动犯罪，在住处执行可能有碍侦查的，经上一级公安机关批准，也可以在指定的居所执行。

有下列情形之一的，属于本条规定的“有碍侦查”：

（一）可能毁灭、伪造证据，干扰证人作证或者串供的；

（二）可能引起犯罪嫌疑人自残、自杀或者逃跑的；

（三）可能引起同案犯逃避、妨碍侦查的；

（四）犯罪嫌疑人、被告人在住处执行监视居住有人身危险的；

（五）犯罪嫌疑人、被告人的家属或者所在单位人员与犯罪有牵连的。

指定居所监视居住的，不得要求被监视居住人支付费用。

第一百一十二条 固定住处，是指被监视居住人在办案机关所在的市、县内生活的合法住处；指定的居所，是指公安机关根据案件情况，在办案机关所在的市、县内为被监视居住人指定的生活居所。

指定的居所应当符合下列条件：

（一）具备正常的生活、休息条件；

（二）便于监视、管理；

（三）保证安全。

公安机关不得在羁押场所、专门的办案场所或者办公场所执行监视居住。

第一百一十三条 指定居所监视居住的，除无法通知的以外，应当制作监视居住通知书，在执行监视居住后二十四小时以内，由决定机关通知被监视居住人的家属。

有下列情形之一的，属于本条规定的“无法通知”：

（一）不讲真实姓名、住址、身份不明的；

（二）没有家属的；

（三）提供的家属联系方式无法取得联系的；

（四）因自然灾害等不可抗力导致无法通知的。

无法通知的情形消失以后，应当立即通知被监视居住人的家属。

无法通知家属的，应当在监视居住通知书中注明原因。

第一百一十四条 被监视居住人委托辩护律师，适用本规定第四十三条、第四十四条、第四十五条规定。

第一百一十五条 公安机关在宣布监视居住决定时，应当告知被监视居住人必须遵守以下规定：

（一）未经执行机关批准不得离开执行监视居住的处所；

（二）未经执行机关批准不得会见他人或者以任何方式通信；

（三）在传讯的时候及时到案；

（四）不得以任何形式干扰证人作证；

（五）不得毁灭、伪造证据或者串供；

（六）将护照等出入境证件、身份证件、驾驶证件交执行机关保存。

第一百一十六条 公安机关对被监视居住人，可以采取电子监控、不定期检查等监视方法对其遵守监视居住规定的情况进行监督；在侦查期间，可以对被监视居住的犯罪嫌疑人的电话、传真、信函、邮件、网络等通信进行监控。

第一百一十七条 公安机关决定监视居住的，由被监视居住人住处或者指定居所所在地的派出所执行，办案部门可以协助执行。必要时，也可以由办案部门负责执行，派出所或者其他部门协助执行。

第一百一十八条 人民法院、人民检察院决定监视居住的，负责执行的县级公安机关应当在收到法律文书和有关材料后二十四小时以内，通知被监视居住人住处或者指定居所所在地的派出所，核实被监视居住人身份、住处或者居所等情况后执行。必要时，可以由人民法院、人民检察院协助执行。

负责执行的派出所应当及时将执行情况通知决定监视居住的机关。

第一百一十九条 负责执行监视居住的派出所或者办案部门应当严格对被监视居住人进行监督考察，确保安全。

第一百二十条 被监视居住人有正当理由要求离开住处或者指定的居所以及要求会见他人或者通信的，应当经负责执行的派出所或者办案部门负责人批准。

人民法院、人民检察院决定监视居住的，负责执行的派出所在批准被监视居住人离开住处或者指定的居所以及与他人会见或者通信前，应当征得决定监视居住的机关同意。

第一百二十一条 被监视居住人违反应当遵守的规定，公安机关应当区分情形责令被监视居住人具结悔过或者给予治安管理处罚。情节严重的，可以予以逮捕；需要予以逮捕的，可以对其先行拘留。

人民法院、人民检察院决定监视居住的，被监视居住人违反应当遵守的规定，负责执行的派出所应当及时通知决定监视居住的机关。

第一百二十二条 在监视居住期间，公安机关不得中断案件的侦查，对被监视居住的犯罪嫌疑人，应当根据案情变化，及时解除监视居住或者变更强制措施。

监视居住最长不得超过六个月。

第一百二十三条 需要解除监视居住的，应当经县级以上公安机关负责人批准，制作解除监视居住决定书，并及时通知负责执行的派出所、被监视居住人和有关单位。

人民法院、人民检察院作出解除、变更监视居住决定的，负责执行的公安机关应当及时解除并通知被监视居住人和有关单位。

第四节 拘 留

第一百二十四条 公安机关对于现行犯或者重大嫌疑分子，有下列情形之一的，可以先行拘留：

（一）正在预备犯罪、实行犯罪或者在犯罪后即时被发觉的；

（二）被害人或者在场亲眼看见的人指认他犯罪的；

（三）在身边或者住处发现有犯罪证据的；

（四）犯罪后企图自杀、逃跑或者在逃的；

（五）有毁灭、伪造证据或者串供可能的；

（六）不讲真实姓名、住址，身份不明的；

（七）有流窜作案、多次作案、结伙作案重大嫌疑的。

第一百二十五条 拘留犯罪嫌疑人，应当填写呈请拘留报告书，经县级以上公安机关负责人批准，制作拘留证。执行拘留时，必须出示拘留证，并责令被拘留人在拘留证上签名、捺指印，拒绝签名、捺指印的，侦查人员应当注明。

紧急情况下，对于符合本规定第一百二十四条所列情形之一的，经出示人民警察证，可以将犯罪嫌疑人口头传唤至公安机关后立即审查，办理法律手续。

第一百二十六条 拘留后，应当立即将被拘留人送看守所羁押，至迟不得超过二十四小时。

异地执行拘留，无法及时将犯罪嫌疑人押解回管辖地的，应当在宣布拘留后立即将其送抓获地看守所羁押，至迟不得超过二十四小时。到达管辖地后，应当立即将犯罪嫌疑人送看守所羁押。

第一百二十七条 除无法通知或者涉嫌危害国家安全犯罪、恐怖活动犯罪通知可能有碍侦查的情形以外，应当在拘留后二十四小时以内制作拘留通知书，通知被拘留人的家属。拘留通知书应当写明拘留原因和羁押处所。

本条规定的“无法通知”的情形适用本规定第一百一十三条第二款的规定。

有下列情形之一的，属于本条规定的“有碍侦查”：

（一）可能毁灭、伪造证据，干扰证人作证或者串供的；

（二）可能引起同案犯逃避、妨碍侦查的；

（三）犯罪嫌疑人的家属与犯罪有牵连的。

无法通知、有碍侦查的情形消失以后，应当立即通知被拘留人的家属。

对于没有在二十四小时以内通知家属的，应当在拘留通知书中注明原因。

第一百二十八条 对被拘留的人，应当在拘留后二十四小时以内进行讯问。发现不应当拘留的，应当经县级以上公安机关负责人批准，制作释放通知书，看守所凭释放通知书发给被拘留人释放证明书，将其立即释放。

第一百二十九条 对被拘留的犯罪嫌疑人，经过审查认为需要逮捕的，应当在拘留后的三日以内，提请人民检察院审查批准。在特殊情况下，经县级以上公安机关负责人批准，提请审查批准逮捕的时间可以延长一日至四日。

对流窜作案、多次作案、结伙作案的重大嫌疑分子，经县级以上公安机关负责人批准，提请审查批准逮捕的时间可以延长至三十日。

本条规定的“流窜作案”，是指跨市、县管辖范围连续作案，或者在居住地作案后逃跑到外市、县继续作案；“多次作案”，是指三次以上作案；“结伙作案”，是指二人以上共同作案。

第一百三十条 犯罪嫌疑人不讲真实姓名、住址，身份不明的，应当对其身份进行调查。对符合逮捕条件的犯罪嫌疑人，也可以按其自报的姓名提请批准逮捕。

第一百三十一条 对被拘留的犯罪嫌疑人审查后，根据案件情况报经县级以上公安机关负责人批准，分别作出如下处理：

（一）需要逮捕的，在拘留期限内，依法办理提请批准逮捕手续；

（二）应当追究刑事责任，但不需要逮捕的，依法直接向人民检察院移送审查起诉，或者依法办理取保候审或者监视居住手续后，向人民检察院移送审查起诉；

（三）拘留期限届满，案件尚未办结，需要继续侦查的，依法办理取保候审或者监视居住手续；

（四）具有本规定第一百八十六条规定情形之一的，释放被拘留人，发给释放证明书；需要行政处理的，依法予以处理或者移送有关部门。

第一百三十二条 人民检察院决定拘留犯罪嫌疑人的，由县级以上公安机关凭人民检察院送达的决定拘留的法律文书制作拘留证并立即执行。必要时，可以请人民检察院协助。拘留后，应当及时通知人民检察院。

公安机关未能抓获犯罪嫌疑人的，应当将执行情况和未能抓获犯罪嫌疑人的原因通知作出拘留决定的人民检察院。对于犯罪嫌疑人在逃的，在人民检察院撤销拘留决定之前，公安机关应当组织力量继续执行。

第五节 逮 捕

第一百三十三条 对有证据证明有犯罪事实，可能判处徒刑以上刑罚的犯罪嫌疑人，采取取保候审尚不足以防止发生下列社会危险性的，应当提请批准逮捕：

（一）可能实施新的犯罪的；

（二）有危害国家安全、公共安全或者社会秩序的现实危险的；

（三）可能毁灭、伪造证据，干扰证人作证或者串供的；

（四）可能对被害人、举报人、控告人实施打击报复的；

（五）企图自杀或者逃跑的。

对于有证据证明有犯罪事实，可能判处十年有期徒刑以上刑罚的，或者有证据证明有犯罪事实，可能判处徒刑以上刑罚，曾经故意犯罪或者身份不明的，应当提请批准逮捕。

公安机关在根据第一款的规定提请人民检察院审查批准逮捕时，应当对犯罪嫌疑人具有社会危险性说明理由。

第一百三十四条 有证据证明有犯罪事实，是指同时具备下列情形：

（一）有证据证明发生了犯罪事实；

（二）有证据证明该犯罪事实是犯罪嫌疑人实施的；

（三）证明犯罪嫌疑人实施犯罪行为的证据已有查证属实的。

前款规定的"犯罪事实"既可以是单一犯罪行为的事实，也可以是数个犯罪行为中任何一个犯罪行为的事实。

第一百三十五条 被取保候审人违反取保候审规定，具有下列情形之一的，可以提请批准逮捕：

（一）涉嫌故意实施新的犯罪行为的；

（二）有危害国家安全、公共安全或者社会秩序的现实危险的；

（三）实施毁灭、伪造证据或者干扰证人作证、串供行为，足以影响侦查工作正常进行的；

（四）对被害人、举报人、控告人实施打击报复的；

（五）企图自杀、逃跑，逃避侦查的；

（六）未经批准，擅自离开所居住的市、县，情节严重的，或者两次以上未经批准，擅自离开所居住的市、县的；

（七）经传讯无正当理由不到案，情节严重的，或者经两次以上传讯不到案的；

（八）违反规定进入特定场所、从事特定活动或者与特定人员会见、通信两次以上的。

第一百三十六条 被监视居住人违反监视居住规定，具有下列情形之一的，可以提请批准逮捕：

（一）涉嫌故意实施新的犯罪行为的；

（二）实施毁灭、伪造证据或者干扰证人作证、串供行为，足以影响侦查工作正常进行的；

（三）对被害人、举报人、控告人实施打击报复的；

（四）企图自杀、逃跑，逃避侦查的；

（五）未经批准，擅自离开执行监视居住的处所，情节严重的，或者两次以上未经批准，擅自离开执行监视居住的处所的；

（六）未经批准，擅自会见他人或者通信，情节严重的，或者两次以上未经批准，擅自会见他人或者通信的；

（七）经传讯无正当理由不到案，情节严重的，或者经两次以上传讯不到案的。

第一百三十七条　需要提请批准逮捕犯罪嫌疑人的，应当经县级以上公安机关负责人批准，制作提请批准逮捕书，连同案卷材料、证据，一并移送同级人民检察院审查批准。

犯罪嫌疑人自愿认罪认罚的，应当记录在案，并在提请批准逮捕书中写明有关情况。

第一百三十八条　对于人民检察院不批准逮捕并通知补充侦查的，公安机关应当按照人民检察院的补充侦查提纲补充侦查。

公安机关补充侦查完毕，认为符合逮捕条件的，应当重新提请批准逮捕。

第一百三十九条　对于人民检察院不批准逮捕而未说明理由的，公安机关可以要求人民检察院说明理由。

第一百四十条　对于人民检察院决定不批准逮捕的，公安机关在收到不批准逮捕决定书后，如果犯罪嫌疑人已被拘留的，应当立即释放，发给释放证明书，并在执行完毕后三日以内将执行回执送达作出不批准逮捕决定的人民检察院。

第一百四十一条　对人民检察院不批准逮捕的决定，认为有错误需要复议的，应当在收到不批准逮捕决定书后五日以内制作要求复议意见书，报经县级以上公安机关负责人批准后，送交同级人民检察院复议。

如果意见不被接受，认为需要复核的，应当在收到人民检察院的复议决定书后五日以内制作提请复核意见书，报经县级以上公安机关负责人批准后，连同人民检察院的复议决定书，一并提请上一级人民检察院复核。

第一百四十二条　接到人民检察院批准逮捕决定书后，应当由县级以上公安机关负责人签发逮捕证，立即执行，并在执行完毕后三日以内将执行回执送达作出批准逮捕决定的人民检察院。如果未能执行，也应当将回执送达人民检察院，并写明未能执行的原因。

第一百四十三条　执行逮捕时，必须出示逮捕证，并责令被逮捕人在逮捕证上签名、捺指印，拒绝签名、捺指印的，侦查人员应当注明。逮捕后，应当立即将被逮捕人送看守所羁押。

执行逮捕的侦查人员不得少于二人。

第一百四十四条　对被逮捕的人，必须在逮捕后的二十四小时以内进行讯问。发现不应当逮捕的，经县级以上公安机关负责人批准，制作释放通知书，送看守所和原批准逮捕的人民检察院。看守所凭释放通知书立即释放被逮捕人，并发给释放证明书。

第一百四十五条 对犯罪嫌疑人执行逮捕后，除无法通知的情形以外，应当在逮捕后二十四小时以内，制作逮捕通知书，通知被逮捕人的家属。逮捕通知书应当写明逮捕原因和羁押处所。

本条规定的"无法通知"的情形适用本规定第一百一十三条第二款的规定。

无法通知的情形消除后，应当立即通知被逮捕人的家属。

对于没有在二十四小时以内通知家属的，应当在逮捕通知书中注明原因。

第一百四十六条 人民法院、人民检察院决定逮捕犯罪嫌疑人、被告人的，由县级以上公安机关凭人民法院、人民检察院决定逮捕的法律文书制作逮捕证并立即执行。必要时，可以请人民法院、人民检察院协助执行。执行逮捕后，应当及时通知决定机关。

公安机关未能抓获犯罪嫌疑人、被告人的，应当将执行情况和未能抓获的原因通知决定逮捕的人民检察院、人民法院。对于犯罪嫌疑人、被告人在逃的，在人民检察院、人民法院撤销逮捕决定之前，公安机关应当组织力量继续执行。

第一百四十七条 人民检察院在审查批准逮捕工作中发现公安机关的侦查活动存在违法情况，通知公安机关予以纠正的，公安机关应当调查核实，对于发现的违法情况应当及时纠正，并将纠正情况书面通知人民检察院。

第六节 羁 押

第一百四十八条 对犯罪嫌疑人逮捕后的侦查羁押期限不得超过二个月。案情复杂、期限届满不能侦查终结的案件，应当制作提请批准延长侦查羁押期限意见书，经县级以上公安机关负责人批准后，在期限届满七日前送请同级人民检察院转报上一级人民检察院批准延长一个月。

第一百四十九条 下列案件在本规定第一百四十八条规定的期限届满不能侦查终结的，应当制作提请批准延长侦查羁押期限意见书，经县级以上公安机关负责人批准，在期限届满七日前送请同级人民检察院层报省、自治区、直辖市人民检察院批准，延长二个月：

（一）交通十分不便的边远地区的重大复杂案件；

（二）重大的犯罪集团案件；

（三）流窜作案的重大复杂案件；

（四）犯罪涉及面广，取证困难的重大复杂案件。

第一百五十条 对犯罪嫌疑人可能判处十年有期徒刑以上刑罚，依照本规定第一百四十九条规定的延长期限届满，仍不能侦查终结的，应当制作提请批准延长侦查羁押期限意见书，经县级以上公安机关负责人批准，在期限届满七日前送请同级人民检察院层报省、自治区、直辖市人民检察院批准，再延长二个月。

第一百五十一条 在侦查期间，发现犯罪嫌疑人另有重要罪行的，应当自发现之日起五日以内报县级以上公安机关负责人批准后，重新计算侦查羁押期限，制作变更羁押期限通知书，送达看守所，并报批准逮捕的人民检察院备案。

前款规定的"另有重要罪行"，是指与逮捕时的罪行不同种的重大犯罪以及同种犯罪并将影响罪名认定、量刑档次的重大犯罪。

第一百五十二条 犯罪嫌疑人不讲真实姓名、住址，身份不明的，应当对其身份进行调查。经县级以上公安机关负责人批准，侦查羁押期限自查清其身份之日起计算，但不得停止对其犯罪行为的侦查取证。

对于犯罪事实清楚，证据确实、充分，确实无法查明其身份的，按其自报的姓名移送人民检察院审查起诉。

第一百五十三条 看守所应当凭公安机关签发的拘留证、逮捕证收押被拘留、逮捕的犯罪嫌疑人、被告人。犯罪嫌疑人、被告人被送至看守所羁押时，看守所应当在拘留证、逮捕证上注明犯罪嫌疑人、被告人到达看守所的时间。

查获被通缉、脱逃的犯罪嫌疑人以及执行追捕、押解任务需要临时寄押的，应当持通缉令或者其他有关法律文书并经寄押地县级以上公安机关负责人批准，送看守所寄押。

临时寄押的犯罪嫌疑人出所时，看守所应当出具羁押该犯罪嫌疑人的证明，载明该犯罪嫌疑人基本情况、羁押原因、入所和出所时间。

第一百五十四条 看守所收押犯罪嫌疑人、被告人和罪犯，应当进行健康和体表检查，并予以记录。

第一百五十五条 看守所收押犯罪嫌疑人、被告人和罪犯，应当对其人身和携带的物品进行安全检查。发现违禁物品、犯罪证据和可疑物品，应当制作笔录，由被羁押人签名、捺指印后，送办案机关处理。

对女性的人身检查，应当由女工作人员进行。

第七节 其他规定

第一百五十六条 继续盘问期间发现需要对犯罪嫌疑人拘留、逮捕、取保候审或者监视居住的，应当立即办理法律手续。

第一百五十七条 对犯罪嫌疑人执行拘传、拘留、逮捕、押解过程中，应当依法使用约束性警械。遇有暴力性对抗或者暴力犯罪行为，可以依法使用制服性警械或者武器。

第一百五十八条 公安机关发现对犯罪嫌疑人采取强制措施不当的，应当及时撤销或者变更。犯罪嫌疑人在押的，应当及时释放。公安机关释放被逮捕的人或者变更逮捕措施的，应当通知批准逮捕的人民检察院。

第一百五十九条 犯罪嫌疑人被逮捕后，人民检察院经审查认为不需要继续羁押，建议予以释放或者变更强制措施的，公安机关应当予以调查核实。认为不需要继续羁押的，应当予以释放或者变更强制措施；认为需要继续羁押的，应当说明理由。

公安机关应当在十日以内将处理情况通知人民检察院。

第一百六十条 犯罪嫌疑人及其法定代理人、近亲属或者辩护人有权申请变更强制措施。公安机关应当在收到申请后三日以内作出决定；不同意变更强制措施的，应当告知申请人，并说明理由。

第一百六十一条 公安机关对被采取强制措施法定期限届满的犯罪嫌疑人，应当予以释放，解除取保候审、监视居住或者依法变更强制措施。

犯罪嫌疑人及其法定代理人、近亲属或者辩护人对于公安机关采取强制措施法定期限届满的，有权要求公安机关解除强制措施。公安机关应当进行审查，对于情况属实的，应当立即解除或者变更强制措施。

对于犯罪嫌疑人、被告人羁押期限即将届满的，看守所应当立即通知办案机关。

第一百六十二条 取保候审变更为监视居住的，取保候审、监视居住变更为拘留、逮捕的，对原强制措施不再办理解除法律手续。

第一百六十三条 案件在取保候审、监视居住期间移送审查起诉后，人民检察院决定重新取保候审、监视居住或者变更强制措施的，对原强制措施不再办理解除法律手续。

第一百六十四条 公安机关依法对县级以上各级人民代表大会代表拘传、取保候审、监视居住、拘留或者提请批准逮捕的，应当书面报请该代表所属的人民代表大会主席团或者常务委员会许可。

第一百六十五条 公安机关对现行犯拘留的时候，发现其是县级以上人民代表大会代表的，应当立即向其所属的人民代表大会主席团或者常务委员会报告。

公安机关在依法执行拘传、取保候审、监视居住、拘留或者逮捕中，发现被执行人是县级以上人民代表大会代表的，应当暂缓执行，并报告决定或者批准机关。如果在执行后发现被执行人是县级以上人民代表大会代表的，应当立即解除，并报告决定或者批准机关。

第一百六十六条 公安机关依法对乡、民族乡、镇的人民代表大会代表拘传、取保候审、监视居住、拘留或者执行逮捕的，应当在执行后立即报告其所属的人民代表大会。

第一百六十七条 公安机关依法对政治协商委员会委员拘传、取保候审、监视居住的，应当将有关情况通报给该委员所属的政协组织。

第一百六十八条 公安机关依法对政治协商委员会委员执行拘留、逮捕前，应当向该委员所属的政协组织通报情况；情况紧急的，可在执行的同时或者执行以后及时通报。

第七章 立案、撤案

第一节 受 案

第一百六十九条 公安机关对于公民扭送、报案、控告、举报或者犯罪嫌疑人自动投案的，都应当立即接受，问明情况，并制作笔录，经核对无误后，由扭送人、报案人、控告人、举报人、投案人签名、捺指印。必要时，应当对接受过程录音录像。

第一百七十条 公安机关对扭送人、报案人、控告人、举报人、投案人提供的有关证据材料等应当登记，制作接受证据材料清单，由扭送人、报案人、控告人、举报人、投案人签名，并妥善保管。必要时，应当拍照或者录音录像。

第一百七十一条 公安机关接受案件时，应当制作受案登记表和受案回执，并将受案回执交扭送人、报案人、控告人、举报人。扭送人、报案人、控告人、举报人无法取得联系或者拒绝接受回执的，应当在回执中注明。

第一百七十二条 公安机关接受控告、举报的工作人员，应当向控告人、举报人说明诬告应负的法律责任。但是，只要不是捏造事实、伪造证据，即使控告、举报的事实有出入，甚至是错告的，也要和诬告严格加以区别。

第一百七十三条 公安机关应当保障扭送人、报案人、控告人、举报人及其近亲属的安全。

扭送人、报案人、控告人、举报人如果不愿意公开自己的身份，应当为其保守秘密，并在材料中注明。

第一百七十四条 对接受的案件，或者发现的犯罪线索，公安机关应当迅速进行审查。发现案件事实或者线索不明的，必要时，经办案部门负责人批准，可以进行调查核实。

调查核实过程中，公安机关可以依照有关法律和规定采取询问、查询、勘验、鉴定和调取证据材料等不限制被调查对象人身、财产权利的措施。但是，不得对被调查对象采取强制措施，不得查封、扣押、冻结被调查对象的财产，不得采取技术侦查措施。

第一百七十五条 经过审查，认为有犯罪事实，但不属于自己管辖的案件，应当立即报经县级以上公安机关负责人批准，制作移送案件通知书，在二十四小时以内移送有管辖权的机关处理，并告知扭送人、报案人、控告人、举报人。对于不属于自己管辖而又必须采取紧急措施的，应当先采取紧急措施，然后办理手续，移送主管机关。

对不属于公安机关职责范围的事项，在接报案时能够当场判断的，应当立即口头告知扭送人、报案人、控告人、举报人向其他主管机关报案。

对于重复报案、案件正在办理或者已经办结的，应当向扭送人、报案人、控告人、举报人作出解释，不再登记，但有新的事实或者证据的除外。

第一百七十六条 经过审查，对告诉才处理的案件，公安机关应当告知当事人向人民法院起诉。

对被害人有证据证明的轻微刑事案件，公安机关应当告知被害人可以向人民法院起诉；被害人要求公安机关处理的，公安机关应当依法受理。

人民法院审理自诉案件，依法调取公安机关已经收集的案件材料和有关证据的，公安机关应当及时移交。

第一百七十七条 经过审查，对于不够刑事处罚需要给予行政处理的，依法予以处理或者移送有关部门。

第二节 立 案

第一百七十八条 公安机关接受案件后，经审查，认为有犯罪事实需要追究刑事责任，且属于自己管辖的，经县级以上公安机关负责人批准，予以立案；认为没有犯罪事实，或者犯罪事实显著轻微不需要追究刑事责任，或者具有其他依法不追究刑事责任情形的，经县级以上公安机关负责人批准，不予立案。

对有控告人的案件，决定不予立案的，公安机关应当制作不予立案通知书，并在三日以内送达控告人。

决定不予立案后又发现新的事实或者证据，或者发现原认定事实错误，需要追究刑事责任的，应当及时立案处理。

第一百七十九条 控告人对不予立案决定不服的，可以在收到不予立案通知书后七日以内向作出决定的公安机关申请复议；公安机关应当在收到复议申请后三十日以内作出决定，并将决定书送达控告人。

控告人对不予立案的复议决定不服的，可以在收到复议决定书后七日以内向上一级公安机关申请复核；上一级公安机关应当在收到复核申请后三十日以内作出决定。对上级公安机关撤销不予立案决定的，下级公安机关应当执行。

案情重大、复杂的，公安机关可以延长复议、复核时限，但是延长时限不得超过三十日，并书面告知申请人。

第一百八十条 对行政执法机关移送的案件，公安机关应当自接受案件之日起三日以内进行审查，认为有犯罪事实，需要追究刑事责任，依法决定立案的，应当书面通知移送案件的行政执法机关；认为没有犯罪事实，或者犯罪事实显著轻微，不需要追究刑事责任，依法不予立案的，应当说明理由，并将不予立案通知书送达移送案件的行政执法机关，相应退回案件材料。

公安机关认为行政执法机关移送的案件材料不全的，应当在接受案件后二十四小时以内通知移送案件的行政执法机关在三日以内补正，但不得以材料不全为由不接受移送案件。

公安机关认为行政执法机关移送的案件不属于公安机关职责范围的，应当书面通知移送案件的行政执法机关向其他主管机关移送案件，并说明理由。

第一百八十一条 移送案件的行政执法机关对不予立案决定不服的，可以在收到不予立案通知书后三日以内向作出决定的公安机关申请复议；公安机关应当在收到行政执法机关的复议申请后三日以内作出决定，并书面通知移送案件的行政执法机关。

第一百八十二条 对人民检察院要求说明不立案理由的案件，公安机关应当在收到通知书后七日以内，对不立案的情况、依据和理由作出书面说明，回复人民检察院。公安机关作出立案决定的，应当将立案决定书复印件送达人民检察院。

人民检察院通知公安机关立案的，公安机关应当在收到通知书后十五日以内立案，并将立案决定书复印件送达人民检察院。

第一百八十三条 人民检察院认为公安机关不应当立案而立案，提出纠正意见的，公安机关应当进行调查核实，并将有关情况回复人民检察院。

第一百八十四条 经立案侦查，认为有犯罪事实需要追究刑事责任，但不属于自己管辖或者需要由其他公安机关并案侦查的案件，经县级以上公安机关负责人批准，制作移送案件通知书，移送有管辖权的机关或者并案侦查的公安机关，并在移送案件后三日以内书面通知扭送人、报案人、控告人、举报人或者移送案件的行政执法机关；犯罪嫌疑人已经到案的，应当依照本规定的有关规定通知其家属。

第一百八十五条 案件变更管辖或者移送其他公安机关并案侦查时，与案件有关的法律文书、证据、财物及其孳息等应当随案移交。

移交时,由接收人、移交人当面查点清楚,并在交接单据上共同签名。

第三节　撤　　案

第一百八十六条　经过侦查,发现具有下列情形之一的,应当撤销案件:

(一)没有犯罪事实的;

(二)情节显著轻微、危害不大,不认为是犯罪的;

(三)犯罪已过追诉时效期限的;

(四)经特赦令免除刑罚的;

(五)犯罪嫌疑人死亡的;

(六)其他依法不追究刑事责任的。

对于经过侦查,发现有犯罪事实需要追究刑事责任,但不是被立案侦查的犯罪嫌疑人实施的,或者共同犯罪案件中部分犯罪嫌疑人不够刑事处罚的,应当对有关犯罪嫌疑人终止侦查,并对该案件继续侦查。

第一百八十七条　需要撤销案件或者对犯罪嫌疑人终止侦查的,办案部门应当制作撤销案件或者终止侦查报告书,报县级以上公安机关负责人批准。

公安机关决定撤销案件或者对犯罪嫌疑人终止侦查时,原犯罪嫌疑人在押的,应当立即释放,发给释放证明书。原犯罪嫌疑人被逮捕的,应当通知原批准逮捕的人民检察院。对原犯罪嫌疑人采取其他强制措施的,应当立即解除强制措施;需要行政处理的,依法予以处理或者移交有关部门。

对查封、扣押的财物及其孳息、文件,或者冻结的财产,除按照法律和有关规定另行处理的以外,应当解除查封、扣押、冻结,并及时返还或者通知当事人。

第一百八十八条　犯罪嫌疑人自愿如实供述涉嫌犯罪的事实,有重大立功或者案件涉及国家重大利益,需要撤销案件的,应当层报公安部,由公安部商请最高人民检察院核准后撤销案件。报请撤销案件的公安机关应当同时将相关情况通报同级人民检察院。

公安机关根据前款规定撤销案件的,应当对查封、扣押、冻结的财物及其孳息作出处理。

第一百八十九条　公安机关作出撤销案件决定后,应当在三日以内告知原犯罪嫌疑人、被害人或者其近亲属、法定代理人以及案件移送机关。

公安机关作出终止侦查决定后,应当在三日以内告知原犯罪嫌疑人。

第一百九十条　公安机关撤销案件以后又发现新的事实或者证据,或者发现原认定事实错误,认为有犯罪事实需要追究刑事责任的,应当重新立案侦查。

对犯罪嫌疑人终止侦查后又发现新的事实或者证据，或者发现原认定事实错误，需要对其追究刑事责任的，应当继续侦查。

第八章 侦 查

第一节 一般规定

第一百九十一条 公安机关对已经立案的刑事案件，应当及时进行侦查，全面、客观地收集、调取犯罪嫌疑人有罪或者无罪、罪轻或者罪重的证据材料。

第一百九十二条 公安机关经过侦查，对有证据证明有犯罪事实的案件，应当进行预审，对收集、调取的证据材料的真实性、合法性、关联性及证明力予以审查、核实。

第一百九十三条 公安机关侦查犯罪，应当严格依照法律规定的条件和程序采取强制措施和侦查措施，严禁在没有证据的情况下，仅凭怀疑就对犯罪嫌疑人采取强制措施和侦查措施。

第一百九十四条 公安机关开展勘验、检查、搜查、辨认、查封、扣押等侦查活动，应当邀请有关公民作为见证人。

下列人员不得担任侦查活动的见证人：

（一）生理上、精神上有缺陷或者年幼，不具有相应辨别能力或者不能正确表达的人；

（二）与案件有利害关系，可能影响案件公正处理的人；

（三）公安机关的工作人员或者其聘用的人员。

确因客观原因无法由符合条件的人员担任见证人的，应当对有关侦查活动进行全程录音录像，并在笔录中注明有关情况。

第一百九十五条 公安机关侦查犯罪，涉及国家秘密、商业秘密、个人隐私的，应当保密。

第一百九十六条 当事人和辩护人、诉讼代理人、利害关系人对于公安机关及其侦查人员有下列行为之一的，有权向该机关申诉或者控告：

（一）采取强制措施法定期限届满，不予以释放、解除或者变更的；

（二）应当退还取保候审保证金不退还的；

（三）对与案件无关的财物采取查封、扣押、冻结措施的；

（四）应当解除查封、扣押、冻结不解除的；

（五）贪污、挪用、私分、调换、违反规定使用查封、扣押、冻结的财物的。

受理申诉或者控告的公安机关应当及时进行调查核实，并在收到申诉、控告之日起三十日以内作出处理决定，书面回复申诉人、控告人。发现公安机关及其侦查人员有上述行为之一的，应当立即纠正。

第一百九十七条 上级公安机关发现下级公安机关存在本规定第一百九十六条第一款规定的违法行为或者对申诉、控告事项不按照规定处理的，应当责令下级公安机关限期纠正，下级公安机关应当立即执行。必要时，上级公安机关可以就申诉、控告事项直接作出处理决定。

第二节 讯问犯罪嫌疑人

第一百九十八条 讯问犯罪嫌疑人，除下列情形以外，应当在公安机关执法办案场所的讯问室进行：

（一）紧急情况下在现场进行讯问的；

（二）对有严重伤病或者残疾、行动不便的，以及正在怀孕的犯罪嫌疑人，在其住处或者就诊的医疗机构进行讯问的。

对于已送交看守所羁押的犯罪嫌疑人，应当在看守所讯问室进行讯问。

对于正在被执行行政拘留、强制隔离戒毒的人员以及正在监狱服刑的罪犯，可以在其执行场所进行讯问。

对于不需要拘留、逮捕的犯罪嫌疑人，经办案部门负责人批准，可以传唤到犯罪嫌疑人所在市、县公安机关执法办案场所或者到他的住处进行讯问。

第一百九十九条 传唤犯罪嫌疑人时，应当出示传唤证和侦查人员的人民警察证，并责令其在传唤证上签名、捺指印。

犯罪嫌疑人到案后，应当由其在传唤证上填写到案时间。传唤结束时，应当由其在传唤证上填写传唤结束时间。犯罪嫌疑人拒绝填写的，侦查人员应当在传唤证上注明。

对在现场发现的犯罪嫌疑人，侦查人员经出示人民警察证，可以口头传唤，并将传唤的原因和依据告知被传唤人。在讯问笔录中应当注明犯罪嫌疑人到案方式，并由犯罪嫌疑人注明到案时间和传唤结束时间。

对自动投案或者群众扭送到公安机关的犯罪嫌疑人，可以依法传唤。

第二百条 传唤持续的时间不得超过十二小时。案情特别重大、复杂，需要采取拘留、逮捕措施的，经办案部门负责人批准，传唤持续的时间不得超过二十四小时。不得以连续传唤的形式变相拘禁犯罪嫌疑人。

传唤期限届满，未作出采取其他强制措施决定的，应当立即结束传唤。

第二百零一条 传唤、拘传、讯问犯罪嫌疑人，应当保证犯罪嫌疑人的饮食和必要的休息时间，并记录在案。

第二百零二条 讯问犯罪嫌疑人，必须由侦查人员进行。讯问的时候，侦查人员不得少于二人。

讯问同案的犯罪嫌疑人，应当个别进行。

第二百零三条 侦查人员讯问犯罪嫌疑人时，应当首先讯问犯罪嫌疑人是否有犯罪行为，并告知犯罪嫌疑人享有的诉讼权利，如实供述自己罪行可以从宽处理以及认罪认罚的法律规定，让他陈述有罪的情节或者无罪的辩解，然后向他提出问题。

犯罪嫌疑人对侦查人员的提问，应当如实回答。但是对与本案无关的问题，有拒绝回答的权利。

第一次讯问，应当问明犯罪嫌疑人的姓名、别名、曾用名、出生年月日、户籍所在地、现住地、籍贯、出生地、民族、职业、文化程度、政治面貌、工作单位、家庭情况、社会经历，是否属于人大代表、政协委员，是否受过刑事处罚或者行政处理等情况。

第二百零四条 讯问聋、哑的犯罪嫌疑人，应当有通晓聋、哑手势的人参加，并在讯问笔录上注明犯罪嫌疑人的聋、哑情况，以及翻译人员的姓名、工作单位和职业。

讯问不通晓当地语言文字的犯罪嫌疑人，应当配备翻译人员。

第二百零五条 侦查人员应当将问话和犯罪嫌疑人的供述或者辩解如实地记录清楚。制作讯问笔录应当使用能够长期保持字迹的材料。

第二百零六条 讯问笔录应当交犯罪嫌疑人核对；对于没有阅读能力的，应当向他宣读。如果记录有遗漏或者差错，应当允许犯罪嫌疑人补充或者更正，并捺指印。笔录经犯罪嫌疑人核对无误后，应当由其在笔录上逐页签名、捺指印，并在末页写明“以上笔录我看过（或向我宣读过），和我说的相符”。拒绝签名、捺指印的，侦查人员应当在笔录上注明。

讯问笔录上所列项目，应当按照规定填写齐全。侦查人员、翻译人员应当在讯问笔录上签名。

第二百零七条 犯罪嫌疑人请求自行书写供述的，应当准许；必要时，侦查人员也可以要求犯罪嫌疑人亲笔书写供词。犯罪嫌疑人应当在亲笔供词上逐页签名、捺指印。侦查人员收到后，应当在首页右上方写明“于某年某月某日收到”，并签名。

第二百零八条 讯问犯罪嫌疑人，在文字记录的同时，可以对讯问过程进行录音录像。对于可能判处无期徒刑、死刑的案件或者其他重大犯罪案件，应当对讯问过程进行录音录像。

前款规定的“可能判处无期徒刑、死刑的案件”，是指应当适用的法定刑或者量刑档次包含无期徒刑、死刑的案件。“其他重大犯罪案件”，是指致人重伤、死亡的严重危害公共安全犯罪、严重侵犯公民人身权利犯罪，以及黑社会性质组织犯罪、严重毒品犯罪等重大故意犯罪案件。

对讯问过程录音录像的，应当对每一次讯问全程不间断进行，保持完整性。不得选择性地录制，不得剪接、删改。

第二百零九条 对犯罪嫌疑人供述的犯罪事实、无罪或者罪轻的事实、申辩和反证，以及犯罪嫌疑人提供的证明自己无罪、罪轻的证据，公安机关应当认真核查；对有关证据，无论是否采信，都应当如实记录、妥善保管，并连同核查情况附卷。

第三节 询问证人、被害人

第二百一十条 询问证人、被害人，可以在现场进行，也可以到证人、被害人所在单位、住处或者证人、被害人提出的地点进行。在必要的时候，可以书面、电话或者当场通知证人、被害人到公安机关提供证言。

询问证人、被害人应当个别进行。

在现场询问证人、被害人，侦查人员应当出示人民警察证。到证人、被害人所在单位、住处或者证人、被害人提出的地点询问证人、被害人，应当经办案部门负责人批准，制作询问通知书。询问前，侦查人员应当出示询问通知书和人民警察证。

第二百一十一条 询问前，应当了解证人、被害人的身份，证人、被害人、犯罪嫌疑人之间的关系。询问时，应当告知证人、被害人必须如实地提供证据、证言和有意作伪证或者隐匿罪证应负的法律责任。

侦查人员不得向证人、被害人泄露案情或者表示对案件的看法，严禁采用暴力、威胁等非法方法询问证人、被害人。

第二百一十二条 本规定第二百零六条、第二百零七条的规定，也适用于询问证人、被害人。

第四节 勘验、检查

第二百一十三条 侦查人员对于与犯罪有关的场所、物品、人身、尸体应当进行勘验或者检查，及时提取、采集与案件有关的痕迹、物证、生物样本等。在必要的时候，可以指派或者聘请具有专门知识的人，在侦查人员的主持下进行勘验、检查。

第二百一十四条 发案地派出所、巡警等部门应当妥善保护犯罪现场和证据，控制犯罪嫌疑人，并立即报告公安机关主管部门。

执行勘查的侦查人员接到通知后，应当立即赶赴现场；勘查现场，应当持有刑事犯罪现场勘查证。

第二百一十五条 公安机关对案件现场进行勘查，侦查人员不得少于二人。

第二百一十六条 勘查现场，应当拍摄现场照片、绘制现场图，制作笔录，由参加勘查的人和见证人签名。对重大案件的现场勘查，应当录音录像。

第二百一十七条 为了确定被害人、犯罪嫌疑人的某些特征、伤害情况或者生理状态，可以对人身进行检查，依法提取、采集肖像、指纹等人体生物识别信息，采集血液、尿液等生物样本。被害人死亡的，应当通过被害人近亲属辨认、提取生物样本鉴定等方式确定被害人身份。

犯罪嫌疑人拒绝检查、提取、采集的，侦查人员认为必要的时候，经办案部门负责人批准，可以强制检查、提取、采集。

检查妇女的身体，应当由女工作人员或者医师进行。

检查的情况应当制作笔录，由参加检查的侦查人员、检查人员、被检查人员和见证人签名。被检查人员拒绝签名的，侦查人员应当在笔录中注明。

第二百一十八条 为了确定死因，经县级以上公安机关负责人批准，可以解剖尸体，并且通知死者家属到场，让其在解剖尸体通知书上签名。

死者家属无正当理由拒不到场或者拒绝签名的，侦查人员应当在解剖尸体通知书上注明。对身份不明的尸体，无法通知死者家属的，应当在笔录中注明。

第二百一十九条 对已查明死因，没有继续保存必要的尸体，应当通知家属领回处理，对于无法通知或者通知后家属拒绝领回的，经县级以上公安机关负责人批准，可以及时处理。

第二百二十条 公安机关进行勘验、检查后，人民检察院要求复验、复查的，公安机关应当进行复验、复查，并可以通知人民检察院派员参加。

第二百二十一条 为了查明案情，在必要的时候，经县级以上公安机关负责人批准，可以进行侦查实验。

进行侦查实验，应当全程录音录像，并制作侦查实验笔录，由参加实验的人签名。

进行侦查实验，禁止一切足以造成危险、侮辱人格或者有伤风化的行为。

第五节 搜　查

第二百二十二条 为了收集犯罪证据、查获犯罪人，经县级以上公安机关负责人批准，侦查人员可以对犯罪嫌疑人以及可能隐藏罪犯或者犯罪证据的人的身体、物品、住处和其他有关的地方进行搜查。

第二百二十三条 进行搜查，必须向被搜查人出示搜查证，执行搜查的侦查人员不得少于二人。

第二百二十四条 执行拘留、逮捕的时候,遇有下列紧急情况之一的,不用搜查证也可以进行搜查:

(一)可能随身携带凶器的;

(二)可能隐藏爆炸、剧毒等危险物品的;

(三)可能隐匿、毁弃、转移犯罪证据的;

(四)可能隐匿其他犯罪嫌疑人的;

(五)其他突然发生的紧急情况。

第二百二十五条 进行搜查时,应当有被搜查人或者他的家属、邻居或者其他见证人在场。

公安机关可以要求有关单位和个人交出可以证明犯罪嫌疑人有罪或者无罪的物证、书证、视听资料等证据。遇到阻碍搜查的,侦查人员可以强制搜查。

搜查妇女的身体,应当由女工作人员进行。

第二百二十六条 搜查的情况应当制作笔录,由侦查人员和被搜查人或者他的家属,邻居或者其他见证人签名。

如果被搜查人拒绝签名,或者被搜查人在逃,他的家属拒绝签名或者不在场的,侦查人员应当在笔录中注明。

第六节 查封、扣押

第二百二十七条 在侦查活动中发现的可用以证明犯罪嫌疑人有罪或者无罪的各种财物、文件,应当查封、扣押;但与案件无关的财物、文件,不得查封、扣押。

持有人拒绝交出应当查封、扣押的财物、文件的,公安机关可以强制查封、扣押。

第二百二十八条 在侦查过程中需要扣押财物、文件的,应当经办案部门负责人批准,制作扣押决定书;在现场勘查或者搜查中需要扣押财物、文件的,由现场指挥人员决定;但扣押财物、文件价值较高或者可能严重影响正常生产经营的,应当经县级以上公安机关负责人批准,制作扣押决定书。

在侦查过程中需要查封土地、房屋等不动产,或者船舶、航空器以及其他不宜移动的大型机器、设备等特定动产的,应当经县级以上公安机关负责人批准并制作查封决定书。

第二百二十九条 执行查封、扣押的侦查人员不得少于二人,并出示本规定第二百二十八条规定的有关法律文书。

查封、扣押的情况应当制作笔录,由侦查人员、持有人和见证人签名。对于无法确定持有人或者持有人拒绝签名的，侦查人员应当在笔录中注明。

第二百三十条 对查封、扣押的财物和文件，应当会同在场见证人和被查封、扣押财物、文件的持有人查点清楚，当场开列查封、扣押清单一式三份，写明财物或者文件的名称、编号、数量、特征及其来源等，由侦查人员、持有人和见证人签名，一份交给持有人，一份交给公安机关保管人员，一份附卷备查。

对于财物、文件的持有人无法确定，以及持有人不在现场或者拒绝签名的，侦查人员应当在清单中注明。

依法扣押文物、贵金属、珠宝、字画等贵重财物的，应当拍照或者录音录像，并及时鉴定、估价。

执行查封、扣押时，应当为犯罪嫌疑人及其所扶养的亲属保留必需的生活费用和物品。能够保证侦查活动正常进行的，可以允许有关当事人继续合理使用有关涉案财物，但应当采取必要的保值、保管措施。

第二百三十一条 对作为犯罪证据但不便提取或者没有必要提取的财物、文件，经登记、拍照或者录音录像、估价后，可以交财物、文件持有人保管或者封存，并且开具登记保存清单一式两份，由侦查人员、持有人和见证人签名，一份交给财物、文件持有人，另一份连同照片或者录音录像资料附卷备查。财物、文件持有人应当妥善保管，不得转移、变卖、毁损。

第二百三十二条 扣押犯罪嫌疑人的邮件、电子邮件、电报，应当经县级以上公安机关负责人批准，制作扣押邮件、电报通知书，通知邮电部门或者网络服务单位检交扣押。

不需要继续扣押的时候，应当经县级以上公安机关负责人批准，制作解除扣押邮件、电报通知书，立即通知邮电部门或者网络服务单位。

第二百三十三条 对查封、扣押的财物、文件、邮件、电子邮件、电报，经查明确实与案件无关的，应当在三日以内解除查封、扣押，退还原主或者原邮电部门、网络服务单位；原主不明确的，应当采取公告方式告知原主认领。在通知原主或者公告后六个月以内，无人认领的，按照无主财物处理，登记后上缴国库。

第二百三十四条 有关犯罪事实查证属实后，对于有证据证明权属明确且无争议的被害人合法财产及其孳息，且返还不损害其他被害人或者利害关系人的利益，不影响案件正常办理的，应当在登记、拍照或者录音录像和估价后，报经县级以上公安机关负责人批准，开具发还清单返还，并在案卷材料中注明返还的理由，将原物照片、发还清单和被害人的领取手续存卷备查。

领取人应当是涉案财物的合法权利人或者其委托的人；委托他人领取的，应当出具委托书。侦查人员或者公安机关其他工作人员不得代为领取。

查找不到被害人，或者通知被害人后，无人领取的，应当将有关财产及其孳息随案移送。

第二百三十五条 对查封、扣押的财物及其孳息、文件，公安机关应当妥善保管，以供核查。任何单位和个人不得违规使用、调换、损毁或者自行处理。

县级以上公安机关应当指定一个内设部门作为涉案财物管理部门，负责对涉案财物实行统一管理，并设立或者指定专门保管场所，对涉案财物进行集中保管。

对价值较低、易于保管，或者需要作为证据继续使用，以及需要先行返还被害人的涉案财物，可以由办案部门设置专门的场所进行保管。办案部门应当指定不承担办案工作的民警负责本部门涉案财物的接收、保管、移交等管理工作；严禁由侦查人员自行保管涉案财物。

第二百三十六条 在侦查期间，对于易损毁、灭失、腐烂、变质而不宜长期保存，或者难以保管的物品，经县级以上公安机关主要负责人批准，可以在拍照或者录音录像后委托有关部门变卖、拍卖，变卖、拍卖的价款暂予保存，待诉讼终结后一并处理。

对于违禁品，应当依照国家有关规定处理；需要作为证据使用的，应当在诉讼终结后处理。

第七节 查询、冻结

第二百三十七条 公安机关根据侦查犯罪的需要，可以依照规定查询、冻结犯罪嫌疑人的存款、汇款、证券交易结算资金、期货保证金等资金，债券、股票、基金份额和其他证券，以及股权、保单权益和其他投资权益等财产，并可以要求有关单位和个人配合。

对于前款规定的财产，不得划转、转账或者以其他方式变相扣押。

第二百三十八条 向金融机构等单位查询犯罪嫌疑人的存款、汇款、证券交易结算资金、期货保证金等资金，债券、股票、基金份额和其他证券，以及股权、保单权益和其他投资权益等财产，应当经县级以上公安机关负责人批准，制作协助查询财产通知书，通知金融机构等单位协助办理。

第二百三十九条 需要冻结犯罪嫌疑人财产的，应当经县级以上公安机关负责人批准，制作协助冻结财产通知书，明确冻结财产的账户名称、账户号码、冻结数额、冻结期限、冻结范围以及是否及于孳息等事项，通知金融机构等单位协助办理。

冻结股权、保单权益的，应当经设区的市一级以上公安机关负责人批准。

冻结上市公司股权的，应当经省级以上公安机关负责人批准。

第二百四十条 需要延长冻结期限的，应当按照原批准权限和程序，在冻结期限届满前办理继续冻结手续。逾期不办理继续冻结手续的，视为自动解除冻结。

第二百四十一条 不需要继续冻结犯罪嫌疑人财产时，应当经原批准冻结的公安机关负责人批准，制作协助解除冻结财产通知书，通知金融机构等单位协助办理。

第二百四十二条 犯罪嫌疑人的财产已被冻结的，不得重复冻结，但可以轮候冻结。

第二百四十三条 冻结存款、汇款、证券交易结算资金、期货保证金等财产的期限为六个月。每次续冻期限最长不得超过六个月。

对于重大、复杂案件，经设区的市一级以上公安机关负责人批准，冻结存款、汇款、证券交易结算资金、期货保证金等财产的期限可以为一年。每次续冻期限最长不得超过一年。

第二百四十四条 冻结债券、股票、基金份额等证券的期限为二年。每次续冻期限最长不得超过二年。

第二百四十五条 冻结股权、保单权益或者投资权益的期限为六个月。每次续冻期限最长不得超过六个月。

第二百四十六条 对冻结的债券、股票、基金份额等财产，应当告知当事人或者其法定代理人、委托代理人有权申请出售。

权利人书面申请出售被冻结的债券、股票、基金份额等财产，不损害国家利益、被害人、其他权利人利益，不影响诉讼正常进行的，以及冻结的汇票、本票、支票的有效期即将届满的，经县级以上公安机关负责人批准，可以依法出售或者变现，所得价款应当继续冻结在其对应的银行账户中；没有对应的银行账户的，所得价款由公安机关在银行指定专门账户保管，并及时告知当事人或者其近亲属。

第二百四十七条 对冻结的财产，经查明确实与案件无关的，应当在三日以内通知金融机构等单位解除冻结，并通知被冻结财产的所有人。

第八节 鉴　定

第二百四十八条 为了查明案情，解决案件中某些专门性问题，应当指派、聘请有专门知识的人进行鉴定。

需要聘请有专门知识的人进行鉴定，应当经县级以上公安机关负责人批准后，制作鉴定聘请书。

第二百四十九条 公安机关应当为鉴定人进行鉴定提供必要的条件，及时向鉴定人送交有关检材和对比样本等原始材料，介绍与鉴定有关的情况，并且明确提出要求鉴定解决的问题。

禁止暗示或者强迫鉴定人作出某种鉴定意见。

第二百五十条 侦查人员应当做好检材的保管和送检工作，并注明检材送检环节的责任人，确保检材在流转环节中的同一性和不被污染。

第二百五十一条 鉴定人应当按照鉴定规则，运用科学方法独立进行鉴定。鉴定后，应当出具鉴定意见，并在鉴定意见书上签名，同时附上鉴定机构和鉴定人的资质证明或者其他证明文件。

多人参加鉴定，鉴定人有不同意见的，应当注明。

第二百五十二条 对鉴定意见，侦查人员应当进行审查。

对经审查作为证据使用的鉴定意见，公安机关应当及时告知犯罪嫌疑人、被害人或者其法定代理人。

第二百五十三条 犯罪嫌疑人、被害人对鉴定意见有异议提出申请，以及办案部门或者侦查人员对鉴定意见有疑义的，可以将鉴定意见送交其他有专门知识的人员提出意见。必要时，询问鉴定人并制作笔录附卷。

第二百五十四条 经审查，发现有下列情形之一的，经县级以上公安机关负责人批准，应当补充鉴定：

（一）鉴定内容有明显遗漏的；

（二）发现新的有鉴定意义的证物的；

（三）对鉴定证物有新的鉴定要求的；

（四）鉴定意见不完整，委托事项无法确定的；

（五）其他需要补充鉴定的情形。

经审查，不符合上述情形的，经县级以上公安机关负责人批准，作出不准予补充鉴定的决定，并在作出决定后三日以内书面通知申请人。

第二百五十五条 经审查，发现有下列情形之一的，经县级以上公安机关负责人批准，应当重新鉴定：

（一）鉴定程序违法或者违反相关专业技术要求的；

（二）鉴定机构、鉴定人不具备鉴定资质和条件的；

（三）鉴定人故意作虚假鉴定或者违反回避规定的；

（四）鉴定意见依据明显不足的；

（五）检材虚假或者被损坏的；

（六）其他应当重新鉴定的情形。

重新鉴定，应当另行指派或者聘请鉴定人。

经审查，不符合上述情形的，经县级以上公安机关负责人批准，作出不准予重新鉴定的决定,并在作出决定后三日以内书面通知申请人。

第二百五十六条 公诉人、当事人或者辩护人、诉讼代理人对鉴定意见有异议,经人民法院依法通知的,公安机关鉴定人应当出庭作证。

鉴定人故意作虚假鉴定的,应当依法追究其法律责任。

第二百五十七条 对犯罪嫌疑人作精神病鉴定的时间不计入办案期限,其他鉴定时间都应当计入办案期限。

第九节 辨 认

第二百五十八条 为了查明案情,在必要的时候,侦查人员可以让被害人、证人或者犯罪嫌疑人对与犯罪有关的物品、文件、尸体、场所或者犯罪嫌疑人进行辨认。

第二百五十九条 辨认应当在侦查人员的主持下进行。主持辨认的侦查人员不得少于二人。

几名辨认人对同一辨认对象进行辨认时,应当由辨认人个别进行。

第二百六十条 辨认时,应当将辨认对象混杂在特征相类似的其他对象中,不得在辨认前向辨认人展示辨认对象及其影像资料,不得给辨认人任何暗示。

辨认犯罪嫌疑人时,被辨认的人数不得少于七人;对犯罪嫌疑人照片进行辨认的,不得少于十人的照片。

辨认物品时,混杂的同类物品不得少于五件;对物品的照片进行辨认的,不得少于十个物品的照片。

对场所、尸体等特定辨认对象进行辨认,或者辨认人能够准确描述物品独有特征的,陪衬物不受数量的限制。

第二百六十一条 对犯罪嫌疑人的辨认,辨认人不愿意公开进行时,可以在不暴露辨认人的情况下进行,并应当为其保守秘密。

第二百六十二条 对辨认经过和结果,应当制作辨认笔录,由侦查人员、辨认人、见证人签名。必要时,应当对辨认过程进行录音录像。

第十节 技 术 侦 查

第二百六十三条 公安机关在立案后,根据侦查犯罪的需要,可以对下列严重危害社会的犯罪案件采取技术侦查措施:

(一)危害国家安全犯罪、恐怖活动犯罪、黑社会性质的组织犯罪、重大毒品犯罪案件;

(二)故意杀人、故意伤害致人重伤或者死亡、强奸、抢劫、绑架、放火、爆

炸、投放危险物质等严重暴力犯罪案件;

(三)集团性、系列性、跨区域性重大犯罪案件;

(四)利用电信、计算机网络、寄递渠道等实施的重大犯罪案件,以及针对计算机网络实施的重大犯罪案件;

(五)其他严重危害社会的犯罪案件,依法可能判处七年以上有期徒刑的。

公安机关追捕被通缉或者批准、决定逮捕的在逃的犯罪嫌疑人、被告人,可以采取追捕所必需的技术侦查措施。

第二百六十四条 技术侦查措施是指由设区的市一级以上公安机关负责技术侦查的部门实施的记录监控、行踪监控、通信监控、场所监控等措施。

技术侦查措施的适用对象是犯罪嫌疑人、被告人以及与犯罪活动直接关联的人员。

第二百六十五条 需要采取技术侦查措施的,应当制作呈请采取技术侦查措施报告书,报设区的市一级以上公安机关负责人批准,制作采取技术侦查措施决定书。

人民检察院等部门决定采取技术侦查措施,交公安机关执行的,由设区的市一级以上公安机关按照规定办理相关手续后,交负责技术侦查的部门执行,并将执行情况通知人民检察院等部门。

第二百六十六条 批准采取技术侦查措施的决定自签发之日起三个月以内有效。

在有效期限内,对不需要继续采取技术侦查措施的,办案部门应当立即书面通知负责技术侦查的部门解除技术侦查措施;负责技术侦查的部门认为需要解除技术侦查措施的,报批准机关负责人批准,制作解除技术侦查措施决定书,并及时通知办案部门。

对复杂、疑难案件,采取技术侦查措施的有效期限届满仍需要继续采取技术侦查措施的,经负责技术侦查的部门审核后,报批准机关负责人批准,制作延长技术侦查措施期限决定书。批准延长期限,每次不得超过三个月。

有效期限届满,负责技术侦查的部门应当立即解除技术侦查措施。

第二百六十七条 采取技术侦查措施,必须严格按照批准的措施种类、适用对象和期限执行。

在有效期限内,需要变更技术侦查措施种类或者适用对象的,应当按照本规定第二百六十五条规定重新办理批准手续。

第二百六十八条 采取技术侦查措施收集的材料在刑事诉讼中可以作为证据使用。使用技术侦查措施收集的材料作为证据时,可能危及有关人员的人身安全,或者可能产生其他严重后果的,应当采取不暴露有关人员身份和使用的技术设备、侦查方法等保护措施。

采取技术侦查措施收集的材料作为证据使用的，采取技术侦查措施决定书应当附卷。

第二百六十九条 采取技术侦查措施收集的材料，应当严格依照有关规定存放，只能用于对犯罪的侦查、起诉和审判，不得用于其他用途。

采取技术侦查措施收集的与案件无关的材料，必须及时销毁，并制作销毁记录。

第二百七十条 侦查人员对采取技术侦查措施过程中知悉的国家秘密、商业秘密和个人隐私，应当保密。

公安机关依法采取技术侦查措施，有关单位和个人应当配合，并对有关情况予以保密。

第二百七十一条 为了查明案情，在必要的时候，经县级以上公安机关负责人决定，可以由侦查人员或者公安机关指定的其他人员隐匿身份实施侦查。

隐匿身份实施侦查时，不得使用促使他人产生犯罪意图的方法诱使他人犯罪，不得采用可能危害公共安全或者发生重大人身危险的方法。

第二百七十二条 对涉及给付毒品等违禁品或者财物的犯罪活动，为查明参与该项犯罪的人员和犯罪事实，根据侦查需要，经县级以上公安机关负责人决定，可以实施控制下交付。

第二百七十三条 公安机关依照本节规定实施隐匿身份侦查和控制下交付收集的材料在刑事诉讼中可以作为证据使用。

使用隐匿身份侦查和控制下交付收集的材料作为证据时，可能危及隐匿身份人员的人身安全，或者可能产生其他严重后果的，应当采取不暴露有关人员身份等保护措施。

第十一节 通 缉

第二百七十四条 应当逮捕的犯罪嫌疑人在逃的，经县级以上公安机关负责人批准，可以发布通缉令，采取有效措施，追捕归案。

县级以上公安机关在自己管辖的地区内，可以直接发布通缉令；超出自己管辖的地区，应当报请有权决定的上级公安机关发布。

通缉令的发送范围，由签发通缉令的公安机关负责人决定。

第二百七十五条 通缉令中应当尽可能写明被通缉人的姓名、别名、曾用名、绰号、性别、年龄、民族、籍贯、出生地、户籍所在地、居住地、职业、身份证号码、衣着和体貌特征、口音、行为习惯，并附被通缉人近期照片，可以附指纹及其他物证的照片。除了必须保密的事项以外，应当写明发案的时间、地点和简要案情。

第二百七十六条 通缉令发出后，如果发现新的重要情况可以补发通报。通报必须注明原通缉令的编号和日期。

第二百七十七条 公安机关接到通缉令后，应当及时布置查缉。抓获犯罪嫌疑人后，报经县级以上公安机关负责人批准，凭通缉令或者相关法律文书羁押，并通知通缉令发布机关进行核实，办理交接手续。

第二百七十八条 需要对犯罪嫌疑人在口岸采取边控措施的，应当按照有关规定制作边控对象通知书，并附有关法律文书，经县级以上公安机关负责人审核后，层报省级公安机关批准，办理全国范围内的边控措施。需要限制犯罪嫌疑人人身自由的，应当附有关限制人身自由的法律文书。

紧急情况下，需要采取边控措施的，县级以上公安机关可以出具公函，先向有关口岸所在地出入境边防检查机关交控，但应当在七日以内按照规定程序办理全国范围内的边控措施。

第二百七十九条 为发现重大犯罪线索，追缴涉案财物、证据，查获犯罪嫌疑人，必要时，经县级以上公安机关负责人批准，可以发布悬赏通告。

悬赏通告应当写明悬赏对象的基本情况和赏金的具体数额。

第二百八十条 通缉令、悬赏通告应当广泛张贴，并可以通过广播、电视、报刊、计算机网络等方式发布。

第二百八十一条 经核实，犯罪嫌疑人已经自动投案、被击毙或者被抓获，以及发现有其他不需要采取通缉、边控、悬赏通告的情形的，发布机关应当在原通缉、通知、通告范围内，撤销通缉令、边控通知、悬赏通告。

第二百八十二条 通缉越狱逃跑的犯罪嫌疑人、被告人或者罪犯，适用本节的有关规定。

第十二节 侦查终结

第二百八十三条 侦查终结的案件，应当同时符合以下条件：

（一）案件事实清楚；

（二）证据确实、充分；

（三）犯罪性质和罪名认定正确；

（四）法律手续完备；

（五）依法应当追究刑事责任。

第二百八十四条 对侦查终结的案件，公安机关应当全面审查证明证据收集合法性的证据材料，依法排除非法证据。排除非法证据后证据不足的，不得移送审查起诉。

公安机关发现侦查人员非法取证的，应当依法作出处理，并可另行指派侦查人员重新调查取证。

第二百八十五条 侦查终结的案件，侦查人员应当制作结案报告。

结案报告应当包括以下内容：

（一）犯罪嫌疑人的基本情况；

（二）是否采取了强制措施及其理由；

（三）案件的事实和证据；

（四）法律依据和处理意见。

第二百八十六条 侦查终结案件的处理，由县级以上公安机关负责人批准；重大、复杂、疑难的案件应当经过集体讨论。

第二百八十七条 侦查终结后，应当将全部案卷材料按照要求装订立卷。

向人民检察院移送案件时，只移送诉讼卷，侦查卷由公安机关存档备查。

第二百八十八条 对查封、扣押的犯罪嫌疑人的财物及其孳息、文件或者冻结的财产，作为证据使用的，应当随案移送，并制作随案移送清单一式两份，一份留存，一份交人民检察院。制作清单时，应当根据已经查明的案情，写明对涉案财物的处理建议。

对于实物不宜移送的，应当将其清单、照片或者其他证明文件随案移送。待人民法院作出生效判决后，按照人民法院送达的生效判决书、裁定书依法作出处理，并向人民法院送交回执。人民法院在判决、裁定中未对涉案财物作出处理的，公安机关应当征求人民法院意见，并根据人民法院的决定依法作出处理。

第二百八十九条 对侦查终结的案件，应当制作起诉意见书，经县级以上公安机关负责人批准后，连同全部案卷材料、证据，以及辩护律师提出的意见，一并移送同级人民检察院审查决定；同时将案件移送情况告知犯罪嫌疑人及其辩护律师。

犯罪嫌疑人自愿认罪的，应当记录在案，随案移送，并在起诉意见书中写明有关情况；认为案件符合速裁程序适用条件的，可以向人民检察院提出适用速裁程序的建议。

第二百九十条 对于犯罪嫌疑人在境外，需要及时进行审判的严重危害国家安全犯罪、恐怖活动犯罪案件，应当在侦查终结后层报公安部批准，移送同级人民检察院审查起诉。

在审查起诉或者缺席审理过程中，犯罪嫌疑人、被告人向公安机关自动投案或者被公安机关抓获的，公安机关应当立即通知人民检察院、人民法院。

第二百九十一条 共同犯罪案件的起诉意见书，应当写明每个犯罪嫌疑人在共同犯罪中的地位、作用、具体罪责和认罪态度，并分别提出处理意见。

第二百九十二条 被害人提出附带民事诉讼的，应当记录在案；移送审查起诉时，应当在起诉意见书末页注明。

第二百九十三条 人民检察院作出不起诉决定的，如果被不起诉人在押，公安机关应当立即办理释放手续。除依法转为行政案件办理外，应当根据人民检察院解除查封、扣押、冻结财物的书面通知，及时解除查封、扣押、冻结。

人民检察院提出对被不起诉人给予行政处罚、处分或者没收其违法所得的检察意见，移送公安机关处理的，公安机关应当将处理结果及时通知人民检察院。

第二百九十四条 认为人民检察院作出的不起诉决定有错误的，应当在收到不起诉决定书后七日以内制作要求复议意见书，经县级以上公安机关负责人批准后，移送人民检察院复议。

要求复议的意见不被接受的，可以在收到人民检察院的复议决定书后七日以内制作提请复核意见书，经县级以上公安机关负责人批准后，连同人民检察院的复议决定书，一并提请上一级人民检察院复核。

第十三节 补充侦查

第二百九十五条 侦查终结，移送人民检察院审查起诉的案件，人民检察院退回公安机关补充侦查的，公安机关接到人民检察院退回补充侦查的法律文书后，应当按照补充侦查提纲在一个月以内补充侦查完毕。

补充侦查以二次为限。

第二百九十六条 对人民检察院退回补充侦查的案件，根据不同情况，报县级以上公安机关负责人批准，分别作如下处理：

（一）原认定犯罪事实不清或者证据不够充分的，应当在查清事实、补充证据后，制作补充侦查报告书，移送人民检察院审查；对确实无法查明的事项或者无法补充的证据，应当书面向人民检察院说明情况；

（二）在补充侦查过程中，发现新的同案犯或者新的罪行，需要追究刑事责任的，应当重新制作起诉意见书，移送人民检察院审查；

（三）发现原认定的犯罪事实有重大变化，不应当追究刑事责任的，应当撤销案件或者对犯罪嫌疑人终止侦查，并将有关情况通知退查的人民检察院；

（四）原认定犯罪事实清楚，证据确实、充分，人民检察院退回补充侦查不当的，应当说明理由，移送人民检察院审查。

第二百九十七条 对于人民检察院在审查起诉过程中以及在人民法院作出生效判决前，要求公安机关提供法庭审判所必需的证据材料的，应当及时收集和提供。

第九章 执行刑罚

第一节 罪犯的交付

第二百九十八条 对被依法判处刑罚的罪犯，如果罪犯已被采取强制措施的，公安机关应当依据人民法院生效的判决书、裁定书以及执行通知书，将罪犯交付执行。

对人民法院作出无罪或者免除刑事处罚的判决，如果被告人在押，公安机关在收到相应的法律文书后应当立即办理释放手续；对人民法院建议给予行政处理的，应当依照有关规定处理或者移送有关部门。

第二百九十九条 对被判处死刑的罪犯，公安机关应当依据人民法院执行死刑的命令，将罪犯交由人民法院执行。

第三百条 公安机关接到人民法院生效的判处死刑缓期二年执行、无期徒刑、有期徒刑的判决书、裁定书以及执行通知书后，应当在一个月以内将罪犯送交监狱执行。

对未成年犯应当送交未成年犯管教所执行刑罚。

第三百零一条 对被判处有期徒刑的罪犯，在被交付执行刑罚前，剩余刑期在三个月以下的，由看守所根据人民法院的判决代为执行。

对被判处拘役的罪犯，由看守所执行。

第三百零二条 对被判处管制、宣告缓刑、假释或者暂予监外执行的罪犯，已被羁押的，由看守所将其交付社区矫正机构执行。

对被判处剥夺政治权利的罪犯，由罪犯居住地的派出所负责执行。

第三百零三条 对被判处有期徒刑由看守所代为执行和被判处拘役的罪犯，执行期间如果没有再犯新罪，执行期满，看守所应当发给刑满释放证明书。

第三百零四条 公安机关在执行刑罚中，如果认为判决有错误或者罪犯提出申诉，应当转请人民检察院或者原判人民法院处理。

第二节 减刑、假释、暂予监外执行

第三百零五条 对依法留看守所执行刑罚的罪犯，符合减刑条件的，由看守所制作减刑建议书，经设区的市一级以上公安机关审查同意后，报请所在地中级以上人民法院审核裁定。

第三百零六条 对依法留看守所执行刑罚的罪犯，符合假释条件的，由看守所制作假释建议书，经设区的市一级以上公安机关审查同意后，报请所在地中级以上人民法院审核裁定。

第三百零七条 对依法留所执行刑罚的罪犯,有下列情形之一的,可以暂予监外执行:

(一)有严重疾病需要保外就医的;

(二)怀孕或者正在哺乳自己婴儿的妇女;

(三)生活不能自理,适用暂予监外执行不致危害社会的。

对罪犯暂予监外执行的,看守所应当提出书面意见,报设区的市一级以上公安机关批准,同时将书面意见抄送同级人民检察院。

对适用保外就医可能有社会危险性的罪犯,或者自伤自残的罪犯,不得保外就医。

对罪犯确有严重疾病,必须保外就医的,由省级人民政府指定的医院诊断并开具证明文件。

第三百零八条 公安机关决定对罪犯暂予监外执行的,应当将暂予监外执行决定书交被暂予监外执行的罪犯和负责监外执行的社区矫正机构,同时抄送同级人民检察院。

第三百零九条 批准暂予监外执行的公安机关接到人民检察院认为暂予监外执行不当的意见后,应当立即对暂予监外执行的决定进行重新核查。

第三百一十条 对暂予监外执行的罪犯,有下列情形之一的,批准暂予监外执行的公安机关应当作出收监执行决定:

(一)发现不符合暂予监外执行条件的;

(二)严重违反有关暂予监外执行监督管理规定的;

(三)暂予监外执行的情形消失后,罪犯刑期未满的。

对暂予监外执行的罪犯决定收监执行的,由暂予监外执行地看守所将罪犯收监执行。

不符合暂予监外执行条件的罪犯通过贿赂等非法手段被暂予监外执行的,或者罪犯在暂予监外执行期间脱逃的,罪犯被收监执行后,所在看守所应当提出不计入执行刑期的建议,经设区的市一级以上公安机关审查同意后,报请所在地中级以上人民法院审核裁定。

第三节 剥夺政治权利

第三百一十一条 负责执行剥夺政治权利的派出所应当按照人民法院的判决,向罪犯及其所在单位、居住地基层组织宣布其犯罪事实、被剥夺政治权利的期限,以及罪犯在执行期间应当遵守的规定。

第三百一十二条 被剥夺政治权利的罪犯在执行期间应当遵守下列规定:

（一）遵守国家法律、行政法规和公安部制定的有关规定，服从监督管理；

（二）不得享有选举权和被选举权；

（三）不得组织或者参加集会、游行、示威、结社活动；

（四）不得出版、制作、发行书籍、音像制品；

（五）不得接受采访，发表演说；

（六）不得在境内外发表有损国家荣誉、利益或者其他具有社会危害性的言论；

（七）不得担任国家机关职务；

（八）不得担任国有公司、企业、事业单位和人民团体的领导职务。

第三百一十三条 被剥夺政治权利的罪犯违反本规定第三百一十二条的规定，尚未构成新的犯罪的，公安机关依法可以给予治安管理处罚。

第三百一十四条 被剥夺政治权利的罪犯，执行期满，公安机关应当书面通知本人及其所在单位、居住地基层组织。

第四节 对又犯新罪罪犯的处理

第三百一十五条 对留看守所执行刑罚的罪犯，在暂予监外执行期间又犯新罪的，由犯罪地公安机关立案侦查，并通知批准机关。批准机关作出收监执行决定后，应当根据侦查、审判需要，由犯罪地看守所或者暂予监外执行地看守所收监执行。

第三百一十六条 被剥夺政治权利、管制、宣告缓刑和假释的罪犯在执行期间又犯新罪的，由犯罪地公安机关立案侦查。

对留看守所执行刑罚的罪犯，因犯新罪被撤销假释的，应当根据侦查、审判需要，由犯罪地看守所或者原执行看守所收监执行。

第十章 特别程序

第一节 未成年人刑事案件诉讼程序

第三百一十七条 公安机关办理未成年人刑事案件，实行教育、感化、挽救的方针，坚持教育为主、惩罚为辅的原则。

第三百一十八条 公安机关办理未成年人刑事案件，应当保障未成年人行使其诉讼权利并得到法律帮助，依法保护未成年人的名誉和隐私，尊重其人格尊严。

第三百一十九条 公安机关应当设置专门机构或者配备专职人员办理未成年人刑事案件。

未成年人刑事案件应当由熟悉未成年人身心特点，善于做未成年人思想教育工作，具有一定办案经验的人员办理。

第三百二十条 未成年犯罪嫌疑人没有委托辩护人的，公安机关应当通知法律援助机构指派律师为其提供辩护。

第三百二十一条 公安机关办理未成年人刑事案件时，应当重点查清未成年犯罪嫌疑人实施犯罪行为时是否已满十四周岁、十六周岁、十八周岁的临界年龄。

第三百二十二条 公安机关办理未成年人刑事案件，根据情况可以对未成年犯罪嫌疑人的成长经历、犯罪原因、监护教育等情况进行调查并制作调查报告。

作出调查报告的，在提请批准逮捕、移送审查起诉时，应当结合案情综合考虑，并将调查报告与案卷材料一并移送人民检察院。

第三百二十三条 讯问未成年犯罪嫌疑人，应当通知未成年犯罪嫌疑人的法定代理人到场。无法通知、法定代理人不能到场或者法定代理人是共犯的，也可以通知未成年犯罪嫌疑人的其他成年亲属，所在学校、单位、居住地或者办案单位所在地基层组织或者未成年人保护组织的代表到场，并将有关情况记录在案。到场的法定代理人可以代为行使未成年犯罪嫌疑人的诉讼权利。

到场的法定代理人或者其他人员提出侦查人员在讯问中侵犯未成年人合法权益的，公安机关应当认真核查，依法处理。

第三百二十四条 讯问未成年犯罪嫌疑人应当采取适合未成年人的方式，耐心细致地听取其供述或者辩解，认真审核、查证与案件有关的证据和线索，并针对其思想顾虑、恐惧心理、抵触情绪进行疏导和教育。

讯问女性未成年犯罪嫌疑人，应当有女工作人员在场。

第三百二十五条 讯问笔录应当交未成年犯罪嫌疑人、到场的法定代理人或者其他人员阅读或者向其宣读；对笔录内容有异议的，应当核实清楚，准予更正或者补充。

第三百二十六条 询问未成年被害人、证人，适用本规定第三百二十三条、第三百二十四条、第三百二十五条的规定。

询问未成年被害人、证人，应当以适当的方式进行，注意保护其隐私和名誉，尽可能减少询问频次，避免造成二次伤害。必要时，可以聘请熟悉未成年人身心特点的专业人员协助。

第三百二十七条 对未成年犯罪嫌疑人应当严格限制和尽量减少使用逮捕措施。

未成年犯罪嫌疑人被拘留、逮捕后服从管理、依法变更强制措施不致发生社会危险性，能够保证诉讼正常进行的，公安机关应当依法及时变更强制措施；人民检察院批准逮捕的案件，公安机关应当将变更强制措施情况及时通知人民检察院。

第三百二十八条 对被羁押的未成年人应当与成年人分别关押、分别管理、分别教育，并根据其生理和心理特点在生活和学习方面给予照顾。

第三百二十九条 人民检察院在对未成年人作出附条件不起诉的决定前，听取公安机关意见时，公安机关应当提出书面意见，经县级以上公安机关负责人批准，移送同级人民检察院。

第三百三十条 认为人民检察院作出的附条件不起诉决定有错误的，应当在收到不起诉决定书后七日以内制作要求复议意见书，经县级以上公安机关负责人批准，移送同级人民检察院复议。

要求复议的意见不被接受的，可以在收到人民检察院的复议决定书后七日以内制作提请复核意见书，经县级以上公安机关负责人批准后，连同人民检察院的复议决定书，一并提请上一级人民检察院复核。

第三百三十一条 未成年人犯罪的时候不满十八周岁，被判处五年有期徒刑以下刑罚的，公安机关应当依据人民法院已经生效的判决书，将该未成年人的犯罪记录予以封存。

犯罪记录被封存的，除司法机关为办案需要或者有关单位根据国家规定进行查询外，公安机关不得向其他任何单位和个人提供。

被封存犯罪记录的未成年人，如果发现漏罪，合并被判处五年有期徒刑以上刑罚的，应当对其犯罪记录解除封存。

第三百三十二条 办理未成年人刑事案件，除本节已有规定的以外，按照本规定的其他规定进行。

第二节 当事人和解的公诉案件诉讼程序

第三百三十三条 下列公诉案件，犯罪嫌疑人真诚悔罪，通过向被害人赔偿损失、赔礼道歉等方式获得被害人谅解，被害人自愿和解的，经县级以上公安机关负责人批准，可以依法作为当事人和解的公诉案件办理：

（一）因民间纠纷引起，涉嫌刑法分则第四章、第五章规定的犯罪案件，可能判处三年有期徒刑以下刑罚的；

（二）除渎职犯罪以外的可能判处七年有期徒刑以下刑罚的过失犯罪案件。

犯罪嫌疑人在五年以内曾经故意犯罪的，不得作为当事人和解的公诉案件办理。

第三百三十四条 有下列情形之一的，不属于因民间纠纷引起的犯罪案件：

（一）雇凶伤害他人的；

（二）涉及黑社会性质组织犯罪的；

（三）涉及寻衅滋事的；

（四）涉及聚众斗殴的；

（五）多次故意伤害他人身体的；

（六）其他不宜和解的。

第三百三十五条 双方当事人和解的，公安机关应当审查案件事实是否清楚，被害人是否自愿和解，是否符合规定的条件。

公安机关审查时，应当听取双方当事人的意见，并记录在案；必要时，可以听取双方当事人亲属、当地居民委员会或者村民委员会人员以及其他了解案件情况的相关人员的意见。

第三百三十六条 达成和解的，公安机关应当主持制作和解协议书，并由双方当事人及其他参加人员签名。

当事人中有未成年人的，未成年当事人的法定代理人或者其他成年亲属应当在场。

第三百三十七条 和解协议书应当包括以下内容：

（一）案件的基本事实和主要证据；

（二）犯罪嫌疑人承认自己所犯罪行，对指控的犯罪事实没有异议，真诚悔罪；

（三）犯罪嫌疑人通过向被害人赔礼道歉、赔偿损失等方式获得被害人谅解；涉及赔偿损失的，应当写明赔偿的数额、方式等；提起附带民事诉讼的，由附带民事诉讼原告人撤回附带民事诉讼；

（四）被害人自愿和解，请求或者同意对犯罪嫌疑人依法从宽处罚。

和解协议应当及时履行。

第三百三十八条 对达成和解协议的案件，经县级以上公安机关负责人批准，公安机关将案件移送人民检察院审查起诉时，可以提出从宽处理的建议。

第三节 犯罪嫌疑人逃匿、死亡案件违法所得的没收程序

第三百三十九条 有下列情形之一，依照刑法规定应当追缴其违法所得及其他涉案财产的，经县级以上公安机关负责人批准，公安机关应当写出没收

违法所得意见书，连同相关证据材料一并移送同级人民检察院：

（一）恐怖活动犯罪等重大犯罪案件，犯罪嫌疑人逃匿，在通缉一年后不能到案的；

（二）犯罪嫌疑人死亡的。

犯罪嫌疑人死亡，现有证据证明其存在违法所得及其他涉案财产应当予以没收的，公安机关可以进行调查。公安机关进行调查，可以依法进行查封、扣押、查询、冻结。

第三百四十条 没收违法所得意见书应当包括以下内容：

（一）犯罪嫌疑人的基本情况；

（二）犯罪事实和相关的证据材料；

（三）犯罪嫌疑人逃匿、被通缉或者死亡的情况；

（四）犯罪嫌疑人的违法所得及其他涉案财产的种类、数量、所在地；

（五）查封、扣押、冻结的情况等。

第三百四十一条 公安机关将没收违法所得意见书移送人民检察院后，在逃的犯罪嫌疑人自动投案或者被抓获的，公安机关应当及时通知同级人民检察院。

第四节 依法不负刑事责任的精神病人的强制医疗程序

第三百四十二条 公安机关发现实施暴力行为，危害公共安全或者严重危害公民人身安全的犯罪嫌疑人，可能属于依法不负刑事责任的精神病人的，应当对其进行精神病鉴定。

第三百四十三条 对经法定程序鉴定依法不负刑事责任的精神病人，有继续危害社会可能，符合强制医疗条件的，公安机关应当在七日以内写出强制医疗意见书，经县级以上公安机关负责人批准，连同相关证据材料和鉴定意见一并移送同级人民检察院。

第三百四十四条 对实施暴力行为的精神病人，在人民法院决定强制医疗前，经县级以上公安机关负责人批准，公安机关可以采取临时的保护性约束措施。必要时，可以将其送精神病医院接受治疗。

第三百四十五条 采取临时的保护性约束措施时，应当对精神病人严加看管，并注意约束的方式、方法和力度，以避免和防止危害他人和精神病人的自身安全为限度。

对于精神病人已没有继续危害社会可能，解除约束后不致发生社会危险性的，公安机关应当及时解除保护性约束措施。

第十一章 办案协作

第三百四十六条 公安机关在异地执行传唤、拘传、拘留、逮捕,开展勘验、检查、搜查、查封、扣押、冻结、讯问等侦查活动,应当向当地公安机关提出办案协作请求,并在当地公安机关协助下进行,或者委托当地公安机关代为执行。

开展查询、询问、辨认等侦查活动或者送达法律文书的,也可以向当地公安机关提出办案协作请求,并按照有关规定进行通报。

第三百四十七条 需要异地公安机关协助的,办案地公安机关应当制作办案协作函件,连同有关法律文书和人民警察证复印件一并提供给协作地公安机关。必要时,可以将前述法律手续传真或者通过公安机关有关信息系统传输至协作地公安机关。

请求协助执行传唤、拘传、拘留、逮捕的,应当提供传唤证、拘传证、拘留证、逮捕证;请求协助开展搜查、查封、扣押、查询、冻结等侦查活动的,应当提供搜查证、查封决定书、扣押决定书、协助查询财产通知书、协助冻结财产通知书;请求协助开展勘验、检查、讯问、询问等侦查活动的,应当提供立案决定书。

第三百四十八条 公安机关应当指定一个部门归口接收协作请求,并进行审核。对符合本规定第三百四十七条规定的协作请求,应当及时交主管业务部门办理。

异地公安机关提出协作请求的,只要法律手续完备,协作地公安机关就应当及时无条件予以配合,不得收取任何形式的费用或者设置其他条件。

第三百四十九条 对协作过程中获取的犯罪线索,不属于自己管辖的,应当及时移交有管辖权的公安机关或者其他有关部门。

第三百五十条 异地执行传唤、拘传的,协作地公安机关应当协助将犯罪嫌疑人传唤、拘传到本市、县公安机关执法办案场所或者到他的住处进行讯问。

异地执行拘留、逮捕的,协作地公安机关应当派员协助执行。

第三百五十一条 已被决定拘留、逮捕的犯罪嫌疑人在逃的,可以通过网上工作平台发布犯罪嫌疑人相关信息、拘留证或者逮捕证。各地公安机关发现网上逃犯的,应当立即组织抓捕。

协作地公安机关抓获犯罪嫌疑人后,应当立即通知办案地公安机关。办案地公安机关应当立即携带法律文书及时提解,提解的侦查人员不得少于二人。

办案地公安机关不能及时到达协作地的，应当委托协作地公安机关在拘留、逮捕后二十四小时以内进行讯问。

第三百五十二条 办案地公安机关请求代为讯问、询问、辨认的，协作地公安机关应当制作讯问、询问、辨认笔录，交被讯问、询问人和辨认人签名、捺指印后，提供给办案地公安机关。

办案地公安机关可以委托协作地公安机关协助进行远程视频讯问、询问，讯问、询问过程应当全程录音录像。

第三百五十三条 办案地公安机关请求协查犯罪嫌疑人的身份、年龄、违法犯罪经历等情况的，协作地公安机关应当在接到请求后七日以内将协查结果通知办案地公安机关；交通十分不便的边远地区，应当在十五日以内将协查结果通知办案地公安机关。

办案地公安机关请求协助调查取证或者查询犯罪信息、资料的，协作地公安机关应当及时协查并反馈。

第三百五十四条 对不履行办案协作程序或者协作职责造成严重后果的，对直接负责的主管人员和其他直接责任人员，应当给予处分；构成犯罪的，依法追究刑事责任。

第三百五十五条 协作地公安机关依照办案地公安机关的协作请求履行办案协作职责所产生的法律责任，由办案地公安机关承担。但是，协作行为超出协作请求范围，造成执法过错的，由协作地公安机关承担相应法律责任。

第三百五十六条 办案地和协作地公安机关对于案件管辖、定性处理等发生争议的，可以进行协商。协商不成的，提请共同的上级公安机关决定。

第十二章 外国人犯罪案件的办理

第三百五十七条 办理外国人犯罪案件，应当严格依照我国法律、法规、规章，维护国家主权和利益，并在对等互惠原则的基础上，履行我国所承担的国际条约义务。

第三百五十八条 外国籍犯罪嫌疑人在刑事诉讼中，享有我国法律规定的诉讼权利，并承担相应的义务。

第三百五十九条 外国籍犯罪嫌疑人的国籍，以其在入境时持用的有效证件予以确认；国籍不明的，由出入境管理部门协助予以查明。国籍确实无法查明的，以无国籍人对待。

第三百六十条 确认外国籍犯罪嫌疑人身份，可以依照有关国际条约或者通过国际刑事警察组织、警务合作渠道办理。确实无法查明的，可以按其自报的姓名移送人民检察院审查起诉。

第三百六十一条 犯罪嫌疑人为享有外交或者领事特权和豁免权的外国人的,应当层报公安部,同时通报同级人民政府外事办公室,由公安部商请外交部通过外交途径办理。

第三百六十二条 公安机关办理外国人犯罪案件,使用中华人民共和国通用的语言文字。犯罪嫌疑人不通晓我国语言文字的,公安机关应当为他翻译;犯罪嫌疑人通晓我国语言文字,不需要他人翻译的,应当出具书面声明。

第三百六十三条 外国人犯罪案件,由犯罪地的县级以上公安机关立案侦查。

第三百六十四条 外国人犯中华人民共和国缔结或者参加的国际条约规定的罪行后进入我国领域内的,由该外国人被抓获地的设区的市一级以上公安机关立案侦查。

第三百六十五条 外国人在中华人民共和国领域外对中华人民共和国国家或者公民犯罪,应当受刑罚处罚的,由该外国人入境地或者入境后居住地的县级以上公安机关立案侦查;该外国人未入境的,由被害人居住地的县级以上公安机关立案侦查;没有被害人或者是对中华人民共和国国家犯罪的,由公安部指定管辖。

第三百六十六条 发生重大或者可能引起外交交涉的外国人犯罪案件的,有关省级公安机关应当及时将案件办理情况报告公安部,同时通报同级人民政府外事办公室。必要时,由公安部商外交部将案件情况通知我国驻外使馆、领事馆。

第三百六十七条 对外国籍犯罪嫌疑人依法作出取保候审、监视居住决定或者执行拘留、逮捕后,应当在四十八小时以内层报省级公安机关,同时通报同级人民政府外事办公室。

重大涉外案件应当在四十八小时以内层报公安部,同时通报同级人民政府外事办公室。

第三百六十八条 对外国籍犯罪嫌疑人依法作出取保候审、监视居住决定或者执行拘留、逮捕后,由省级公安机关根据有关规定,将其姓名、性别、入境时间、护照或者证件号码、案件发生的时间、地点,涉嫌犯罪的主要事实,已采取的强制措施及其法律依据等,通知该外国人所属国家的驻华使馆、领事馆,同时报告公安部。经省级公安机关批准,领事通报任务较重的副省级城市公安局可以直接行使领事通报职能。

外国人在公安机关侦查或者执行刑罚期间死亡的,有关省级公安机关应当通知该外国人国籍国的驻华使馆、领事馆,同时报告公安部。

未在华设立使馆、领事馆的国家,可以通知其代管国家的驻华使馆、领事馆;无代管国家或者代管国家不明的,可以不予通知。

第三百六十九条 外国籍犯罪嫌疑人委托辩护人的,应当委托在中华人民共和国的律师事务所执业的律师。

第三百七十条 公安机关侦查终结前,外国驻华外交、领事官员要求探视被监视居住、拘留、逮捕或者正在看守所服刑的本国公民的,应当及时安排有关探视事宜。犯罪嫌疑人拒绝其国籍国驻华外交、领事官员探视的,公安机关可以不予安排,但应当由其本人提出书面声明。

在公安机关侦查羁押期间,经公安机关批准,外国籍犯罪嫌疑人可以与其近亲属、监护人会见、与外界通信。

第三百七十一条 对判处独立适用驱逐出境刑罚的外国人,省级公安机关在收到人民法院的刑事判决书、执行通知书的副本后,应当指定该外国人所在地的设区的市一级公安机关执行。

被判处徒刑的外国人,主刑执行期满后应当执行驱逐出境附加刑的,省级公安机关在收到执行监狱的上级主管部门转交的刑事判决书、执行通知书副本或者复印件后,应当通知该外国人所在地的设区的市一级公安机关或者指定有关公安机关执行。

我国政府已按照国际条约或者《中华人民共和国外交特权与豁免条例》的规定,对实施犯罪,但享有外交或者领事特权和豁免权的外国人宣布为不受欢迎的人,或者不可接受并拒绝承认其外交或者领事人员身份,责令限期出境的人,无正当理由逾期不自动出境的,由公安部凭外交部公文指定该外国人所在地的省级公安机关负责执行或者监督执行。

第三百七十二条 办理外国人犯罪案件,本章未规定的,适用本规定其他各章的有关规定。

第三百七十三条 办理无国籍人犯罪案件,适用本章的规定。

第十三章 刑事司法协助和警务合作

第三百七十四条 公安部是公安机关进行刑事司法协助和警务合作的中央主管机关,通过有关法律、国际条约、协议规定的联系途径、外交途径或者国际刑事警察组织渠道,接收或者向外国提出刑事司法协助或者警务合作请求。

地方各级公安机关依照职责权限办理刑事司法协助事务和警务合作事务。

其他司法机关在办理刑事案件中,需要外国警方协助的,由其中央主管机关与公安部联系办理。

第三百七十五条 公安机关进行刑事司法协助和警务合作的范围，主要包括犯罪情报信息的交流与合作，调查取证，安排证人作证或者协助调查，查封、扣押、冻结涉案财物，没收、返还违法所得及其他涉案财物，送达刑事诉讼文书，引渡、缉捕和递解犯罪嫌疑人、被告人或者罪犯，以及国际条约、协议规定的其他刑事司法协助和警务合作事宜。

第三百七十六条 在不违背我国法律和有关国际条约、协议的前提下，我国边境地区设区的市一级公安机关和县级公安机关与相邻国家的警察机关，可以按照惯例相互开展执法会晤、人员往来、边境管控、情报信息交流等警务合作，但应当报省级公安机关批准，并报公安部备案；开展其他警务合作的，应当报公安部批准。

第三百七十七条 公安部收到外国的刑事司法协助或者警务合作请求后，应当依据我国法律和国际条约、协议的规定进行审查。对于符合规定的，交有关省级公安机关办理，或者移交其他有关中央主管机关；对于不符合条约或者协议规定的，通过接收请求的途径退回请求方。

对于请求书的签署机关、请求书及所附材料的语言文字、有关办理期限和具体程序等事项，在不违反我国法律基本原则的情况下，可以按照刑事司法协助条约、警务合作协议规定或者双方协商办理。

第三百七十八条 负责执行刑事司法协助或者警务合作的公安机关收到请求书和所附材料后，应当按照我国法律和有关国际条约、协议的规定安排执行，并将执行结果及其有关材料报经省级公安机关审核后报送公安部。

在执行过程中，需要采取查询、查封、扣押、冻结等措施或者返还涉案财物，且符合法律规定的条件的，可以根据我国有关法律和公安部的执行通知办理有关法律手续。

请求书提供的信息不准确或者材料不齐全难以执行的，应当立即通过省级公安机关报请公安部要求请求方补充材料；因其他原因无法执行或者具有应当拒绝协助、合作的情形等不能执行的，应当将请求书和所附材料，连同不能执行的理由通过省级公安机关报送公安部。

第三百七十九条 执行刑事司法协助和警务合作，请求书中附有办理期限的，应当按期完成。未附办理期限的，调查取证应当在三个月以内完成；送达刑事诉讼文书，应当在十日以内完成。不能按期完成的，应当说明情况和理由，层报公安部。

第三百八十条 需要请求外国警方提供刑事司法协助或者警务合作的，应当按照我国有关法律、国际条约、协议的规定提出刑事司法协助或者警务合作请求书,所附文件及相应译文,经省级公安机关审核后报送公安部。

第三百八十一条 需要通过国际刑事警察组织查找或者缉捕犯罪嫌疑人、被告人或者罪犯,查询资料、调查取证的,应当提出申请层报国际刑事警察组织中国国家中心局。

第三百八十二条 公安机关需要外国协助安排证人、鉴定人来中华人民共和国作证或者通过视频、音频作证,或者协助调查的,应当制作刑事司法协助请求书并附相关材料,经公安部审核同意后,由对外联系机关及时向外国提出请求。

来中华人民共和国作证或者协助调查的证人、鉴定人离境前,公安机关不得就其入境前实施的犯罪进行追究;除因入境后实施违法犯罪而被采取强制措施的以外,其人身自由不受限制。

证人、鉴定人在条约规定的期限内或者被通知无需继续停留后十五日内没有离境的,前款规定不再适用,但是由于不可抗力或者其他特殊原因未能离境的除外。

第三百八十三条 公安机关提供或者请求外国提供刑事司法协助或者警务合作,应当收取或者支付费用的,根据有关国际条约、协议的规定,或者按照对等互惠的原则协商办理。

第三百八十四条 办理引渡案件,依照《中华人民共和国引渡法》等法律规定和有关条约执行。

第十四章 附 则

第三百八十五条 本规定所称"危害国家安全犯罪",包括刑法分则第一章规定的危害国家安全罪以及危害国家安全的其他犯罪;"恐怖活动犯罪",包括以制造社会恐慌、危害公共安全或者胁迫国家机关、国际组织为目的,采取暴力、破坏、恐吓等手段,造成或者意图造成人员伤亡、重大财产损失、公共设施损坏、社会秩序混乱等严重社会危害的犯罪,以及煽动、资助或者以其他方式协助实施上述活动的犯罪。

第三百八十六条 当事人及其法定代理人、诉讼代理人、辩护律师提出的复议复核请求,由公安机关法制部门办理。

办理刑事复议、复核案件的具体程序,适用《公安机关办理刑事复议复核案件程序规定》。

第三百八十七条 公安机关可以使用电子签名、电子指纹捺印技术制作电子笔录等材料,可以使用电子印章制作法律文书。对案件当事人进行电子签名、电子指纹捺印的过程，公安机关应当同步录音录像。

第三百八十八条 本规定自2013年1月1日起施行。1998年5月14日发布的《公安机关办理刑事案件程序规定》（公安部令第35号）和2007年10月25日发布的《公安机关办理刑事案件程序规定修正案》（公安部令第95号）同时废止。

工业和信息化部关于修改《新能源汽车生产企业及产品准入管理规定》的决定

（2020年7月24日工业和信息化部令第54号公布 自2020年9月1日起施行 国司备字[2020002282]）

为更好适应我国新能源汽车产业发展需要，工业和信息化部决定对《新能源汽车生产企业及产品准入管理规定》（工业和信息化部令第39号）作如下修改：

一、删除第五条第（三）项中的"设计开发能力"。

二、将第二十二条第二款修改为"省、自治区、直辖市工业和信息化主管部门应当对本行政区域内新能源汽车生产企业的生产情况、监测平台运行情况进行监督检查。发现新能源汽车生产企业有《准入审查要求》所列要求发生重大变化、生产管理存在重大安全隐患、产品不符合安全技术标准，以及违法行为等的，应当及时向工业和信息化部报告。"

三、将第二十三条第一款中的"12个月"修改为"24个月"。

四、将第二十八条修改为"新能源汽车生产企业擅自生产、销售未列入工业和信息化部《公告》的新能源汽车车型的，工业和信息化部应当依据《中华人民共和国道路交通安全法》有关规定予以处罚。"

五、删除第二十九条、第三十条、第三十一条。

六、对《新能源汽车生产企业及产品准入管理规定》附件中的《新能源汽车生产企业准入审查要求》《企业集团下属企业的准入审查要求》《新能源汽车生产企业准入申请书》《新能源汽车产品主要技术参数表》《新能源汽车年度报告》予以修改（见附件）。

本决定自2020年9月1日起施行。《新能源汽车生产企业及产品准入管理规定》根据本决定作相应修改，重新公布。

附件：决定修改的《新能源汽车生产企业及产品准入管理规定》附件文件

新能源汽车生产企业准入审查要求

序号	准入审查要求
一	生产能力
1*	新能源汽车生产企业应具备保证产品质量和安全所必需的生产设备设施。 应具备专用充电设备，数量应能保证产品充电需要。申请燃料电池汽车的，应能保证产品加氢需要。 应建立充分的安全生产管理措施、人员防护措施、应急处理措施。
2*	应按照投资项目审批文件要求完成项目建设。其中，投资项目审批文件中要求建设发动机生产条件的整车生产企业，申请插电式混合动力汽车产品时，应具备发动机的生产能力，至少应有缸体、缸盖的精加工生产线，机械化的发动机总成装配线及发动机试验台架。曲轴、凸轮轴、连杆可委托加工。
二	产品生产一致性保证能力
3	新能源汽车生产企业应实施计算机信息化管理，至少应建立产品可追溯性信息管理系统，应对发动机、车载能源系统/燃料电池系统、储氢系统、驱动电机、整车控制器等关键零部件总成，以及整车配置、出厂检测数据等进行可追溯性信息管理。
4	针对所有原材料、常规部件、车载能源系统及其他电器系统部件、软件及服务等供方，应建立供应链管理体系，确定供方及其产品评价标准、采购技术协议、产品验证规范，对供方及其产品进行评价和选择，并进行日常监督管理，以保证产品的质量和安全性。应保留对供方及其产品的评价、选择、管理记录。
5*	应具备保证产品质量所必需的进货检验、过程检验、出厂检验等设备和辅助检具，检验项目覆盖整车主要技术特性参数、主要零部件基本技术参数、功能和性能方面的检验内容，对安全、环保、节能等法规符合性、顾客特殊要求、新能源汽车专项检测项目要求应特别关注，性能指标应满足相关技术标准的要求，且与所要求的测量能力一致。进货检验可利用供方、外部机构的检验能力。 应具备车载能源系统/燃料电池系统、驱动系统的电气性能与安全、温度、储氢系统安全等项目的检验设备以及整车安全检测线。 申请燃料电池汽车的，还应具备燃料电池车载氢系统泄漏及高压气体安全方面的测试仪器和设备。 应具备整车控制器总成检验能力、整车下线后控制系统及其子系统的检验能力，具备故障诊断专用仪器和软件。

续表

序号	准入审查要求
6*	应建立从关键零部件总成供方至整车出厂的完整的产品可追溯体系。应建立整车产品信息及出厂检测数据记录和存储系统,存档期限不低于产品的预期生命周期。 当产品质量、安全、环保等方面发生重大共性问题和设计缺陷时(包括由于供方原因引起的问题),应能迅速查明原因,确定召回范围,并采取必要措施;当顾客需要维修备件时,应能够迅速确定所需备件的技术状态。 对于发动机、车载能源系统/燃料电池系统、储氢系统、驱动电机、整车控制器等关键部件,应建立易见的、不可更换的、唯一性标识,并建立可以支持产品追溯的信息数据库。
三	**售后服务及产品安全保障能力**
7	应建立完整的文件化的销售和售后服务管理体系,包括人员培训(企业内部人员、经销商人员、顾客或使用单位的人员)、销售和售后服务网络建设、维修服务提供、备件提供、索赔处理、信息反馈、整车产品召回、零部件(如电池)回收及再利用、客户管理等内容,并有能力实施。 应建立相应的技术文件体系,包括销售技术培训手册、整车/底盘/电子电器系统的维修手册、备件目录、专用工具和仪器清单、产品使用说明书、售后服务承诺、应急措施等。 售后服务承诺内容应充分适宜,应在本企业网站上向社会公开,并严格履行。 已获得新能源汽车生产准入的企业如果发生重组,应保证重组后企业提供的售后服务不低于重组前作出的售后服务承诺。
8	维修服务、备件供应满足所有客户要求,能保证在产品的使用寿命期限内、在企业承诺的限定服务时间内向顾客提供可靠的备件、维修和咨询服务。 售后服务体系除能独立完成或与供方协作完成与常规汽车相同的售后服务项目外,还应具备整车及车载能源系统、驱动系统、控制系统及子系统和相关部件的故障诊断专用仪器和软件,具备相应的维修服务能力和更换能力。 应建立零部件(如电池)回收及再利用的渠道,与有关各方签订相关协议,确保回收及再利用的顺利实施。

续表

序号	准入审查要求
9*	应建立量信息及时反馈机制及产品安全保障机制。 应在产品全生命周期内为所销售的每一辆新能源汽车(含底盘)建立相应的档案,跟踪汽车使用、维护、维修情况,建立新能源汽车动力电池溯源信息管理系统,跟踪记录动力电池回收利用情况。 应按照与用户的协议,对已销售的全部新能源汽车(含底盘)的运行安全状态进行监测,直至汽车停止使用或报废。监测数据应至少包括车辆运行安全、故障、充电、能耗情况等方面,应对监测数据进行分析,并能为车辆改进提供数据支持。监测数据保存期应不低于产品的生命周期。企业监测平台应与地方和国家新能源汽车推广应用监测平台对接。 应建立新能源汽车安全事故应急处理制度,包括应急预案、抢险救援方案、事故调查及汇报方案等。 应编写年度报告。年度报告应长期存档备查。

注:1. 申请新能源汽车生产企业准入的企业,如已按照相同类别的常规汽车生产企业准入管理规则通过审查,则对相关要求免予审查。

2. 表中准入审查要求分为否决项和一般项两类,共9个条款,标注“*”的条款(共5个)为否决项。

3. 判定原则如下:

(1)现场考核全部否决项均符合要求,一般项不符合不超过2项,审查结论为通过;其余情况均为不通过。

(2)当现场考核结果未达到本注中第(1)条要求时,申请企业可在3个月内针对不符合项进行整改,经验证后达到本注中第(1)条要求的,考核结论为通过;验证未达到第(1)条要求的,结论为不通过,企业需重新申请。整改验证只能进行一次。

企业集团下属企业的准入审查要求

一、生产能力

企业集团下属企业应满足《准入审查要求》“生产能力”的相关要求。

对于车身、底盘等总成部件，如果企业集团在冲压、焊装等方面有统一生产布局，则可简化下属企业的相关能力要求。

二、产品生产一致性保证能力

企业集团下属企业应满足《准入审查要求》“产品生产一致性保证能力”的相关要求，并能够独立实施。但在检验能力中，涉及定期抽查、型式检验等方面的工作可由企业集团统一完成。

共用与通用产品的零部件配套可在企业集团统一管理、统一评价、统一要求下进行。下属企业的专有产品，应由下属企业自行制定要求、自行评价，指定配套企业。

三、售后服务及产品安全保障能力

可由企业集团统一销售渠道、提供通用性服务。下属企业的专有产品，应由下属企业提供专项服务。

新能源汽车生产企业
准入申请书

申请企业名称（盖章）：____________________

联系地址：____________________________

邮政编码：____________________________

联 系 人：__________ 职务：__________

电　　话：__________ 传真：__________

电子信箱：____________________________

填表日期：　　　年　　月　　日

填表须知

1. 填写本申请书应确保所填资料真实准确；

2. 本申请书用墨笔或电子方式填写，要求字迹清晰；

3. 本申请所有填报项目（含表格）页面不足时，可另附页面。

企业声明

1. 本企业自愿向工业和信息化部申请新能源汽车生产企业准入；

2. 本企业自愿遵守工业和信息化部《新能源汽车生产企业及产品准入管理规定》及相关文件的规定；

3. 本企业自愿如实提供开展新能源汽车生产企业准入的现场考核、管理所需的信息和资料，并为考核工作提供方便；

4. 本企业自愿配合公安交通管理等部门开展新能源汽车道路交通事故调查。

申请企业法定代表人（签章）：

申请企业（盖章）：

年　　月　　日

一、企业基本情况

<table>
<tr><td>企业名称
（盖章）</td><td colspan="3"></td></tr>
<tr><td>注册地址</td><td colspan="3"></td></tr>
<tr><td>生产地址</td><td colspan="3"></td></tr>
<tr><td>法定代表人</td><td colspan="3"></td></tr>
<tr><td>产品商标</td><td></td><td>企业
《公告》序号</td><td></td></tr>
<tr><td colspan="3">新能源汽车产能（辆/年，应明确工作制为单班、双班或三班）</td><td></td></tr>
<tr><td colspan="4">与汽车及零部件产品相关的资产情况（单位：万元）</td></tr>
<tr><td>注 册 资 本</td><td colspan="3"></td></tr>
<tr><td>固定资产原值</td><td></td><td>固定资产现值</td><td></td></tr>
<tr><td>总 资 产
（不含土地价值）</td><td></td><td>净 资 产
（不含土地价值）</td><td></td></tr>
<tr><td colspan="4">1. 申请企业及产品简介
（包括企业人员、生产能力、资产关系、企业历史、占地面积、建筑面积、新能源汽车产品研发投入及研发成果、参与国家科研项目情况、诚信守法经营情况及相关证明材料等内容）

2. 申请企业投资主体基本情况
（包括投资主体简介、自有资金规模、融资能力、盈利能力、诚信守法经营情况及相关证明材料等）

3. 新能源汽车产品的技术特性说明
（包括技术来源、动力系统、车身和底盘结构、主要参数和配置等内容）

4. 新能源汽车产品生产过程、生产条件和能力、生产地址、产品追溯性体系说明
（包括车身/驾驶室、车架、底盘、整车等，如自产电子电器系统部件，也应说明。产品追溯性体系应重点描述发动机、车载能源系统/燃料电池系统、储氢系统、驱动电机、整车控制器等关键部件）

5. 新能源汽车产品销售及运行情况（适用时）</td></tr>
</table>

续表

6. 售后服务承诺 （售后服务承诺需包括产品质量保证承诺、售后服务网络建设、对售后服务人员和产品使用人员的培训、售后服务项目及内容、备件提供及质量保证期限、售后服务过程中发现问题的反馈、零部件（如电池）回收，以及索赔处理、在产品质量、安全、环保等方面出现严重问题时的应对措施等内容） 7. 产品安全保障机制说明 （至少包括监测平台介绍、所监测的数据、数据发送频次、企业监测平台与地方和国家监测平台对接情况、安全事故应急处理制度建设情况，包括应急预案、抢险救援方案、事故调查及汇报方案等）

二、主要生产、检验设备（设施）清单

（一）主要生产设备清单

序号	名 称	型 号	数量	用 途	设备原值（万元）	备注
注：设备原值应与相应的购货发票一致，下同。						

（二）主要检验仪器设备清单

序号	名 称	型 号	数量	主要技术参数	检定日期或有效期	设备原值（万元）	备注
注：主要技术参数包含仪器设备的量程、精度等。							

新能源汽车产品主要技术参数表

1. 车辆基本特征参数

序号	参数名称
1	企业名称
2	产品商标
3	产品型号及产品名称
4	产品照片(右前45度、左前45度、正后部、侧后下部防护装置照片、选装照片)
5	外形尺寸(mm):长 宽 高
6	货箱栏板内尺寸(mm):长 宽 高
7	燃料种类
8	排放依据标准
9	转向形式
10	轴数
11	轴荷
12	轴距(mm)
13	钢板弹簧片数(前/后)
14	轮胎规格
15	轮胎数
16	轮距 前/后(mm)
17	总质量(kg)
18	额定载质量(kg)
19	整备质量(kg)
20	准拖挂车总质量(kg)
21	载质量利用系数
22	半挂车鞍座最大允许承载质量(kg)
23	额定载客(含驾驶员)(座位数)
24	驾驶室准乘人数(人)

续表

序号	参数名称
25	接近角/离去角(°)
26	前悬/后悬(mm)
27	最高车速(km/h)
28	底盘型号、类别及生产企业
29	发动机型号及生产企业
30	排量/功率(ml/kW)
31	油耗申报值(L/100km)
32	车辆识别代号
33	防抱死制动系统
34	车身反光标识说明(生产企业 商标 型号)
35	排放水平
40	其它

2. 新能源特征参数

序号	参数名称
1	新能源车辆类型
2	电动汽车储能装置种类
3	储能装置单体型号
4	电动汽车储能装置类型
5	储能装置单体外形
6	储能装置单体外形尺寸(mm)
7	储能装置单体的标称电压(V)
8	动力蓄电池单体 3 小时率额定容量 C3(Ah)
9	动力蓄电池单体 1 小时率额定容量 C1(Ah)
10	超级电容器单体标称静电容量(F)
11	储能装置单体质量(kg)
12	储能装置单体数量

续表

序号	参数名称
13	储能装置单体生产企业
14	储能装置总成生产企业
15	储能装置最小模块型号
16	储能装置最小模块的标称电压(V)
17	动力蓄电池最小模块3小时率额定容量C3(Ah)
18	动力蓄电池最小模块1小时率额定容量C1(Ah)
19	超级电容器最小模块标称静电容量(F)
20	储能装置组合方式
21	成箱后的储能装置型号
22	混合动力电动汽车是否允许外接充电
23	混合动力汽车混合度
24	混合动力汽车电功率比(%)
25	混合动力汽车是否有强制纯电动模式
26	混合动力汽车是否有强制热机模式
27	是否具有行驶模式手动选择功能
28	电动汽车驱动电机类型
29	电动汽车驱动电机型号
30	电动汽车驱动电机生产企业
31	电动汽车驱动电机额定功率/转速/转矩(kW/r/min/N.m)
32	电动汽车驱动电机峰值功率/转速/转矩(kW/r/min/N.m)
33	驱动电机安装数量
34	驱动电机布置型式/位置
35	驱动电机冷却方式
36	驱动电机工作制
37	驱动电机控制器型号
38	驱动电机控制器生产企业
39	驱动电机控制方式

续表

序号	参数名称
40	驱动电机控制器冷却方式
41	条件 A 试验电能消耗量(kW · h/100km)
42	条件 B 试验燃料消耗量(L/100km)
43	工况条件下百公里耗电量(kW · h/100km)
44	电动汽车整车控制器型号
45	电动汽车整车控制器生产企业
46	储能装置总成标称电压(V)
47	储能装置总成额定输出电流(A)
48	动力蓄电池总成标称容量(Ah)
49	超级电容器总成标称静电容量(F)
50	燃料电池燃料种类
51	燃料电池堆功率密度(kW/L)
52	燃料电池系统额定功率(kW)
53	燃料电池系统峰值功率(kW)
54	燃料电池系统最大净输出功率(kW)
55	储能装置总储电量(kWh)
56	储能装置总成质量(kg)
57	动力电池系统能量密度(W · h/kg)
58	电电混合技术条件下动力电池系统能量密度(W · h/kg)
59	储能装置总成质量与整备质量的比值(%)
60	动力蓄电池箱是否具有快换装置
61	储能装置正极材料
62	储能装置负极材料
63	储能装置电解质成分
64	储能装置电解质形态
65	燃料电池电催化剂材料
66	燃料电池工作温度范围(℃)

续表

序号	参数名称
67	燃料电池堆额定压力(MPa)
68	燃料电池汽车气瓶型号
69	燃料电池汽车气瓶生产企业
70	燃料电池汽车气瓶公称水容积(L)
71	燃料电池汽车气瓶公称工作压力(MPa)
72	燃料电池汽车气瓶布置位置及方向
73	燃料电池汽车气瓶数量
74	燃料电池汽车气瓶压力调节器型号
75	燃料电池汽车气瓶压力调节器生产企业
76	车载能源管理系统型号(包括软件和硬件)
77	车载能源管理系统生产企业
78	电动汽车发电机型号
79	电动汽车发电机生产企业
80	电动汽车发电机额定输出电压(V)
81	电动汽车发电机额定输出功率/转速(kW/r/min)
82	电动汽车发电机控制器型号
83	电动汽车发电机控制器生产企业
84	电动汽车充电插头/插座型号
85	电动汽车充电插头/插座生产企业
86	电动汽车车载充电机型号
87	电动汽车车载充电机生产企业
88	电动汽车充电方式
89	车载充电机额定输入电压(V)、电流(A)和频率(Hz)
90	车载充电机输出电压(V)、电流(A)和功率(kW)
91	新能源汽车车载实时监控装置型号(包括软件和硬件)
92	新能源汽车车载实时监控装置生产企业
93	电动汽车仪表型号

续表

序号	参数名称
94	电动汽车仪表生产企业
95	电动汽车续驶里程(工况法,km)
96	电动汽车续驶里程(等速法,km)
97	电动汽车30分钟最高车速(km/h)
98	混合动力汽车纯电动模式下1km最高车速(km/h)
99	燃油加热器型号
100	燃油加热器生产企业
101	水泵型号
102	水泵生产企业

注:1. 申报企业应按产品类别填报其中适用的参数。

2. 根据标准制修订情况,技术参数将适时调整。

新能源汽车年度报告

（20XX 年度）

（企业名称）

编制日期:________年____月____日

企业声明

1. 本企业自愿遵守工业和信息化部《新能源汽车生产企业及产品准入管理规定》及相关文件的规定；

2. 本企业承诺本年度报告所采用的数据、事实的真实性，并未隐瞒或遗漏任何重大事实；

3. 本企业承诺长期保存本年度报告；

4. 本企业自愿接受工业和信息化部组织的新能源汽车相关检查，如实提供所需的信息和资料，并为检查工作提供方便。

法定代表人(签章)：

企业名称(盖章)：

年　　月　　日

一、综述

1. 新能源产品改进情况

2. 生产、检验能力和条件建设情况

3. 新能源汽车年度生产、销售的总体情况

4. 国家有关政策和强制性标准、法规的执行情况

5. 国家和地方补贴的申报、获取情况

6. 生产一致性内部检查情况
（包括产品一致性自查情况、生产一致性保证能力自查情况）

7. 政府相关部门对企业和产品的监督检查情况

8. 监测系统的数据分析情况
（包括监测的新能源汽车数量；产品按车型、地域分布情况；单车运行里程、单一车型产量及总运行里程、全部产品产量及总运行里程、能耗数据及分析、故障和事故情况统计分析等）

9. 售后服务及产品安全保障情况
（包括售后服务及产品安全保障能力建设情况、售后服务过程中发现的产品质量和安全故障及相应的改善措施等）

10. 产品在安全、环保、节能方面的事件或事故及处理、汇报情况

11. 动力电池（包括超级电容器等）回收和处置情况

二、新能源汽车产、销量及销售额

序号	产品型号	产品名称	生产地址		产、销量(辆)和销售额(万元)				合计
					第一季度	第二季度	第三季度	第四季度	
1				产量					
				销量					
				销售额					
2				产量					
				销量					
				销售额					
3				产量					
				销量					
				销售额					
合计				总产量					
				总销量					
				总销售额					

三、新能源汽车动力电池（含超级电容器、燃料电池堆）采购情况

序号	产品型号	产品名称	生产地址		动力电池采购量（辆份）和采购额（万元）				合计
					第一季度	第二季度	第三季度	第四季度	
1				采购量					
				采购额					
2				采购量					
				采购额					
3				采购量					
				采购额					
合计				总采购量					
				总采购额					

新能源汽车生产企业及产品准入管理规定

（2017年1月6日工业和信息化部令第39号公布　根据2020年7月24日《工业和信息化部关于修改〈新能源汽车生产企业及产品准入管理规定〉的决定》修订）

第一条　为了落实发展新能源汽车的国家战略，规范新能源汽车生产活动，保障公民生命财产安全和公共安全，促进新能源汽车产业持续健康发展，根据《中华人民共和国行政许可法》《中华人民共和国道路交通安全法》《国务院对确需保留的行政审批项目设定行政许可的决定》等法律法规，制定本规定。

第二条　在中华人民共和国境内生产新能源汽车的企业（以下简称新能源汽车生产企业），及其生产在境内使用的新能源汽车产品的活动，适用本规定。

第三条　本规定所称汽车，是指《汽车和挂车类型的术语和定义》国家标准（GB/T3730.1－2001）第2.1款所规定的汽车整车（完整车辆）及底盘（非完整车辆），不包括整车整备质量超过400千克的三轮车辆。

本规定所称新能源汽车，是指采用新型动力系统，完全或者主要依靠新型能源驱动的汽车，包括插电式混合动力（含增程式）汽车、纯电动汽车和燃料电池汽车等。

第四条　工业和信息化部负责实施全国新能源汽车生产企业及产品的准入和监督管理。

省、自治区、直辖市工业和信息化主管部门负责本行政区域内新能源汽车生产企业及产品的日常监督管理，并配合工业和信息化部实施准入管理相关工作。

第五条　申请新能源汽车生产企业准入的，应当符合以下条件：

（一）符合国家有关法律、行政法规、规章和汽车产业发展政策及宏观调控政策的要求。

（二）申请人是已取得道路机动车辆生产企业准入的汽车生产企业，或者是已按照国家有关投资管理规定完成投资项目手续的新建汽车生产企业。

汽车生产企业跨产品类别生产新能源汽车的，也应当按照国家有关投资管理规定完成投资项目手续。

（三）具备生产新能源汽车产品所必需的生产能力、产品生产一致性保证能力、售后服务及产品安全保障能力,符合《新能源汽车生产企业准入审查要求》(见附件1,以下简称《准入审查要求》)。

具备工业和信息化部规定条件的大型汽车企业集团,在企业集团统一规划、统一管理、承担相应监管责任的前提下,其下属企业(包括下属子公司及分公司)的准入条件予以简化,适用《企业集团下属企业的准入审查要求》(见附件2)。

(四)符合相同类别的常规汽车生产企业准入管理规则。

第六条 汽车生产企业在已列入《道路机动车辆生产企业及产品公告》(以下简称《公告》)的新能源汽车整车或者底盘基础上改装生产新能源汽车产品,改装未影响到底盘、车载能源系统、驱动系统和控制系统的,不需要申请新能源汽车生产企业准入。

第七条 申请准入的新能源汽车产品,应当符合以下条件:

(一)符合国家有关法律、行政法规、规章。

(二)符合《新能源汽车产品专项检验项目及依据标准》(见附件3),以及相同类别的常规汽车产品相关标准。

(三)经国家认定的检测机构(以下简称检测机构)检测合格。

(四)符合工业和信息化部规定的安全技术条件。

工业和信息化部根据新能源汽车产业发展的实际情况和相关标准制修订情况,及时调整《新能源汽车产品专项检验项目及依据标准》的有关内容,并在施行前向社会公布。

第八条 申请新能源汽车生产企业准入的,应当向工业和信息化部提交以下材料:

(一)申请新能源汽车生产企业准入审查的文件。

(二)《新能源汽车生产企业准入申请书》(见附件4)及相关证明材料。

(三)新建新能源汽车生产企业的企业法人营业执照复印件,以及根据国家有关投资管理规定办理投资项目手续的文件。中外合资企业还应当提交中外股东持股比例证明。

第九条 申请新能源汽车产品准入的,应当向工业和信息化部提交以下材料:

(一)新能源汽车产品主要技术参数表(见附件5)。

(二)检测机构出具的新能源汽车产品检测报告。

(三)其他需要说明的情况。

第十条 工业和信息化部收到准入申请后,对于申请材料不齐全或者不符合法定形式的,应当当场或者在5日内一次性告知申请人需要补正的全部内容。申请材料齐全、符合法定形式的，应当予以受理，并自受理之日起20个工作日内作出批准或者不予批准的决定。20个工作日内不能作出决定的，经工业和信息化部负责人批准，可以延长10个工作日，并应当将延长期限的理由告知申请人。

第十一条 工业和信息化部委托第三方技术服务机构，组织专家对新能源汽车生产企业、新能源汽车产品准入申请进行技术审查，审查方式包括现场审查、资料审查。

工业和信息化部建立新能源汽车领域专家库，从中选取专家组成审查组。

第三方技术服务机构技术审查所需时间不计算在本规定第十条规定的期限内。

第十二条 申请新能源汽车生产企业准入的，如已按照相同类别的常规汽车生产企业准入管理规则通过了审查的，免予审查《准入审查要求》中的相关要求。

第十三条 检测机构应当严格按照工业和信息化部有关规定开展新能源汽车产品检测工作，不得擅自变更检测要求。

第十四条 通过审查的新能源汽车生产企业及产品，由工业和信息化部通过《公告》发布。

不符合本规定所规定的条件、标准的新能源汽车生产企业及产品，工业和信息化部不予列入《公告》。

新能源汽车生产企业应当按照《公告》载明的许可要求生产新能源汽车产品。

第十五条 新能源汽车生产企业应当加强管理、规范使用新能源汽车产品出厂合格证，确保出厂合格证及其信息与实际产品唯一对应、保持一致。

第十六条 新能源汽车生产企业应当建立新能源汽车产品售后服务承诺制度。售后服务承诺应当包括新能源汽车产品质量保证承诺、售后服务项目及内容、备件提供及质量保证期限、售后服务过程中发现问题的反馈、零部件（如电池）回收，出现产品质量、安全、环保等严重问题时的应对措施以及索赔处理等内容，并在本企业网站上向社会发布。

第十七条 新能源汽车生产企业应当建立新能源汽车产品运行安全状态监测平台，按照与新能源汽车产品用户的协议，对已销售的全部新能源汽车产品的运行安全状态进行监测。企业监测平台应当与地方和国家的新能源汽车推广应用监测平台对接。

新能源汽车生产企业及其工作人员应当妥善保管新能源汽车产品运行安全状态信息，不得泄露、篡改、毁损、出售或者非法向他人提供，不得监测与产品运行安全状态无关的信息。

第十八条 新能源汽车生产企业应当在产品全生命周期内，为每一辆新能源汽车产品建立档案，跟踪记录汽车使用、维护、维修情况，实施新能源汽车动力电池溯源信息管理，跟踪记录动力电池回收利用情况。

新能源汽车生产企业应当对新能源汽车产品的技术状况、故障及主要问题等运行情况进行分析、总结，编写年度报告（见附件6）。年度报告应当在新能源汽车产品全生命周期内存档备查。

第十九条 新能源汽车生产企业申请准入的新能源汽车产品类别或者动力系统（包括插电式混合动力、纯电动、燃料电池等）与已列入《公告》的新能源汽车产品不同的，或者增加、变更生产地址的，应当向工业和信息化部提交本规定第八条所列的材料，原则上应当进行现场审查。

取得插电式混合动力汽车或者燃料电池汽车产品准入的新能源汽车生产企业，申请相同类别的纯电动汽车产品准入的，只进行资料审查。

第二十条 新能源汽车生产企业应当持续满足《准入审查要求》和生产一致性等相关规定，确保新能源汽车产品安全保障体系正常运行。

第二十一条 新能源汽车生产企业发现新能源汽车产品存在安全、环保、节能等严重问题的，应当立即停止相关产品的生产、销售，采取措施进行整改，并及时向工业和信息化部和相关省、自治区、直辖市工业和信息化主管部门报告。

第二十二条 工业和信息化部应当对新能源汽车生产企业的《准入审查要求》保持情况、生产一致性情况和监测平台运行情况等进行监督检查，检查方式包括资料审查、实地核查、市场抽样和性能检测等。

省、自治区、直辖市工业和信息化主管部门应当对本行政区域内新能源汽车生产企业的生产情况、监测平台运行情况进行监督检查。发现新能源汽车生产企业有《准入审查要求》所列要求发生重大变化、生产管理存在重大安全隐患、产品不符合安全技术标准，以及违法行为等的，应当及时向工业和信息化部报告。

第二十三条 对于停止生产新能源汽车产品24个月及以上的新能源汽车生产企业，工业和信息化部予以特别公示。

经特别公示的新能源汽车生产企业在恢复生产之前，工业和信息化部应当对其保持《准入审查要求》的情况进行核查。

第二十四条 工业和信息化部建立新能源汽车生产企业信用数据库，将企业违反生产一致性要求、申请材料弄虚作假、行政处罚等情况列入信用数据库。

第二十五条 新能源汽车生产企业不能保持《准入审查要求》，存在公共安全、人身健康、生命财产安全隐患的，工业和信息化部应当责令其停止生产、销售活动，并责令立即改正。

第二十六条 新能源汽车生产企业破产或者自愿终止生产新能源汽车产品的，工业和信息化部应当撤销、注销其相应的新能源汽车生产企业、产品准入。

第二十七条 隐瞒有关情况或者提供虚假材料申请新能源汽车生产企业、新能源汽车产品准入的，工业和信息化部不予受理或者不予准入，并给予警告，申请人在一年内不得再次申请准入。

以欺骗、贿赂等不正当手段取得新能源汽车生产企业、新能源汽车产品准入的，工业和信息化部应当撤销其新能源汽车生产企业、产品准入，申请人在三年内不得再次申请准入。

第二十八条 新能源汽车生产企业擅自生产、销售未列入工业和信息化部《公告》的新能源汽车车型的，工业和信息化部应当依据《中华人民共和国道路交通安全法》有关规定予以处罚。

第二十九条 本规定自2017年7月1日起施行。2009年6月17日工业和信息化部公布的《新能源汽车生产企业及产品准入管理规则》（工产业〔2009〕第44号）同时废止。本规定施行前公布的有关规定与本规定不一致的，以本规定为准。

附件：1. 新能源汽车生产企业准入审查要求
2. 企业集团下属企业的准入审查要求
3. 新能源汽车产品专项检验项目及依据标准
4. 新能源汽车生产企业准入申请书
5. 新能源汽车产品主要技术参数表
6. 新能源汽车年度报告

附件 1

新能源汽车生产企业准入审查要求

序号	准入审查要求
一	生产能力
1*	新能源汽车生产企业应具备保证产品质量和安全所必需的生产设备设施。 应具备专用充电设备,数量应能保证产品充电需要。申请燃料电池汽车的,应能保证产品加氢需要。 应建立充分的安全生产管理措施、人员防护措施、应急处理措施。
2*	应按照投资项目审批文件要求完成项目建设。其中,投资项目审批文件中要求建设发动机生产条件的整车生产企业,申请插电式混合动力汽车产品时,应具备发动机的生产能力,至少应有缸体、缸盖的精加工生产线,机械化的发动机总成装配线及发动机试验台架。曲轴、凸轮轴、连杆可委托加工。
二	产品生产一致性保证能力
3	新能源汽车生产企业应实施计算机信息化管理,至少应建立产品可追溯性信息管理系统,应对发动机、车载能源系统/燃料电池系统、储氢系统、驱动电机、整车控制器等关键零部件总成,以及整车配置、出厂检测数据等进行可追溯性信息管理。
4	针对所有原材料、常规部件、车载能源系统及其他电器系统部件、软件及服务等供方,应建立供应链管理体系,确定供方及其产品评价标准、采购技术协议、产品验证规范,对供方及其产品进行评价和选择,并进行日常监督管理,以保证产品的质量和安全性。应保留对供方及其产品的评价、选择、管理记录。
5*	应具备保证产品质量所必需的进货检验、过程检验、出厂检验等设备和辅助检具,检验项目覆盖整车主要技术特性参数、主要零部件基本技术参数、功能和性能方面的检验内容,对安全、环保、节能等法规符合性、顾客特殊要求、新能源汽车专项检测项目要求应特别关注,性能指标应满足相关技术标准的要求,且与所要求的测量能力一致。进货检验可利用供方、外部机构的检验能力。 应具备车载能源系统/燃料电池系统、驱动系统的电气性能与安全、温度、储氢系统安全等项目的检验设备以及整车安全检测线。 申请燃料电池汽车的,还应具备燃料电池车载氢系统泄漏及高压气体安全方面的测试仪器和设备。 应具备整车控制器总成检验能力、整车下线后控制系统及其子系统的检验能力,具备故障诊断专用仪器和软件。

续表

序号	准入审查要求
6*	应建立从关键零部件总成供方至整车出厂的完整的产品可追溯体系。应建立整车产品信息及出厂检测数据记录和存储系统,存档期限不低于产品的预期生命周期。 当产品质量、安全、环保等方面发生重大共性问题和设计缺陷时(包括由于供方原因引起的问题),应能迅速查明原因,确定召回范围,并采取必要措施;当顾客需要维修备件时,应能够迅速确定所需备件的技术状态。 对于发动机、车载能源系统/燃料电池系统、储氢系统、驱动电机、整车控制器等关键部件,应建立易见的、不可更换的、唯一性标识,并建立可以支持产品追溯的信息数据库。
三	**售后服务及产品安全保障能力**
7	应建立完整的文件化的销售和售后服务管理体系,包括人员培训(企业内部人员、经销商人员、顾客或使用单位的人员)、销售和售后服务网络建设、维修服务提供、备件提供、索赔处理、信息反馈、整车产品召回、零部件(如电池)回收及再利用、客户管理等内容,并有能力实施。 应建立相应的技术文件体系,包括销售技术培训手册、整车/底盘/电子电器系统的维修手册、备件目录、专用工具和仪器清单、产品使用说明书、售后服务承诺、应急措施等。 售后服务承诺内容应充分适宜,应在本企业网站上向社会公开,并严格履行。 已获得新能源汽车生产准入的企业如果发生重组,应保证重组后企业提供的售后服务不低于重组前作出的售后服务承诺。
8	维修服务、备件供应满足所有客户要求,能保证在产品的使用寿命期限内、在企业承诺的限定服务时间内向顾客提供可靠的备件、维修和咨询服务。 售后服务体系除能独立完成或与供方协作完成与常规汽车相同的售后服务项目外,还应具备整车及车载能源系统、驱动系统、控制系统及子系统和相关部件的故障诊断专用仪器和软件,具备相应的维修服务能力和更换能力。 应建立零部件(如电池)回收及再利用的渠道,与有关各方签订相关协议,确保回收及再利用的顺利实施。

续表

序号	准入审查要求
9*	应建立质量信息及时反馈机制及产品安全保障机制。 应在产品全生命周期内为所销售的每一辆新能源汽车(含底盘)建立相应的档案,跟踪汽车使用、维护、维修情况,建立新能源汽车动力电池溯源信息管理系统,跟踪记录动力电池回收利用情况。 应按照与用户的协议,对已销售的全部新能源汽车(含底盘)的运行安全状态进行监测,直至汽车停止使用或报废。监测数据应至少包括车辆运行安全、故障、充电、能耗情况等方面,应对监测数据进行分析,并能为车辆改进提供数据支持。监测数据保存期应不低于产品的生命周期。企业监测平台应与地方和国家新能源汽车推广应用监测平台对接。 应建立新能源汽车安全事故应急处理制度,包括应急预案、抢险救援方案、事故调查及汇报方案等。 应编写年度报告。年度报告应长期存档备查。

注:1. 申请新能源汽车生产企业准入的企业,如已按照相同类别的常规汽车生产企业准入管理规则通过审查,则对相关要求免予审查。

2. 表中准入审查要求分为否决项和一般项两类,共 9 个条款,标注"*"的条款(共 5 个)为否决项。

3. 判定原则如下:

(1)现场考核全部否决项均符合要求,一般项不符合不超过 2 项,审查结论为通过;其余情况均为不通过。

(2)当现场考核结果未达到本注中第(1)条要求时,申请企业可在 3 个月内针对不符合项进行整改,经验证后达到本注中第(1)条要求的,考核结论为通过;验证未达到第(1)条要求的,结论为不通过,企业需重新申请。整改验证只能进行一次。

附件2

企业集团下属企业的准入审查要求

一、生产能力

企业集团下属企业应满足《准入审查要求》“生产能力”的相关要求。

对于车身、底盘等总成部件，如果企业集团在冲压、焊装等方面有统一生产布局，则可简化下属企业的相关能力要求。

二、产品生产一致性保证能力

企业集团下属企业应满足《准入审查要求》“产品生产一致性保证能力”的相关要求，并能够独立实施。但在检验能力中，涉及定期抽查、型式检验等方面的工作可由企业集团统一完成。

共用与通用产品的零部件配套可在企业集团统一管理、统一评价、统一要求下进行。下属企业的专有产品，应由下属企业自行制定要求、自行评价，指定配套企业。

三、售后服务及产品安全保障能力

可由企业集团统一销售渠道、提供通用性服务。下属企业的专有产品，应由下属企业提供专项服务。

附件 3

新能源汽车产品专项检验项目及依据标准

序号	检验项目	标准名称	标准号	备注
1	储能装置（单体、模块）	电动汽车用锌空气电池	GB/T 18333.2－2015	6.2.4、6.3.4 90°倾倒试验对水系电解液蓄电池暂不执行。
		车用超级电容器	QC/T 741－2014	
		电动汽车用动力蓄电池循环寿命要求及试验方法	GB/T 31484－2015	6.5 工况循环寿命结合整车可靠性标准进行考核。
		电动汽车用动力蓄电池安全要求及试验方法	GB/T 31485－2015	6.2.8、6.3.8 针刺试验暂不执行。
		电动汽车用动力蓄电池电性能要求及试验方法	GB/T 31486－2015	
	储能装置（电池包）	电动汽车用锂离子动力蓄电池包和系统 第 3 部分：安全性要求与测试方法	GB/T 31467.3－2015	对于由车体包覆并构成电池包箱体的，要带箱体/车体测试；电池包或系统尺寸较大，无法进行台架安装测试时，可进行子系统测试。
2	电机及控制器	电动汽车用驱动电机系统 第 1 部分：技术条件	GB/T 18488.1－2015	5.6.7 电磁兼容性结合 GB/T 18387-2008 电磁兼容考核；5.7 可靠性试验结合整车可靠性进行考核；附录 A 不执行。
		电动汽车用驱动电机系统 第 2 部分：试验方法	GB/T 18488.2－2015	10 可靠性试验、9.7 电磁兼容性暂不执行。

续表

序号	检验项目	标准名称	标准号	备注
3	电动汽车安全	电动汽车 安全要求 第1部分:车载可充电储能系统(REESS)	GB/T 18384.1-2015	5.1.2(除乘用车和N1类车辆外的其他汽车)绝缘电阻测试条件,可在室温条件下进行; 5.2 污染度暂不执行; 5.3 有害气体和其他有害物质排放暂不执行。
		电动汽车 安全要求 第2部分:操作安全和故障防护	GB/T 18384.2-2015	6 用户手册涉及项目暂不执行; 8 紧急响应涉及项目暂不执行。
		电动汽车 安全要求 第3部分:人员触电防护	GB/T 18384.3-2015	6.3.3 电容耦合暂不执行; 7.2B(除乘用车和N1类车辆外的其他汽车)绝缘电阻测试条件,可在室温条件下进行; 9 用户手册 涉及项目暂不执行。
		燃料电池电动汽车 安全要求	GB/T 24549-2009	
4	电磁场辐射	电动车辆的电磁场发射强度的限值和测量方法,宽带,9kHz~30MHz	GB/T 18387-2008	
5	电动汽车操纵件	电动汽车操纵件、指示器及信号装置的标志	GB/T 4094.2-2005	
6	电动汽车仪表	电动汽车用仪表	GB/T 19836-2005	4.2 电磁兼容试验结合 GB/T 18387-2008 标准的方法和要求进行。

续表

序号	检验项目	标准名称	标准号	备注
7	能耗	电动汽车 能量消耗率和续驶里程试验方法	GB/T 18386－2005	
		轻型混合动力电动汽车能量消耗量试验方法	GB/T 19753－2013	
		重型混合动力电动汽车能量消耗量试验方法	GB/T 19754－2015	
8	电动汽车除霜除雾	电动汽车风窗玻璃除霜除雾系统的性能要求及试验方法	GB/T 24552－2009	5.1.1 除霜试验环境温度对于燃料电池电动汽车为－10℃。
9	纯电动乘用车技术条件	纯电动乘用车 技术条件	GB/T 28382－2012	
10	燃料电池发动机	燃料电池发动机性能试验方法	GB/T 24554－2009	
11	燃料电池电动汽车加氢口	燃料电池电动汽车 加氢口	GB/T 26779－2011	
12	燃料电池电动汽车车载氢系统 技术要求	燃料电池电动汽车 车载氢系统 技术要求	GB/T 26990－2011	
		燃料电池电动汽车 车载氢系统 试验方法	GB/T 29126－2012	
13	电动汽车传导充电用连接装置	电动汽车传导充电用连接装置 第1部分:通用要求	GB/T 20234.1－2015	
		电动汽车传导充电用连接装置 第2部分:交流充电接口	GB/T 20234.2－2015	
		电动汽车传导充电用连接装置 第3部分:直流充电接口	GB/T 20234.3－2015	

续表

序号	检验项目	标准名称	标准号	备注
14	通信协议	电动汽车非车载传导式充电机与电池管理系统之间的通信协议	GB/T 27930－2015	
15	碰撞后安全要求	电动汽车碰撞后安全要求	GB/T 31498－2015	采用B级电压的燃料电池电动汽车应符合本标准规定。
16	超级电容电动城市客车	超级电容电动城市客车	QC/T 838－2010	5.1.3.1 绝缘、5.2.1 高压电器设备及布线、5.3 低压电器设备及电路设施暂不执行。
17	插电式混合动力电动乘用车技术条件	插电式混合动力电动乘用车 技术条件	GB/T 32694－2016	
18	电动汽车远程服务与管理系统技术规范	电动汽车远程服务与管理系统技术规范 第2部分：车载终端	GB/T 32960.2－2016	
		电动汽车远程服务与管理系统技术规范 第3部分：通讯协议及数据格式	GB/T 32960.3－2016	
19	定型试验	电动汽车 定型试验规程	GB/T 18388－2005	4.1.2、4.1.3 电动车除霜除雾结合GB/T 24552－2009标准的方法和要求考核。4.3 可靠性行驶对于纯电动乘用车按照GB/T 28382－2012标准4.9可靠性要求考核。
		混合动力电动汽车 定型试验规程	GB/T 19750－2005	

续表

序号	检验项目	标准名称	标准号	备注
		超级电容电动城市客车定型试验规程	QC/T 925－2013	
		电动汽车 动力性能 试验方法	GB/T 18385－2005	
		混合动力电动汽车 动力性能 试验方法	GB/T 19752－2005	9.7 混合动力模式下的 30 分钟最高车速暂不执行。
		燃料电池电动汽车 最高车速试验方法	GB/T 26991－2011	

附件4

新能源汽车生产企业准入申请书

申请企业名称(盖章):____

联系地址:____

邮政编码:____

联 系 人:____________________ 职务:____________________

电　　话:____________________ 传真:____________________

电子信箱:____

填表日期:______________年__________月__________日

填表须知

1. 填写本申请书应确保所填资料真实准确；

2. 本申请书用墨笔或电子方式填写，要求字迹清晰；

3. 本申请所有填报项目（含表格）页面不足时，可另附页面。

企业声明

1. 本企业自愿向工业和信息化部申请新能源汽车生产企业准入；

2. 本企业自愿遵守工业和信息化部《新能源汽车生产企业及产品准入管理规定》及相关文件的规定；

3. 本企业自愿如实提供开展新能源汽车生产企业准入的现场考核、管理所需的信息和资料，并为考核工作提供方便；

4. 本企业自愿配合公安交通管理等部门开展新能源汽车道路交通事故调查。

申请企业法定代表人（签章）：

申请企业（盖章）：

年　　月　　日

一、企业基本情况

企业名称（盖章）			
注册地址			
生产地址			
法定代表人			
产品商标		企业《公告》序号	
新能源汽车产能（辆/年，应明确工作制为单班、双班或三班）			
与汽车及零部件产品相关的资产情况（单位：万元）			
注 册 资 本			
固定资产原值		固定资产现值	
总 资 产（不含土地价值）		净 资 产（不含土地价值）	

1. 申请企业及产品简介
（包括企业人员、生产能力、资产关系、企业历史、占地面积、建筑面积、新能源汽车产品研发投入及研发成果、参与国家科研项目情况、诚信守法经营情况及相关证明材料等内容）

2. 申请企业投资主体基本情况
（包括投资主体简介、自有资金规模、融资能力、盈利能力、诚信守法经营情况及相关证明材料等）

3. 新能源汽车产品的技术特性说明
（包括技术来源、动力系统、车身和底盘结构、主要参数和配置等内容）

4. 新能源汽车产品生产过程、生产条件和能力、生产地址、产品追溯性体系说明
（包括车身/驾驶室、车架、底盘、整车等，如自产电子电器系统部件，也应说明。产品追溯性体系应重点描述发动机、车载能源系统/燃料电池系统、储氢系统、驱动电机、整车控制器等关键部件）

5. 新能源汽车产品销售及运行情况（适用时）

续表

6. 售后服务承诺 （售后服务承诺需包括产品质量保证承诺、售后服务网络建设、对售后服务人员和产品使用人员的培训、售后服务项目及内容、备件提供及质量保证期限、售后服务过程中发现问题的反馈、零部件（如电池）回收，以及索赔处理、在产品质量、安全、环保等方面出现严重问题时的应对措施等内容）
7. 产品安全保障机制说明 （至少包括监测平台介绍、所监测的数据、数据发送频次、企业监测平台与地方和国家监测平台对接情况、安全事故应急处理制度建设情况，包括应急预案、抢险救援方案、事故调查及汇报方案等）

二、主要生产、检验设备（设施）清单

（一）主要生产设备清单

序号	名　称	型　号	数量	用　　途	设备原值（万元）	备注
注：设备原值应与相应的购货发票一致，下同。						

（二）主要检验仪器设备清单

序号	名　称	型　号	数量	主要技术参数	检定日期或有效期	设备原值（万元）	备注
注：主要技术参数包含仪器设备的量程、精度等。							

附件5

新能源汽车产品主要技术参数表

1. 车辆基本特征参数

序号	参数名称
1	企业名称
2	产品商标
3	产品型号及产品名称
4	产品照片(右前45度、左前45度、正后部、侧后下部防护装置照片、选装照片)
5	外形尺寸(mm):长　宽　高
6	货箱栏板内尺寸(mm):长 宽 高
7	燃料种类
8	排放依据标准
9	转向形式
10	轴数
11	轴荷
12	轴距(mm)
13	钢板弹簧片数(前/后)
14	轮胎规格
15	轮胎数
16	轮距 前/后(mm)
17	总质量(kg)
18	额定载质量(kg)
19	整备质量(kg)
20	准拖挂车总质量(kg)
21	载质量利用系数
22	半挂车鞍座最大允许承载质量(kg)
23	额定载客(含驾驶员)(座位数)

续表

序号	参数名称
24	驾驶室准乘人数(人)
25	接近角/离去角(°)
26	前悬/后悬(mm)
27	最高车速(km/h)
28	底盘型号、类别及生产企业
29	发动机型号及生产企业
30	排量/功率(ml/kW)
31	油耗申报值(L/100km)
32	车辆识别代号
33	防抱死制动系统
34	车身反光标识说明(生产企业 商标 型号)
35	排放水平
40	其它

2. 新能源特征参数

序号	参数名称
1	新能源车辆类型
2	电动汽车储能装置种类
3	储能装置单体型号
4	电动汽车储能装置类型
5	储能装置单体外形
6	储能装置单体外形尺寸(mm)
7	储能装置单体的标称电压(V)
8	动力蓄电池单体 3 小时率额定容量 C3(Ah)
9	动力蓄电池单体 1 小时率额定容量 C1(Ah)
10	超级电容器单体标称静电容量(F)
11	储能装置单体质量(kg)

续表

序号	参数名称
12	储能装置单体数量
13	储能装置单体生产企业
14	储能装置总成生产企业
15	储能装置最小模块型号
16	储能装置最小模块的标称电压(V)
17	动力蓄电池最小模块3小时率额定容量C3(Ah)
18	动力蓄电池最小模块1小时率额定容量C1(Ah)
19	超级电容器最小模块标称静电容量(F)
20	储能装置组合方式
21	成箱后的储能装置型号
22	混合动力电动汽车是否允许外接充电
23	混合动力汽车混合度
24	混合动力汽车电功率比(%)
25	混合动力汽车是否有强制纯电动模式
26	混合动力汽车是否有强制热机模式
27	是否具有行驶模式手动选择功能
28	电动汽车驱动电机类型
29	电动汽车驱动电机型号
30	电动汽车驱动电机生产企业
31	电动汽车驱动电机额定功率/转速/转矩(kW/r/min/N. m)
32	电动汽车驱动电机峰值功率/转速/转矩(kW/r/min/N. m)
33	驱动电机安装数量
34	驱动电机布置型式/位置
35	驱动电机冷却方式
36	驱动电机工作制
37	驱动电机控制器型号
38	驱动电机控制器生产企业

续表

序号	参数名称
39	驱动电机控制方式
40	驱动电机控制器冷却方式
41	条件A试验电能消耗量(kW·h/100km)
42	条件B试验燃料消耗量(L/100km)
43	工况条件下百公里耗电量(kW·h/100km)
44	电动汽车整车控制器型号
45	电动汽车整车控制器生产企业
46	储能装置总成标称电压(V)
47	储能装置总成额定输出电流(A)
48	动力蓄电池总成标称容量(Ah)
49	超级电容器总成标称静电容量(F)
50	燃料电池燃料种类
51	燃料电池堆功率密度(kW/L)
52	燃料电池系统额定功率(kW)
53	燃料电池系统峰值功率(kW)
54	燃料电池系统最大净输出功率(kW)
55	储能装置总储电量(kWh)
56	储能装置总成质量(kg)
57	动力电池系统能量密度(W·h/kg)
58	电电混合技术条件下动力电池系统能量密度(W·h/kg)
59	储能装置总成质量与整备质量的比值(%)
60	动力蓄电池箱是否具有快换装置
61	储能装置正极材料
62	储能装置负极材料
63	储能装置电解质成分
64	储能装置电解质形态
65	燃料电池电催化剂材料

续表

序号	参数名称
66	燃料电池工作温度范围(℃)
67	燃料电池堆额定压力(MPa)
68	燃料电池汽车气瓶型号
69	燃料电池汽车气瓶生产企业
70	燃料电池汽车气瓶公称水容积(L)
71	燃料电池汽车气瓶公称工作压力(MPa)
72	燃料电池汽车气瓶布置位置及方向
73	燃料电池汽车气瓶数量
74	燃料电池汽车气瓶压力调节器型号
75	燃料电池汽车气瓶压力调节器生产企业
76	车载能源管理系统型号(包括软件和硬件)
77	车载能源管理系统生产企业
78	电动汽车发电机型号
79	电动汽车发电机生产企业
80	电动汽车发电机额定输出电压(V)
81	电动汽车发电机额定输出功率/转速(kW/r/min)
82	电动汽车发电机控制器型号
83	电动汽车发电机控制器生产企业
84	电动汽车充电插头/插座型号
85	电动汽车充电插头/插座生产企业
86	电动汽车车载充电机型号
87	电动汽车车载充电机生产企业
88	电动汽车充电方式
89	车载充电机额定输入电压(V)、电流(A)和频率(Hz)
90	车载充电机输出电压(V)、电流(A)和功率(kW)
91	新能源汽车车载实时监控装置型号(包括软件和硬件)
92	新能源汽车车载实时监控装置生产企业

续表

序号	参数名称
93	电动汽车仪表型号
94	电动汽车仪表生产企业
95	电动汽车续驶里程(工况法,km)
96	电动汽车续驶里程(等速法,km)
97	电动汽车30分钟最高车速(km/h)
98	混合动力汽车纯电动模式下1km最高车速(km/h)
99	燃油加热器型号
100	燃油加热器生产企业
101	水泵型号
102	水泵生产企业

注:1. 申报企业应按产品类别填报其中适用的参数。

2. 根据标准制修订情况,技术参数将适时调整。

附件 6

新能源汽车年度报告

（20XX 年度）

（企业名称）

编制日期:______年____月____日

企业声明

1. 本企业自愿遵守工业和信息化部《新能源汽车生产企业及产品准入管理规定》及相关文件的规定；

2. 本企业承诺本年度报告所采用的数据、事实的真实性，并未隐瞒或遗漏任何重大事实；

3. 本企业承诺长期保存本年度报告；

4. 本企业自愿接受工业和信息化部组织的新能源汽车相关检查，如实提供所需的信息和资料，并为检查工作提供方便。

法定代表人（签章）：

企业名称（盖章）：

年　　月　　日

一、综述

1. 新能源产品改进情况

2. 生产、检验能力和条件建设情况

3. 新能源汽车年度生产、销售的总体情况

4. 国家有关政策和强制性标准、法规的执行情况

5. 国家和地方补贴的申报、获取情况

6. 生产一致性内部检查情况
（包括产品一致性自查情况、生产一致性保证能力自查情况）

7. 政府相关部门对企业和产品的监督检查情况

8. 监测系统的数据分析情况
（包括监测的新能源汽车数量；产品按车型、地域分布情况；单车运行里程、单一车型产量及总运行里程、全部产品产量及总运行里程、能耗数据及分析、故障和事故情况统计分析等）

9. 售后服务及产品安全保障情况
（包括售后服务及产品安全保障能力建设情况、售后服务过程中发现的产品质量和安全故障及相应的改善措施等）

10. 产品在安全、环保、节能方面的事件或事故及处理、汇报情况

11. 动力电池（包括超级电容器等）回收和处置情况

二、新能源汽车产、销量及销售额

序号	产品型号	产品名称	生产地址		产、销量(辆)和销售额(万元)				合计
					第一季度	第二季度	第三季度	第四季度	
1				产量					
				销量					
				销售额					
2				产量					
				销量					
				销售额					
3				产量					
				销量					
				销售额					
合计				总产量					
				总销量					
				总销售额					

三、新能源汽车动力电池(含超级电容器、燃料电池堆)采购情况

序号	产品型号	产品名称	生产地址		动力电池采购量(辆份)和采购额(万元)				合计
					第一季度	第二季度	第三季度	第四季度	
1				采购量					
				采购额					
2				采购量					
				采购额					
3				采购量					
				采购额					
合计				总采购量					
				总采购额					

通用航空经营许可管理规定

（2020年8月4日交通运输部令2020年第18号公布　自2021年1月1日起施行　国司备字[2020002383]）

第一章　总　　则

第一条　为了规范对通用航空的行业管理，促进通用航空安全、有序、健康发展，根据《中华人民共和国民用航空法》《中华人民共和国行政许可法》《中华人民共和国安全生产法》等法律、行政法规，制定本规定。

第二条　本规定适用于中华人民共和国境内从事经营性通用航空活动企业的经营许可以及相应的监督管理。

第三条　从事经营性通用航空活动的企业，应当取得通用航空经营许可。

第四条　取得通用航空经营许可的企业（以下简称通用航空企业），应当遵守法律、行政法规和规章的规定，在批准的经营范围内依法开展经营活动。

第五条　中国民用航空局（以下简称民航局）负责对全国通用航空经营许可以及相应监督管理工作实施统一管理。

中国民用航空地区管理局（以下简称民航地区管理局）负责辖区内的通用航空经营许可以及相应监督管理工作。

第六条　实施通用航空经营许可管理遵循下列基本原则：

（一）促进通用航空业高质量发展，维护社会公共利益，保护消费者合法权益；

（二）符合通用航空发展政策；

（三）符合科学规划、市场主导、协调发展的要求；

（四）保障飞行、作业以及空防安全。

第七条　经营性通用航空活动分为三类：

（一）载客类，是指通用航空企业使用符合民航局规定的民用航空器，从事旅客运输的经营性飞行服务活动。

（二）载人类，是指通用航空企业使用符合民航局规定的民用航空器，搭载除机组成员以及飞行活动必需人员以外的其他乘员，从事载客类以外的经营性飞行服务活动。

（三）其他类，是指通用航空企业使用符合民航局规定的民用航空器，从事载客类、载人类以外的经营性飞行服务活动。

载客类经营活动主要类型包括通用航空短途运输和通用航空包机飞行。载人类、其他类经营活动的主要类型由民航局另行规定。

第二章 经营许可条件

第八条 申请取得通用航空经营许可的,应当具备下列条件:

(一)从事经营性通用航空活动的主体应当为企业法人,企业的法定代表人为中国籍公民;

(二)有符合本规定第九条要求的民用航空器;

(三)有与民用航空器相适应,经过专业训练,取得相应执照的驾驶员;

(四)按规定投保地面第三人责任险;

(五)法律、行政法规规定的其他条件。

第九条 取得通用航空经营许可,申请人应当具有满足下列要求的民用航空器:

(一)在中华人民共和国进行登记,符合相应的适航要求;

(二)除民航局另有规定外,用于从事载客类、载人类经营活动的民用航空器应当具有标准适航证;

(三)与拟从事的经营性通用航空活动相适应;

(四)从事载客类经营活动的,至少购买或者租赁 2 架民用航空器;从事载人类和其他类经营活动的,至少购买或者租赁 1 架民用航空器。

本规定所称民用航空器,包括民用有人驾驶航空器和民用无人驾驶航空器。

第三章 经营许可程序

第十条 申请人应当向企业住所地民航地区管理局提出通用航空经营许可申请,按规定的格式提交下列申请材料并确保其真实、完整、有效:

(一)通用航空经营许可申请书;

(二)企业营业执照;

(三)合法占有使用民用航空器的购买或者租赁合同;

(四)民用有人驾驶航空器的国籍登记证、适航证和装配的机载无线电台的执照,民用无人驾驶航空器在民航局“无人机实名登记系统”中的实名登记标志;

（五）驾驶员执照；

（六）投保地面第三人责任险的投保文件或者等效证明文件。

第十一条 民航地区管理局应当自受理通用航空经营许可申请材料之日起 20 日内作出是否准予许可的决定；20 日内不能作出决定的，经民航地区管理局负责人批准，可以延长 10 日，并应当将延长期限的理由告知申请人。

准予许可的，民航地区管理局应当自作出决定之日起 10 日内向申请人颁发、送达通用航空经营许可证（以下简称经营许可证）；不予许可的，应当书面通知申请人，说明理由，并告知申请人享有依法申请行政复议或者提起行政诉讼的权利。

第十二条 对从事其他类经营活动的经营许可申请，民航地区管理局应当实行告知承诺制审批，但是开展民用航空器驾驶员执照培训业务的除外。

第十三条 民航地区管理局应当将颁发经营许可证的相关审核材料报送民航局备案，民航局定期公告通用航空经营许可情况。

第十四条 经营许可证应当载明：

（一）许可证编号；

（二）企业名称；

（三）企业住所；

（四）法定代表人；

（五）经营范围；

（六）颁发日期。

第四章 经营许可证的管理

第十五条 经营许可证分为正本和副本，正本和副本具有同等法律效力。

经营许可证正本应当置于通用航空企业住所或者营业场所的醒目位置。

第十六条 经营许可证所载事项发生变更的，通用航空企业应当自变更事项发生之日起 15 日内向住所地民航地区管理局提出变更经营许可证载明事项的申请。

第十七条 民航地区管理局应当将经营许可证的变更、注销等情形的相关审核材料及时报送民航局备案，民航局定期予以公告。

第十八条 除法律、法规、规章另有规定外，经营许可证持续有效。

第十九条 经营许可证不得涂改、倒卖、出租、出借或者以其他形式非法转让。

第二十条 发生经营许可证遗失、损毁、灭失等情况的，通用航空企业应当自发生之日起15日内向住所地民航地区管理局申请补发,并在相关媒体发布公告。

第五章　通用航空企业经营规范

第二十一条　通用航空企业开展经营性通用航空活动时,应当持续符合通用航空经营许可条件以及民航局规定的其他要求。

第二十二条　开展经营活动前,通用航空企业应当按照民航局有关信息报送规定要求向住所地民航地区管理局备案经营活动信息;跨地区开展经营活动的,还应当向经营活动所在地区的民航地区管理局备案经营活动信息,并接受监督管理。

经营活动结束后,通用航空企业应当按照民航局有关信息报送规定要求及时、真实、完整地报送安全生产经营情况、行业统计数据以及申领民航财政补贴所需信息等有关内容。

企业的股权结构、机队构成等基本信息发生变更的,应当按照民航局有关信息报送规定要求,自变更发生之日起15日内完成通用航空管理系统中相关信息的更新。

第二十三条　从事载客类经营活动的通用航空企业,应当按照民航局的有关规定,制定飞行事故应急反应预案和伤亡人员家属援助计划。

第二十四条　从事载客类经营活动的通用航空企业,应当按照要求制定运输服务标准和锂电池运输管理手册,内容至少包括客票销售、旅客服务、投诉受理、锂电池运输安全管理、培训、应急处置等方面。

第二十五条　通用航空企业在和通用航空用户、消费者订立合同时,应当充分履行告知义务,全面、真实、准确地向通用航空用户、消费者告知其具备的经营资质、服务标准、投保各类保险以及相应保险金额等信息,保障通用航空用户、消费者的知情权和选择权。

第二十六条　通用航空企业应当在每年3月31日前,通过通用航空管理系统向住所地民航地区管理局报送上一年度的年度报告。年度报告应当包括下列内容:

(一)企业简介;

(二)经营情况说明;

(三)股东情况;

(四)董事、监事、高级管理人员、民用航空器、民用航空器驾驶员等专业技术人员情况;

（五）其他重要事项。

民航局依法公开通用航空企业年度报告报送情况，涉及国家秘密、商业秘密、个人隐私的除外。

第六章 监督检查

第二十七条 民航局建立健全通用航空经营许可及相应监督管理工作的监督检查制度，及时纠正通用航空经营许可和相应监督管理过程中的违法行为。

第二十八条 民航地区管理局对辖区内的经营性通用航空活动实施监督管理，建立健全相应监督检查制度，依法查处违法开展的经营性通用航空活动。

对跨地区违法开展经营性通用航空活动的通用航空企业，违法行为发生地民航地区管理局依法进行查处后，应当及时将违法事实、处理结果抄告通用航空企业住所地民航地区管理局，并报民航局备案。

第二十九条 通用航空企业应当配合民航局、民航地区管理局行政执法人员的监督检查，如实、完整地提供有关情况和材料，不得隐瞒或者提供虚假信息。

第三十条 通用航空企业存在违法行为需要改正的，民航地区管理局应当责令其改正或者限期改正。

第三十一条 民航地区管理局采取告知承诺制审批方式作出行政许可决定后，应当对通用航空企业的承诺内容是否属实进行检查。发现通用航空企业实际情况与承诺内容不符的，应当撤销其通用航空经营许可并依法予以处罚。

第三十二条 任何自然人、法人和其他组织有权向民航局、民航地区管理局举报违法开展的经营性通用航空活动；民航局、民航地区管理局应当依法予以核实、处理。

第三十三条 民航局建立健全通用航空诚信经营评价体系，组织开展诚信经营评价。对诚信评价记录好的通用航空企业，可以依法减少检查频次或者豁免检查；对诚信评价记录差的通用航空企业，依法增加检查频次。

第三十四条 通用航空企业违反本规定，有下列情形之一的，依法记入民航行业严重失信行为信用记录：

（一）拒绝接受或者拒不配合民航行政机关依法开展的监督检查的；

（二）拒不执行民航行政机关依法作出的改正或者限期改正要求的；

（三）从事无证无照经营的；

（四）在申请通用航空经营许可或者接受民航行政机关检查等工作过程中，提供虚假材料、虚假证言证词的；

（五）采取告知承诺制审批方式取得许可，但实际情况与承诺内容不符被撤销经营许可的；

（六）侵害通用航空用户、消费者合法权益，引发重大社会影响的。

第三十五条 通用航空企业有下列情形之一的，民航地区管理局应当依法办理经营许可证的注销手续：

（一）因破产、解散等原因被终止法人资格的；

（二）通用航空经营许可依法被撤销、撤回或者经营许可证依法被吊销的；

（三）法律、法规规定的应当注销的其他情形。

第七章 法律责任

第三十六条 违反本规定第三条，未取得经营许可证擅自从事经营性通用航空活动的，或者违反本规定第四条，通用航空企业超出经营许可证载明的经营范围从事经营性通用航空活动的，由民航局或者民航地区管理局责令其停止违法活动，处违法所得 3 倍以下、最高不超过 3 万元的罚款，没有违法所得的，处 1 万元以下的罚款。

第三十七条 申请人隐瞒有关情况或者提供虚假材料申请通用航空经营许可的，民航地区管理局不予受理或者不予许可，并给予警告；申请人在 1 年内不得再次申请通用航空经营许可。

被许可人以欺骗、贿赂等不正当手段取得通用航空经营许可的，由民航地区管理局依法撤销其经营许可，并处 3 万元以下的罚款；被许可人在 3 年内不得再次申请通用航空经营许可。

第三十八条 违反本规定第十五条第二款，通用航空企业未将经营许可证正本置于企业住所或者营业场所醒目位置的，由民航局或者民航地区管理局责令其限期改正；拒不改正的，给予警告，并处 1 万元以下的罚款。

第三十九条 违反本规定第十六条，通用航空企业未按规定及时办理经营许可证变更手续的，由民航局或者民航地区管理局责令其限期改正；拒不改正的，给予警告，并处 3 万元以下的罚款。

第四十条 违反本规定第十九条，通用航空企业涂改、倒卖、出租、出借或者以其他形式非法转让经营许可证的，由民航局或者民航地区管理局责令其限期改正；拒不改正的，给予警告，并处 3 万元以下的罚款。

第四十一条　违反本规定第二十条，通用航空企业发生经营许可证遗失、损毁、灭失等情况未按规定申请补发的，由民航局或者民航地区管理局责令其限期改正；拒不改正的，给予警告，并处3万元以下的罚款。

第四十二条　通用航空企业有下列违法情形之一的，由民航局或者民航地区管理局责令其限期改正，给予警告，并处3万元以下的罚款：

（一）违反本规定第二十一条，未能持续符合通用航空经营许可条件的；

（二）违反本规定第二十二条，未按照要求报送或者更新相关信息内容的。

第四十三条　通用航空企业有下列违法情形之一的，由民航局或者民航地区管理局责令其限期改正；拒不改正的，给予警告，并处3万元以下的罚款：

（一）违反本规定第二十三条，未按要求制定飞行事故应急反应预案的；

（二）违反本规定第二十三条，未按要求制定伤亡人员家属援助计划的；

（三）违反本规定第二十四条，未按要求制定运输服务标准的；

（四）违反本规定第二十四条，未按要求制定锂电池运输管理手册的；

（五）违反本规定第二十六条，未在规定时间内报送上一年度的年度报告的，或者年度报告内容不符合要求的。

第四十四条　违反本规定第二十九条，通用航空企业不配合民航行政执法人员的监督检查，或者故意隐瞒、提供虚假信息的，由民航局或者民航地区管理局责令其限期改正，给予警告，并处3万元以下的罚款。

第四十五条　通用航空企业违反《中华人民共和国民用航空法》，情节较重的，按照《中华人民共和国民用航空法》第二百一十一条规定，除依照《中华人民共和国民用航空法》规定处罚外，民航局或者民航地区管理局可以吊销其经营许可证。

第四十六条　通用航空企业违反《中华人民共和国安全生产法》规定，不再具备安全生产条件的，民航地区管理局应当依法撤销其经营许可证。

第八章　附　　则

第四十七条　本规定下列用语的含义是：

（一）载客类中的客，是指向通用航空企业支付费用，搭乘通用航空企业使用的符合民航局规定的民用航空器，实现从起飞地到降落地运输目的的旅客。

（二）载人类中的人，是指除机组成员以及飞行活动必需人员之外，搭乘通用航空企业使用的符合民航局规定的民用航空器，实现非运输目的的乘员。

第四十八条　经营性通用航空活动中涉及的危险品管理办法，由民航局另行规定。

第四十九条　依照法律、行政法规规定应当完成运行合格审定的,应当在审定合格后方可开展经营性飞行活动。

鼓励具备运行能力的申请人申请通用航空经营许可和运行合格审定联合审批。

鼓励通用航空企业投保民用航空器机身险、乘客责任险等补充保险。

第五十条　本规定自 2021 年 1 月 1 日起施行。交通运输部于 2016 年 4 月 7 日以交通运输部令 2016 年第 31 号公布,2018 年 11 月 16 日以交通运输部令 2018 年第 36 号、2019 年 11 月 28 日以交通运输部令 2019 年第 30 号修改的《通用航空经营许可管理规定》同时废止。

司法解释

最高人民法院　最高人民检察院　公安部关于印发《关于刑事案件涉扶贫领域财物依法快速返还的若干规定》的通知

（2020 年 7 月 24 日　高检发〔2020〕12 号）

各省、自治区、直辖市高级人民法院、人民检察院、公安厅（局），解放军军事法院、军事检察院，新疆维吾尔自治区高级人民法院生产建设兵团分院，新疆生产建设兵团人民检察院、公安局：

为服务巩固脱贫攻坚战战果，推进开展并有效规范刑事案件涉扶贫领域财物依法快速返还工作，最高人民法院、最高人民检察院、公安部联合制定了《关于刑事案件涉扶贫领域财物依法快速返还的若干规定》，现予以印发，请结合实际认真贯彻执行。在贯彻执行中遇到的新情况、新问题，请及时分别报告最高人民法院、最高人民检察院、公安部。

最高人民法院　最高人民检察院　公安部关于刑事案件涉扶贫领域财物依法快速返还的若干规定

第一条　为规范扶贫领域涉案财物快速返还工作，提高扶贫资金使用效能，促进国家惠民利民政策落实，根据《中华人民共和国刑法》《中华人民共和国刑事诉讼法》等法律和有关规定，制定本规定。

第二条　本规定所称涉案财物，是指办案机关办理有关刑事案件过程中，查封、扣押、冻结的与扶贫有关的财物及孳息，以及由上述财物转化而来的财产。

第三条 对于同时符合下列条件的涉案财物，应当依法快速返还有关个人、单位或组织：

（一）犯罪事实清楚，证据确实充分；

（二）涉案财物权属关系已经查明；

（三）有明确的权益被侵害的个人、单位或组织；

（四）返还涉案财物不损害其他被害人或者利害关系人的利益；

（五）不影响诉讼正常进行或者案件公正处理；

（六）犯罪嫌疑人、被告人以及利害关系人对涉案财物快速返还没有异议。

第四条 人民法院、人民检察院、公安机关办理有关扶贫领域刑事案件，应当依法积极追缴涉案财物，对于本办案环节具备快速返还条件的，应当及时快速返还。

第五条 人民法院、人民检察院、公安机关对追缴到案的涉案财物，应当及时调查、审查权属关系。

对于权属关系未查明的，人民法院可以通知人民检察院，由人民检察院通知前一办案环节补充查证，或者由人民检察院自行补充侦查。

第六条 公安机关办理涉扶贫领域财物刑事案件期间，可以就涉案财物处理等问题听取人民检察院意见，人民检察院应当提出相关意见。

第七条 人民法院、人民检察院、公安机关认为涉案财物符合快速返还条件的，应当在作出返还决定五个工作日内返还有关个人、单位或组织。

办案机关返还涉案财物时，应当制作返还财物清单，注明返还理由，由接受个人、单位或组织在返还财物清单上签名或者盖章，并将清单、照片附卷。

第八条 公安机关、人民检察院在侦查阶段、审查起诉阶段返还涉案财物的，在案件移送人民检察院、人民法院时，应当将返还财物清单随案移送，说明返还的理由并附相关证据材料。

未快速返还而随案移送的涉案财物，移送机关应当列明权属情况、提出处理建议并附相关证据材料。

第九条 对涉案财物中易损毁、灭失、变质等不宜长期保存的物品，易贬值的汽车等物品，市场价格波动大的债券、股票、基金份额等财产，有效期即将届满的汇票、本票、支票等，经权利人同意或者申请，并经人民法院、人民检察院、公安机关主要负责人批准，可以及时依法出售、变现或者先行变卖、拍卖。所得款项依照本规定快速返还，或者按照有关规定处理。

第十条 人民法院、人民检察院应当跟踪了解有关单位和村（居）民委员会等组织对返还涉案财物管理发放情况，跟进开展普法宣传教育，对于管理环节存在漏洞的，要及时提出司法建议、检察建议，确保扶贫款物依法正确使用。

第十一条 发现快速返还存在错误的，应当由决定快速返还的机关及时纠正，依法追回返还财物；侵犯财产权的，依据《中华人民共和国国家赔偿法》第十八条及有关规定处理。

第十二条 本规定自印发之日起施行。

最高人民法院印发《关于深化司法责任制综合配套改革的实施意见》的通知

（2020 年 7 月 31 日　法发〔2020〕26 号）

各省、自治区、直辖市高级人民法院，解放军军事法院，新疆维吾尔自治区高级人民法院生产建设兵团分院：

为深入贯彻党的十九大和十九届二中、三中、四中全会精神，全面落实司法责任制，根据中共中央办公厅印发的《关于深化司法责任制综合配套改革的意见》，结合工作实际，最高人民法院制定了《关于深化司法责任制综合配套改革的实施意见》。现将文件印发给你们，请认真组织实施。实施过程中遇有重要问题，请及时层报最高人民法院。

最高人民法院关于深化司法责任制综合配套改革的实施意见

为深入贯彻党的十九大和十九届二中、三中、四中全会精神，全面落实司法责任制，努力让人民群众在每一个司法案件中感受到公平正义，根据中共中央办公厅印发的《关于深化司法责任制综合配套改革的意见》，结合人民法院工作实际，提出如下意见。

一、加强人民法院政治建设，落实全面从严治党主体责任

1．坚持把党的政治建设摆在首位。坚持用习近平新时代中国特色社会主义思想武装头脑、指导实践、推动工作，教育引导广大干警始终在政治立场、政治方向、政治原则、政治道路上同以习近平同志为核心的党中央保持高度一致。扎实推进党的创新理论学习，持续开展分层次、全覆盖的政治轮训，实现学习教育制度化常态化。强化政治机关意识教育，严明党的政治纪律和政治规矩，引导广大干警坚持党对司法工作的绝对领导，坚持中国特色社会主义法治道路，坚守初心使命，增强“四个意识”、坚定“四个自信”、做到“两个维护”，确保党中央决策部署在人民法院得到不折不扣贯彻落实。

2. 坚持突出政治标准选人用人。坚持把政治标准作为第一标准，健全法院干警政治素质识别评价机制，细化考察内容，优化路径方法，提高政治素质考察的科学性、精准度和操作性，在遴选任命、提拔晋升、监督管理、考核评价、培养锻炼、表彰奖励等工作中严把政治关。探索建立干部政治素质档案，加强对政治忠诚、政治定力、政治担当、政治能力、政治自律方面的常态化考核考察。注重掌握在承办重大案件、完成重大任务、参与重大斗争、面临重大考验等关键时刻的具体表现，通过疫情防控等急难险重工作考察识别干部。

3. 全面落实从严治党主体责任。各级人民法院应当建立全面从严治党责任清单，健全可操作、可监督、可问责的从严治党责任体系。加强常态化政治督察和经常性管理监督，严肃组织纪律、工作纪律和审判纪律，严厉查处违规违纪行为。强化基层党组织政治功能，推进标准化规范化建设，切实提升组织力，履行好直接教育、管理、监督党员的职责。按照政治过硬、业务过硬、责任过硬、纪律过硬、作风过硬的要求，打造忠诚干净担当、敬畏信守法律的革命化、正规化、专业化、职业化法院队伍。

二、完善审判权力运行体系，健全审判监督管理机制

4. 完善审判权力和责任清单。各级人民法院应当深刻把握全面落实司法责任制和严格执行民主集中制的关系，细化完善本院审判权力和责任清单，区分院长、副院长、审判委员会专职委员、其他审判委员会委员，庭长、副庭长，独任法官，合议庭审判长、承办法官及其他成员等人员类型，逐项列明各类审判人员的权责内容和履职要求，重点就确保规范有序行权、强化审判监督管理等事项作出细化规定。推动将院庭长（含审判委员会专职委员，下同）、其他审判人员、法官助理、书记员的岗位职责清单和履职指引嵌入办案平台，实现对各类履职行为可提示、可留痕、可倒查、可监督。

5. 完善“四类案件”识别监管机制。各级人民法院应当结合审级职能定位和审判工作实际，进一步细化明确《最高人民法院关于完善人民法院司法责任制的若干意见》第24条规定的“四类案件”范围，完善院庭长监督管理“四类案件”的发现机制、启动程序和操作规程，探索“四类案件”自动化识别、智能化监管，提高审判监督管理的信息化、专业化、规范化水平。各高级人民法院应当建立统一的“四类案件”自动识别监测系统，对审判组织应当报告而未报告、应当提交专业法官会议或审判委员会讨论而未提交的案件，系统自动预警并提醒院庭长监督。

对于“四类案件”，院庭长有权要求独任庭或合议庭报告案件进展和评议结果，对审理过程或评议结果有异议的，可以将案件提交专业法官会议、审判委员会讨论，不得要求独任庭、合议庭接受本人意见或直接改变独任庭、合议庭意见。院庭长履行审判监督管理职责时，应当在卷宗或办案平台标注，全程留痕。各级人民法院应当将履行审判监督管理职责情况、分管领域审判质效总体情况，作为院庭长综合考核评价的重要内容。

6. 优化审判团队组建。基层、中级人民法院应当综合考虑人员结构、案件类型、难易程度、综合调研等因素，适应繁简分流和专业化分工需要，灵活组建多种类型的审判团队。强化审判团队作为办理案件单元、自我管理单元的功能，根据职能需要合理确定人员配比。以优化协同高效、利于监督管理为原则，进一步完善内部组织架构，理顺审判团队、审判组织与审判机构之间的关系，确保审判团队负责人、独任法官、审判长、副庭长、庭长工作权责明晰合理、事务分配衔接有序。法官与审判辅助人员配备可以实行双向选择与组织调配相结合，赋予法官对审判辅助人员的工作分配权、考核建议权以及一定的人事管理建议权。

7. 完善案件分配机制。各级人民法院应当坚持“以随机分案为原则，以指定分案为例外”。已组建专业化合议庭、专业化审判团队或小额诉讼、速裁快审等审判团队的，应当合理确定案件类型搭配方式、灵活配置人力资源，尽可能在不同审判组织之间随机分案，避免一类案件长期由固定审判组织办理。对于相对固定的审判团队和合议庭，人员应当定期调整。指定分案情况，应当在办案平台上全程留痕。因回避或工作调动、身体健康、廉政风险等事由，分案后确需调整审判组织人员的，由院庭长按权限决定，调整结果应当及时通知当事人，并在办案平台标注原因。

8. 健全院庭长办案机制。各高级人民法院应当综合考虑人员数量、案件规模、分管领域、监督任务和行政事务等因素，区分不同地区、层级、岗位，科学合理确定辖区法院院庭长办案数量标准。院庭长不得以主持或参加专业法官会议、协调督办重大敏感案件、监督“四类案件”、接待来访、指挥执行等充抵办案数量，但相关事务可以计入工作量，纳入绩效考核评价内容。

各高级人民法院应当进一步细化由辖区法院院庭长办理的具体案件类型，完善案件识别、分配机制，推动实现智能识别、标签处理、自动分配。各级人民法院院庭长办案以指定分案为主，重点办理“四类案件”、发回重审案件等，基层人民法院院庭长也可以参与随机分案，但应当优先办理前述类型案件。

各高级人民法院应当建立监督管理与办案平衡机制，优化辖区法院审判监督、审判管理、行政管理职责，协调减少院庭长事务性工作负担，不参加超出法院和法官法定职责范围的事务。高级人民法院审判管理部门负责指导辖区法院测算核定院庭长办案量。上级人民法院审判管理部门每季度应当通报辖区下一级人民法院入额院领导的办案任务完成情况。本院审判管理部门应当定期通报庭长、副庭长办案任务完成情况。

9. 完善统一法律适用机制。进一步完善关联案件和类案检索机制、专业法官会议机制和审判委员会制度，确保各项机制有机衔接、形成合力。通过类案检索初步过滤、专业法官会议研究咨询、审判委员会讨论决定，有效解决审判组织内部、不同审判组织以及院庭长与审判组织之间的分歧，促进法律适用标准统一。

承办法官应当按照相关文件要求，对于应当类案检索的案件，在合议庭评议、专业法官会议讨论和审理报告中说明情况，或制作专门的类案检索报告。各级人民法院可以根据案件类型、所涉事项，视情召开跨团队、跨庭室的专业法官会议。上级人民法院为推动法律统一适用，可以就类型化案件组织辖区法院召开跨审级、跨地域的专业法官会议。对于依法应当提交审判委员会讨论决定、但不存在内部分歧的案件，可以不提交专业法官会议讨论。各级人民法院应当建立务实管用的法律适用分歧解决机制，探索建立当事人和其他诉讼参与人反映法律适用不一致问题的渠道，配套完善监测、反馈和公开机制。

各高级人民法院应当进一步规范办案指导文件、参考性案例发布程序，及时向最高人民法院备案，杜绝不同地区办案标准的不合理差异。

10. 严格违法审判责任追究。健全法官惩戒工作程序，完善调查发现、提请审查、审议决议、权利救济等程序规则，坚持严肃追责与依法保障有机统一，严格区分办案质量瑕疵责任与违法审判责任，细化法官和审判辅助人员的责任划分标准，提高法官惩戒工作的专业性、透明度和公信力。各高级人民法院应当积极推动在省一级层面设立法官惩戒委员会，进一步规范惩戒委员会的设置和组成，配合制定本级法官惩戒委员会章程、惩戒工作规则，科学设立法官惩戒工作办事机构，制定实施细则。

理顺法官惩戒调查与纪检监察调查、法官惩戒委员会审查程序与纪检监察审查程序的关系，确保权责明晰、衔接顺畅。各级人民法院在工作中发现法官或法院其他工作人员涉嫌违纪、职务违法、职务犯罪的问题线索，依照有关法律和规定应当由纪检监察机关调查处置的，应当及时移送。纪检监察机关依法对法官涉嫌违纪、职务违法、职务犯罪进行调查的，法官惩戒委员会可以从专业角度提出审查意见，供纪检监察机关参考。

三、落实防止干预司法“三个规定”，加强廉政风险防控机制建设

11. 健全落实“三个规定”工作机制。各级人民法院应当严格执行《领导干部干预司法活动、插手具体案件处理的记录、通报和责任追究规定》《司法机关内部人员过问案件的记录和责任追究规定》《关于进一步规范司法人员与当事人、律师、特殊关系人、中介组织接触交往行为的若干规定》及其实施办法。畅通信息直报系统，建立干预过问案件情况月报告和“零报告”制度，健全对记录违规干预过问案件办案人员的保护和激励机制。将法院工作人员违反规定过问案件和干预办案情况，以及办案人员记录过问案件情况，纳入党风廉政建设责任制和政绩考核体系，与部门领导班子履行主体责任直接挂钩，作为考核评价干部的重要依据。上级人民法院履行对下监督指导职责，或者院庭长在本院审判权力和责任清单规定范围内履行审判监督管理职责的，不属于违反规定过问和干预案件。

12. 健全廉政风险防控体系。各级人民法院应当充分发挥党内监督、监察监督和政法系统内部监督的综合效能，加大违规违纪行为追责问责力度，坚持零容忍惩治司法腐败。梳理办案流程、审限管理等关键节点，分析研判每个节点可能存在的办案风险，加强审判风险监控智能预警，促进司法廉政风险早发现、早预警、早处置。

13. 完善自觉接受外部监督制约机制。各级人民法院应当依法依规自觉接受人大监督、民主监督、群众监督、舆论监督和检察机关法律监督，确保审判活动在受监督和约束环境下有序开展。贯彻落实人民陪审员法，切实做好人民陪审员的选任、参审、培训、管理、宣传等工作，保障人民群众有效参与和监督司法。各级人民法院应当积极运用司法公开“四大平台”，积极构建开放动态透明便民的阳光司法机制，拓展司法公开的广度和深度。

四、完善人员分类管理制度，加强履职保障体系建设

14. 推进法官员额动态管理。省级以下人民法院法官员额，由高级人民法院在核定总量内统筹管理，原则上以设区的市（地区）为单位，在省级范围内合理分配、动态调整。基层人民法院的法官员额配置，应当以核定编制、办案总量、法官人均办案量为主要依据，高级、中级人民法院的法官员额配置可适当考虑对下业务指导等工作量。

法官员额配置应当向基层和办案一线倾斜，高级人民法院法官员额比例不得高于辖区基层人民法院平均水平。上级人民法院对辖区法院法官员额进行调整配置的，可以调整使用预留的法官员额，也可以对已经配置的法官员额进行统筹调整。上级人民法院为动态调整预留的法官员额，原则上不得用于本院。法院员额动态调整后，适时相应调整相关法院法官等级比例核算基数，员额缩减的法院的法官等级职数可以逐步解决。

15. 推进政法专项编制动态管理。各高级人民法院应当加强与省级机构编制部门的沟通协调,明确协同管理方式,完善工作运行机制,理顺编制事项审批程序,妥善解决政法专项编制省级统一管理改革后面临的问题。在法院政法专项编制总量内,按照统筹兼顾、突出重点、实事求是的原则,综合考虑辖区面积、自然条件、人口数量、经济社会发展水平、案件规模以及现有编制数等因素,推动编制向人均办案量较大的地区、法院倾斜。按照盘活存量、动态调整、优化结构的原则,统筹考虑本省(自治区、直辖市)法官员额调整与政法专项编制调配的均衡性、准确性和协同性,强化政法专项编制科学管理,促进编制资源有序流动,提高编制使用效能。依托人事信息管理系统,及时更新编制、员额信息,准确、全面掌握变动情况。

16. 健全法官遴选制度。各高级人民法院应当建立法官常态化增补机制,对辖区法院预留或空出的员额定期开展遴选,每年开展法官遴选原则上不少于一次;探索开展法官跨地域遴选工作,跨地市遴选法官的,应当报经高级人民法院同意;跨省(自治区、直辖市)遴选法官的,应当报经最高人民法院同意。法官遴选过程中,在向省级法官遴选委员会推荐拟入额人选时,可以综合考虑法官人均办案工作量、近期拟退休法官人数等因素,按照不高于法官空缺数30%的比例推荐递补人选。下次遴选工作启动前,法官员额空缺的,可以直接从递补人选中推荐拟入额人选,按程序报高级人民法院审批后办理任职手续。未能递补入额的,在下次法官遴选时,按照与其他人员相同的程序和标准重新参加遴选。

17. 完善法官退出机制。担任领导职务的法官不办案、办案达不到要求,或挂名办案、虚假办案,拒不改正的,应当退出员额。法官具有退出员额情形,所在法院未启动退出程序的,上级人民法院应当及时督促。法官对涉及本人退出员额的决定有异议的,可以在收到决定后七日内向所任职法院申请复核。法官退出员额后需要免除法律职务的,应当及时提请办理相关免职手续。法官因惩戒委员会意见退出员额五年后,或因自愿申请、办案业绩考核不达标退出员额两年后,可以重新申请入额。

18. 健全法官逐级遴选制度。落实法官法关于法官逐级遴选的规定,健全上级人民法院法官助理到下级人民法院参加入额遴选的工作机制,完善与法官逐级遴选制度相配套的保障政策。最高人民法院、高级人民法院法官助理初任法官的,除原则上到基层人民法院任职外,也可以根据需要到中级人民法院任职。

员额制实施前在下级人民法院担任法官达到一定年限,符合现任职法院入额条件，且仍在审判部门协助办案的，可以在现任职法院参加入额遴选。经最高人民法院同意，各高级人民法院可对辖区内民族地区、边远地区遴选法官的学历和在下级人民法院的任职年限等条件适当放宽。最高人民法院会同有关部门，适时开展逐级遴选工作效果评估，不断完善逐级遴选制度。

19. 规范交流任职程序。各级人民法院法官因工作需要，由组织安排调整到非办案岗位或调离法院系统，退出员额五年内回到法院办案岗位且符合任职法院法官条件的，由高级人民法院批准或决定入额；上述人员如退出员额超过五年，需回到法院办案岗位参与办案满一年，经绩效考核合格后，按照上述程序办理入额手续。因工作需要在本省（自治区、直辖市）或跨省（自治区、直辖市）调到同级或下级人民法院办案岗位，或通过干部选拔任用程序选任到上级人民法院办案岗位，符合新任职法院员额法官条件的，由高级人民法院批准或决定入额；通过逐级遴选程序选任到上级人民法院担任法官的，即为员额法官，依照法定程序办理审判职务任命手续，无需再办理入额手续。经组织选派到法院办案岗位挂职锻炼的干部，符合挂职法院法官条件的，由各高级人民法院批准或决定入额；挂职锻炼干部入额的，不占用挂职法院的员额和职数。

20. 规范审判辅助人员和司法行政人员管理。中央政法专项编制的法官助理按综合管理类公务员管理，同时实行职级管理。在严把政治关、能力关和强化管理基础上，探索建立法学教师、法律院校学生等人员到法院交流、实习、担任法官助理的制度机制。书记员一般应当具有大学专科以上学历、熟练的速录技能和一定的法律专业知识，除部分办案岗位因涉密等需要保留部分政法编制书记员外，原则上不再占用中央政法专项编制，可以结合实际实行聘用制、雇员制等方式管理。编制内书记员按综合管理类公务员管理，同时实行职级管理。推动符合条件的编制内书记员适时转任法官助理。制定警务辅助人员管理办法，明确岗位职责、管理方式等。严格控制司法行政人员所占比例，基层人民法院司法行政人员原则上不得超过中央政法专项编制的15%。积极畅通司法行政人员与法官、审判辅助人员的交流渠道。

各级人民法院可以结合实际，对编制外书记员、警务辅助人员实行等级管理，不断完善激励措施，协调当地财政、人社等部门，将编制外书记员和警务辅助人员所需经费列入法院年度预算，予以统筹保障；合理确定编制外书记员和警务辅助人员的薪酬标准，并建立动态调整机制，健全与工作绩效挂钩的考核机制。加强编制外书记员和警务辅助人员基本养老、医疗、失业、生育、工伤等社会保险和住房公积金等社会保障待遇。

21. 完善法官单独职务序列管理制度。最高人民法院会同有关部门，制定法官单独职务序列管理相关规定。法官按照单独职务序列管理，采取按期晋升和择优选升相结合,特别优秀或工作特殊需要的一线办案岗位法官可以特别选升。择优选升应当控制在规定的等级比例或数量范围内,鼓励特别优秀的法官实行特别选升,特别选升可突破任职资格或越级晋升。法官年度考核被确定为基本称职、不进行年度考核,或参加年度考核不定等次的,该考核年度不计为晋升法官等级的年限。在党纪政务处分影响期内的,不得晋升法官等级。

法官因工作需要转任审判辅助人员、司法行政人员或交流到其他党政机关,根据法官等级晋升审批权限,综合考虑任职资历、工作经历等条件,比照确定职级:一级、二级高级法官可以确定为一级、二级巡视员,三级、四级高级法官可以确定为一级至四级调研员,一级至五级法官可以确定为一级至四级主任科员。交流到专业技术类、行政执法类职位的,比照交流到综合管理类职位的有关原则确定职级。

22. 健全薪酬待遇制度。健全落实法官单独职务序列改革试点实施后养老保险有关政策,完善落实与法官单独职务序列相配套的工资制度,推动落实法官工资正常调整机制,其他公务员调整工资待遇标准时,相应调整法官工资待遇标准。分配发放法官绩效考核奖金,应当按照"突出实绩、奖优罚劣、倾斜一线"的原则,不与法官职务等级挂钩,注重向一线办案人员倾斜。各级人民法院应当根据实际情况,合理确定奖励性绩效考核奖金档次标准和人员比例,真正拉开档次、体现差别。因违纪违法受到党纪政务处分的,影响期内不予发放奖励性绩效考核奖金;处分期间不足一年的,按比例核减发放奖励性绩效考核奖金。各高级人民法院应当积极争取当地党委、政府支持,加强与组织、财政、人社等部门沟通协调,全面落实与法官单独职务序列相配套的医疗、差旅、公务交通补贴、住房等待遇。

23. 健全绩效考核制度。各级人民法院应当遵循司法规律,综合考虑办案数量、办案质效等因素,区分人员类别、岗位特点以及案件类型,分层分级制定针对性强、级差合理、简便易行的绩效考核办法。法官绩效考核采取定量与定性相结合、量化为主的方式,科学制定和使用量化指标,采用加权测算等计算方法,合理设置权重比例。法官绩效考核包括办案数量、办案质量、办案效率和办案效果等基本内容,各级人民法院可以根据审判工作重点,进行相应调整。

对法官在完成办案任务的同时,根据组织安排参与专项工作、审判调研、业务指导等,应当科学设置考核指标,全面体现法官工作量。探索将智能化应用嵌入办案平台,自动抓取办案、办公数据,实时生成考核过程,动态更新考核内容,全程公开考核流程,确保考核结果客观、精准、可追溯。法官考核采取平时考核与年度考核相结合，年度考核以平时考核为基础。考核结果记入审判业绩档案，作为对法官奖惩、晋升、调整职务职级和工资、离岗培训、免职、降职、辞退的重要依据。考核不合格的，按规定调整岗位、降低等级、停发绩效奖金或退出员额。

24. 加强依法履职保护。进一步明确法官权益保障委员会职责，完善工作机制，加强安全教育培训。法官因依法履职遭受不实举报的，各级人民法院应当协调有关单位，及时澄清事实，消除不良影响，依法追究相关单位或个人的责任。各级人民法院应当依法健全与公安机关的联防联动机制，依法从严惩治对法院干警及其近亲属实施威胁恐吓、侮辱诽谤、报复陷害、暴力侵害等违法犯罪行为；法院干警及其近亲属受到人身威胁的，协调当地公安机关采取必要保护措施；认真落实关于依法惩治袭警违法犯罪行为的指导意见，依法加强对司法警察的履职保护。推动完善法院因公伤亡干警特殊补助政策。积极落实中央有关因公牺牲法官、司法警察抚恤政策，认真做好"两金"申报、发放和备案工作。进一步规范督察检查考核工作，坚决清理、取消不合理、不必要的考评项目和指标，切实为基层减负，为干警减压。

五、优化司法资源配置机制，切实提升审判效能

25. 健全多元化纠纷解决机制。各级人民法院应当按照一站式多元解纷和诉讼服务体系建设的要求，积极完善诉讼与非诉讼解纷方式分流对接机制，加强在线诉非分流和诉调对接工作，加快人民法院调解平台与仲裁机构、公证机构、人民调解、行政调解、行业调解等非诉讼解纷平台对接，充分运用线上平台，统筹集成法学会、行业协会、行业组织、商会、律师等解纷力量，实现大量纠纷在诉前多元化解。针对婚姻家庭、道路交通、物业纠纷、消费争议、劳动争议、医疗纠纷、银行保险、证券期货等类型化纠纷，加强与有关部门对接，建立健全线上线下诉前联动调解机制，明确程序衔接细则，促进诉前高效化解纠纷。

26. 深化案件繁简分流。各级人民法院应当加强多元纠纷解决机制与繁简分流机制的有效衔接，可以根据民事、刑事、行政和执行案件繁简分流要求，结合本地实际制定具体标准，研发繁简分流系统算法，嵌入立案系统，形成"智能识别为主，人工分流为辅"的繁简分流模式。完善程序适用激励机制，精准区分"繁案"和"简案"，建立科学合理的办案考核指标和机制，通过快审快执、绩效激励等方式，引导当事人、鼓励法官依法依规选择小额诉讼程序、简易程序办理案件。民事诉讼程序繁简分流改革试点地区高级人民法院应当加强试点指导管理，研究制定实施细则，鼓励探索创新，为推动立法修改完善奠定基础。非试点地区法院应当在不突破法律和司法解释前提下，积极借鉴试点法院经验，做好推广准备。

27. 推进审判辅助事务集约化、社会化管理。各级人民法院应当结合实际,梳理适合购买社会化服务的审判辅助事务范围和项目,规范有序开展向社会购买服务,建立健全公开竞标、运营监管、业务培训等制度,所需经费列入法院年度预算统筹保障。完善审判辅助事务集约化管理工作流程,探索组建专业工作团队,集中办理文书送达、财产保全、执行查控等事务。

28. 加强智慧数据中台建设。各高级人民法院应当依托智慧法院建设,大力推进辖区法院区块链技术应用,积极探索智能合约深度应用,加强以司法大数据管理和服务平台为基础的智慧数据中台建设。各级人民法院应当进一步探索拓展人工智能、5G 等现代科技在审判工作中的应用形态,推进以电子卷宗自动编目、网上阅卷、法律文书辅助生成、电子档案自动生成为代表的深度应用,完善"电子档案为主,纸质档案为辅"的案件归档方式。

各级人民法院应当充分认识深化司法责任制综合配套改革的重大意义,切实加强组织领导,认真履行主体责任,紧密结合工作实际,抓好本实施意见的推进实施,发挥好改革的突破和先导作用,依靠改革应对变局、开拓新局。各高级人民法院应当主动担当作为,杜绝"等靠要"思想,紧紧依靠党委领导,积极争取政府等各方面支持,结合本地实际,做好基础性工作,配套完善实施细则,切实加强改革督察,充分调动辖区法院积极性、主动性、创造性,认真推进落实法院自身可为的改革措施,确保各项具体改革任务抓实抓细抓落地。对贯彻落实本实施意见中遇到的新问题新情况,各级人民法院应当认真研究并提出建议,由高级人民法院汇总后,及时报最高人民法院。

本实施意见自 2020 年 8 月 4 日起实施,之前有关规定与本实施意见不一致的,按照本实施意见执行。

人民检察院检察委员会工作规则

(2020 年 6 月 15 日最高人民检察院第十三届检察委员会第三十九次会议通过 2020 年 7 月 31 日最高人民检察院公告公布 自 2020 年 7 月 31 日起施行)

目　录

第三章　讨论决定的案件和事项范围

第四章　会议制度

第五章　会议程序

第六章　决定的执行和督办

第七章　办事机构

第八章　附则

第一章　总　　则

第一条　为了规范人民检察院检察委员会工作，保障检察委员会依法履行职责，根据《中华人民共和国人民检察院组织法》《中华人民共和国检察官法》等有关法律规定，结合检察工作实际，制定本规则。

第二条　检察委员会是人民检察院的办案组织和重大业务工作议事决策机构。

第三条　检察委员会讨论决定案件和事项实行民主集中制。

第四条　检察委员会履行下列职能：

（一）讨论决定重大、疑难、复杂案件；

（二）总结检察工作经验；

（三）讨论决定有关检察工作的其他重大问题。

第二章　组 成 人 员

第五条　检察委员会由检察长、副检察长和若干资深检察官组成，成员应当为单数，并设专职委员。

检察委员会委员依照法律规定任免。

第六条　担任检察委员会委员的资深检察官应当具备以下条件：

（一）最高人民检察院应当为一级高级检察官以上等级的检察官；

（二）省级人民检察院应当为三级高级检察官以上等级的检察官；

（三）设区的市级人民检察院应当为一级检察官以上等级的检察官；

（四）基层人民检察院应当为三级检察官以上等级的检察官。

第七条　检察委员会委员履行下列职责：

（一）审阅检察委员会讨论的案件材料和事项材料，发表意见，参加表决；

（二）受检察长或者检察委员会指派，对检察委员会决定的落实进行督促检查；

（三）参加检察委员会集体学习；

（四）应当履行的其他职责。

检察委员会委员应当遵守检察委员会各项规章制度。

第三章　讨论决定的案件和事项范围

第八条　人民检察院办理下列案件，应当提交检察委员会讨论决定：

（一）涉及国家重大利益和严重影响社会稳定的案件；

（二）拟层报最高人民检察院核准追诉或者核准按照缺席审判程序提起公诉的案件；

（三）拟提请或者提出抗诉的重大、疑难、复杂案件；

（四）拟向上级人民检察院请示的案件；

（五）对检察委员会原决定进行复议的案件；

（六）其他重大、疑难、复杂案件。

检察委员会讨论案件，办案检察官对其汇报的事实负责，检察委员会委员对本人发表的意见和表决负责。

第九条　人民检察院办理下列事项，应当提交检察委员会讨论决定：

（一）在检察工作中贯彻执行党中央关于全面依法治国重大战略部署和国家法律、政策的重大问题；

（二）贯彻执行本级人民代表大会及其常务委员会决议的重要措施，拟提交本级人民代表大会及其常务委员会的工作报告；

（三）最高人民检察院对属于检察工作中具体应用法律的问题进行解释，发布指导性案例；

（四）围绕刑事、民事、行政、公益诉讼检察业务工作遇到的重大情况、重要问题，总结办案经验教训，研究对策措施；

（五）对检察委员会原决定进行复议的事项；

（六）本级人民检察院检察长、公安机关负责人的回避；

（七）拟向上一级人民检察院请示或者报告的重大事项；

（八）其他重大事项。

第四章　会议制度

第十条　检察委员会实行例会制，定期开会。必要时，可以提前或者推迟召开会议。

第十一条 检察委员会召开会议,应当有全体委员半数以上出席。

检察委员会委员因特殊原因不能出席会议的,应当向检察长或者主持会议的副检察长请假,并告知检察委员会办事机构。

第十二条 对于拟提交检察委员会讨论决定的案件和事项,办案检察官和事项承办人应当制作报告,经其所在内设机构负责人审核后报检察长决定。

第十三条 检察长决定将案件和事项提交检察委员会讨论的,检察委员会办事机构应当对办案检察官或者事项承办人移送的案件材料和事项材料进行审核,认为案件、事项及其报告的内容和形式不符合相关规定或者欠缺有关材料的,应当提出意见,由办案检察官或者事项承办人修改、补充。办事机构可以对案件和事项涉及的法律问题提出意见,供办案检察官或者事项承办人参考,并作为附件编入会议材料。

第十四条 检察委员会办事机构应当根据会议排期或者案件、事项紧迫程度,提出会议议程建议,报检察长决定。除特殊情况外,一般应当在会议召开三日前将会议通知、议程和案件材料或者事项材料等分送检察委员会委员、列席会议的人员和办案检察官或者事项承办人。

第十五条 检察委员会委员接到会议通知和议程后,应当认真审阅案件材料或者事项材料,准备意见,按时出席会议。

第五章 会议程序

第十六条 检察委员会会议由检察长主持。检察长因故不能出席的,应当委托一名副检察长主持;出现检察长职位空缺等不能委托情形的,由分管人民检察院日常工作的副检察长主持。

第十七条 检察委员会讨论决定案件和事项,按照以下程序进行:

(一)办案检察官或者事项承办人汇报,其所在内设机构负责人可以补充说明情况;

(二)检察委员会委员提问;

(三)检察委员会委员发表意见。顺序一般为:委员、专职委员、担任副检察长的委员、主持会议的委员。必要时,主持人可以请有关列席人员发表意见;

(四)主持人总结讨论情况;

(五)表决。

第十八条 检察委员会委员应当围绕讨论决定的案件和事项发表意见,提出明确的观点,并说明理由和依据。

第十九条 检察长、副检察长、检察委员会专职委员作为主办检察官或者独任检察官承办的案件或者事项提交检察委员会讨论的,应当履行办案检察官或者事项承办人和检察委员会委员的双重职责。

第二十条 对于提交讨论决定的案件和事项,检察委员会应当在讨论后进行表决。认为需要补充相关情况和材料的,可以责成办案检察官或者事项承办人补充相关情况和材料后,重新提交检察委员会讨论决定。

第二十一条 检察委员会表决案件和事项,除分别依照本规则第二十二条或者第二十三条的规定办理外,应当按照全体委员过半数的意见作出决定。少数委员的意见应当记录在卷。

表决结果由会议主持人当场宣布。

第二十二条 地方各级人民检察院检察长不同意本院检察委员会全体委员过半数的意见,属于办理案件的,可以报请上一级人民检察院决定;属于重大事项的,可以报请上一级人民检察院或者本级人民代表大会常务委员会决定。报请本级人民代表大会常务委员会决定的,应当同时抄报上一级人民检察院。

第二十三条 地方各级人民检察院检察委员会表决案件和事项,没有一种意见超过全体委员半数,如果全体委员出席会议的,应当报请上一级人民检察院决定。如果部分委员出席会议的,应当书面征求未出席会议委员的意见。征求意见后,应当按照全体委员过半数的意见作出决定,或者依照本规则第二十二条的规定办理;仍没有一种意见超过全体委员半数的,应当报请上一级人民检察院决定。

第二十四条 受委托主持会议的副检察长应当在会后将会议讨论情况和表决结果及时报告检察长。报告检察长后,依照本规则第二十一条的规定办理。

第二十五条 检察委员会讨论决定案件和事项,副检察长、检察委员会委员具有应当回避的情形的,应当申请回避并由检察长决定;本人没有申请回避的,检察长应当决定其回避。

检察长的回避依照本规则第九条的规定办理。

第二十六条 检察委员会召开会议,经检察长决定,不担任检察委员会委员的院领导和有关内设机构负责人可以列席会议;必要时,可以决定其他有关人员列席会议。

第二十七条 检察委员会讨论和决定的情况,由检察委员会办事机构进行录音录像并如实记录,经检察长审批后存档。检察委员会委员不得要求或者自行在会议记录上修改已发表的意见和观点。

任何人未经检察长批准,不得查阅、抄录、复制检察委员会会议记录;办案检察官或者事项承办人查阅、抄录、复制检察委员会委员关于所办案件和事项的具体意见除外。

第二十八条 检察委员会讨论案件和事项,检察委员会办事机构应当制作会议纪要和检察委员会决定事项通知书。纪要经检察长或者主持会议的副检察长审批后分送委员,并报上一级人民检察院检察委员会办事机构备案。检察委员会决定事项通知书发办案检察官或者事项承办人和有关内设机构执行。

检察委员会的决定需要有关下级人民检察院执行的,应当以人民检察院名义作出书面决定。

检察委员会会议纪要应当按照相关规定存档。

第六章 决定的执行和督办

第二十九条 检察委员会的决定,办案检察官或者事项承办人和有关内设机构、下级人民检察院应当及时执行。

检察委员会原则通过但提出完善意见的司法解释、规范性文件、工作经验总结等事项,承办内设机构应当根据意见进行修改。修改情况应当书面报告检察长。

第三十条 办案检察官或者事项承办人和有关内设机构因特殊原因无法及时执行检察委员会决定或者在执行完毕前出现新情况的,应当立即书面报告检察长。

下级人民检察院因特殊原因无法及时执行上级人民检察院检察委员会决定或者执行完毕前出现新情况的,应当立即书面报告上级人民检察院。

第三十一条 下级人民检察院不同意上级人民检察院检察委员会决定的,可以向上级人民检察院书面报告,但是不能停止对该决定的执行。

上级人民检察院有关内设机构应当对下级人民检察院书面报告进行审查并提出意见,报检察长决定。检察长决定提交检察委员会复议的,可以通知下级人民检察院暂停执行原决定,并在接到报告后的一个月以内召开检察委员会会议进行复议。经复议认为原决定确有错误或者出现新情况的,应当作出新的决定;认为原决定正确的,应当作出维持的决定。经复议作出的决定,下级人民检察院应当执行。

第三十二条 办案检察官或者事项承办人应当在执行检察委员会决定完毕后五日以内填写《检察委员会决定事项执行情况反馈表》,连同反映执行情况、案件办理情况的相关材料,经所在内设机构负责人审核后送检察委员会办事机构。

对于上级人民检察院检察委员会作出的决定,有关下级人民检察院应当在执行完毕后五日以内将反映执行情况、案件办理情况的相关材料,报送上级人民检察院。

第三十三条 检察委员会办事机构应当及时了解办案检察官或者事项承办人和有关内设机构、下级人民检察院执行检察委员会决定的情况,必要时进行督办,重要情况及时报告检察长。

第三十四条 对故意拖延、拒不执行检察委员会决定的,应当按照有关规定追究责任人员的法律、纪律责任。

第七章 办事机构

第三十五条 人民检察院设立检察委员会办事机构,负责检察委员会日常工作。

第三十六条 检察委员会办事机构履行下列职责:

(一)对拟提交检察委员会讨论的案件材料和事项材料是否规范进行审核;

(二)对拟提交检察委员会讨论的案件和事项涉及的法律问题提出意见;

(三)承担检察委员会会务工作和检察长列席同级人民法院审判委员会会议相关工作;

(四)对检察委员会决定进行督办并向检察长和检察委员会报告;

(五)对下一级人民检察院报送备案的检察委员会会议纪要进行审查并向检察委员会报告;

(六)对以人民检察院名义制发的司法解释、规范性文件、司法政策文件和指导性案例等,在印发前进行法律审核;

(七)检察长或者检察委员会交办的其他工作。

第八章 附 则

第三十七条 检察委员会讨论决定的案件和事项,其提交、讨论、表决、作出决定、执行和督办等均在统一业务应用系统中进行,全程留痕。

第三十八条 出席、列席检察委员会会议的人员,对检察委员会讨论的内容和情况应当保密。

第三十九条 检察委员会及其委员的司法责任的认定和追究，适用《中华人民共和国人民检察院组织法》《中华人民共和国检察官法》和检察官惩戒相关规定。

第四十条 本规则自公布之日起施行，《人民检察院检察委员会组织条例》（高检发〔2008〕5号）《人民检察院检察委员会议事和工作规则》（高检发〔2009〕23号）同时废止。

最高人民法院印发《关于为创业板改革并试点注册制提供司法保障的若干意见》的通知

（2020年8月8日 法发〔2020〕28号）

各省、自治区、直辖市高级人民法院，解放军军事法院，新疆维吾尔自治区高级人民法院生产建设兵团分院：

现将《最高人民法院关于为创业板改革并试点注册制提供司法保障的若干意见》印发给你们，请认真贯彻执行。

最高人民法院关于为创业板改革并试点注册制提供司法保障的若干意见

推进创业板改革并试点注册制，是中央全面深化资本市场改革、完善资本市场基础制度、提升资本市场功能的重要安排，也是落实创新驱动发展战略、支持深圳建设中国特色社会主义先行示范区、助推粤港澳大湾区建设的重大举措。为充分发挥人民法院审判职能作用，保障创业板改革并试点注册制顺利推进，保护投资者合法权益，现就人民法院正确审理与创业板相关案件等问题，提出如下意见。

一、切实提高认识，增强为创业板改革并试点注册制提供司法保障的自觉性

1.充分认识推进创业板改革并试点注册制的重要意义。党的十八大以来，党中央高度重视资本市场发展改革工作。2019年以来，中共中央、国务院先后印发的《粤港澳大湾区发展规划纲要》和《关于支持深圳建设中国特色社会主义先行示范区的意见》，明确提出要完善创业板发行上市、再融资和并购重组制度，创造条件推动注册制改革。2020年3月1日正式施行的证券法明确规定，公开发行证券采取注册制，并确定分步实施股票公开发行注册制改革。推进创业板改革并试点注册制，是中央推进"双区驱动"战略的重要一环，也是全面深化资本市场改革落地的关键一步。各级人民法院要坚持以习近平新时代中国特色社会主义思想为指导，认真贯彻中央关于"双区驱动"战略和全面深化资本市场改革的各项决策部署，以贯彻证券法为契机，依法妥善审理与创业板有关的各类案件，为加快形成融资功能完备、基础制度扎实、市场监管有效、投资者合法权益得到有效保护的多层次资本市场体系营造良好的司法环境。

2. 准确把握创业板改革并试点注册制的总体安排。本次改革是在借鉴科创板改革经验基础上对创业板进行的系统性改革工程，改革思路核心是"一条主线""三个统筹"。"一条主线"，即实施以信息披露为核心的股票发行注册制，提高透明度和真实性，由投资者自主进行价值判断，真正把选择权交给市场。"三个统筹"：一是统筹推进创业板改革与多层次资本市场体系建设，坚持创业板与其他板块错位发展，创业板主要服务成长型创新创业企业，支持传统产业与新技术、新产业、新业态、新模式深度融合。二是统筹推进试点注册制与其他基础制度建设，对创业板发行、上市、信息披露、交易、退市等基础性制度实施一揽子改革措施，增强对创新创业企业的服务能力。三是统筹推进增量改革与存量改革，包容存量，稳定存量上市公司和投资者预期。各级人民法院要立足证券刑事、民事和行政审判实际，找准工作切入点，通过司法审判推动形成市场参与各方依法履职、归位尽责及合法权益得到有效保护的良好市场生态，为投资者放心投资、市场主体大胆创新创业提供有力司法保障。

二、积极主动作为，依法保障创业板改革并试点注册制顺利推进

3. 对实行注册制创业板上市公司所涉有关证券民商事案件试点集中管辖。按照改革安排，深圳证券交易所履行创业板股票发行审核职责。为统一裁判标准，保障创业板改革并试点注册制顺利推进，对在创业板以试点注册制首次公开发行股票并上市公司所涉证券发行纠纷、证券承销合同纠纷、证券上市保荐合同纠纷、证券上市合同纠纷和证券欺诈责任纠纷等第一审民商事案件，由广东省深圳市中级人民法院试点集中管辖。

4. 保障证券监管部门和证券交易所依法实施行政监管和自律监管。推进创业板改革并试点注册制，除在前端进行发行上市制度改革外，证券监管部门和证券交易所还需对再融资、并购重组、交易、退市等与之相配套的制度进行完善。各级人民法院要立足司法审判，通过统一法律适用保障各项改革举措有效实施。对于证券监管部门、证券交易所经法定程序制定的、与法律法规不相抵触的创业板发行、上市、持续监管等规章、规范性文件和业务规则的相关规定，人民法院可以在审理案件时依法参照适用。对于证券交易所所涉行政与民事纠纷，要积极引导当事人先行通过证券交易所听证、复核等程序表达诉求，寻求救济。严格执行证券法有关保障证券交易所履行自律管理职能的有关规定，依法落实证券交易所正当自律监管行为民事责任豁免原则。

5. 全面参照执行科创板司法保障意见的各项司法举措。为服务保障在上海证券交易所设立科创板并试点注册制改革，最高人民法院制定了专门司法文件，提出了17条专门司法保障举措。本次创业板改革，充分借鉴和吸收了设立科创板并试点注册制改革的各项制度。各级人民法院在审理涉创业板相关案件时，要增强为创业板改革并试点注册制提供司法保障的自觉性和主动性，本意见未规定的，参照适用《最高人民法院关于为设立科创板并试点注册制改革提供司法保障的若干意见》(法发〔2019〕17号)。为更好地发挥司法政策对注册制改革的保障作用，科创板司法保障意见未规定的，人民法院也可以在审理涉科创板相关案件时参照适用本意见规定。

三、做到“零容忍”，依法提高市场主体违法违规成本

6. 依法从严惩处证券犯罪活动。全面落实对资本市场违法犯罪行为“零容忍”要求，全力配合全国人大常委会做好《中华人民共和国刑法修正案(十一)》立法修改工作，支持依法加大对欺诈发行股票、债券罪，违规披露、不披露重要信息罪以及提供虚假证明文件罪追究刑事责任的力度，做好新旧法适用衔接工作。依法加大惩治证券违法犯罪力度，依法从严惩处在创业板申请发行、注册等各环节滋生的各类欺诈和腐败犯罪。对于发行人与中介机构合谋串通在证券发行文件中隐瞒重要事实或者编造重大虚假内容，以及发行审核、注册工作人员以权谋私、收受贿赂或者接受利益输送的，依法从严追究刑事责任；依法从严惩处违规披露、不披露重要信息、内幕交易、利用未公开信息交易、操纵证券市场、背信损害上市公司利益等金融犯罪分子，严格控制缓刑适用，依法加大罚金刑等经济制裁力度。及时修改完善内幕交易等相关司法解释和司法政策，适时发布人民法院从严惩处证券犯罪典型案例，充分发挥刑事责任追究的一般预防和特殊预防功能。

7. 依法判令违法违规主体承担以信息披露为核心的证券民事责任。在证券民商事案件审理中，要严格执行证券法关于民事责任承担的规定，厘清不同责任主体对信息披露的责任边界，区分不同阶段信息披露的不同要求，严格落实发行人及其控股股东、实际控制人等相关人员信息披露的第一责任和证券中介机构保护投资者利益的核查把关责任。在审理涉创业板上市公司虚假陈述案件时，司法审查的信息披露文件不仅包括招股说明书、定期报告、临时报告、公司债券募集说明书、重组报告书等常规信息披露文件，也包括信息披露义务人对审核问询的每一项答复和公开承诺。发行人在其公告的证券发行文件中隐瞒重要事实或者编造重大虚假内容的，应当依法判令承担欺诈发行民事责任。准确把握保荐人对发行人上市申请文件等信息披露资料进行全面核查验证的注意义务标准，在证券服务机构履行特别注意义务的基础上，保荐人仍应对发行人的经营情况和风险进行客观中立的实质验证，否则不能满足免责的举证标准，以进一步压实证券中介机构责任。严格落实证券法第二百二十条的规定，违法违规主体的财产不足以支付全部民事赔偿款和缴纳罚款、罚金、违法所得时，其财产优先用于承担民事赔偿责任。

四、坚持改革创新，依法有效保护投资者合法权益

8. 依法保障证券集体诉讼制度落地实施。人民法院是贯彻落实证券法证券集体诉讼制度的责任主体，要认真遵照执行《最高人民法院关于证券纠纷代表人诉讼若干问题的规定》（法释〔2020〕5 号），充分发挥证券集体诉讼震慑证券违法和保护投资者的制度功能。在司法办案中，要立足于畅通投资者维权渠道和降低投资者维权成本两大价值导向，鼓励进一步细化和完善证券代表人诉讼各项程序安排。大力开展证券审判信息化建设，通过信息化手段实现证券案件网上无纸化立案，依托信息平台开展代表人诉讼公告、权利登记、代表人推选等群体性诉讼事项；依法加强与证券交易登记数据的信息对接，为损失赔偿数额计算、赔偿款项发放等提供支持，提高办案效率。进一步加强与证券监管部门、投资者保护机构的沟通协调，依法保障投资者保护机构参加特别代表人诉讼的地位和权利，依法维护被代表投资者的合法权利，确保特别代表人诉讼程序行稳致远。

9. 持续深化证券期货纠纷多元化解机制建设。依托人民法院一站式多元解纷平台机制作用，完善有机衔接、协调联动、高效便民的证券纠纷多元化解机制。通过诉调对接、先行赔付的方式及时化解证券纠纷，依法保障当事人的合法权益。完善示范判决机制，简化平行案件的审理，持续健全“示范判决 + 委托调解”机制。强化证券纠纷在线调解，加强与证券调解组织的协同配合，构建立体化、多维度的纠纷解决机制。

10. 依法妥善处理好创业板改革新旧制度衔接问题。与科创板新设立不同，本次创业板改革并试点注册制在交易制度、投资者适当性制度以及退市制度方面的改革，与创业板存量投资者和上市公司的利益密切相关。人民法院要准确把握创业板改革中存量与增量的关系，尊重创业板新旧制度衔接的制度规则，审慎评估、依法处理新旧制度衔接过程中可能产生的纠纷，保障创业板注册制改革的平稳实施。认真研究创业板改革过程中因公司治理、并购重组等引发的新情况、新问题，切实维护市场秩序，保护投资者合法权益。

最高人民法院关于修改《关于审理民间借贷案件适用法律若干问题的规定》的决定

（2020 年 8 月 18 日最高人民法院审判委员会第 1809 次会议通过　2020 年 8 月 19 日最高人民法院公告公布　自 2020 年 8 月 20 日起施行　法释〔2020〕6 号）

根据审判实践需要，经最高人民法院审判委员会第 1809 次会议决定，对《关于审理民间借贷案件适用法律若干问题的规定》作如下修改：

一、将第一条修改为：

“本规定所称的民间借贷，是指自然人、法人和非法人组织之间进行资金融通的行为。

经金融监管部门批准设立的从事贷款业务的金融机构及其分支机构，因发放贷款等相关金融业务引发的纠纷，不适用本规定。”

二、将第二条修改为：

“出借人向人民法院提起民间借贷诉讼时，应当提供借据、收据、欠条等债权凭证以及其他能够证明借贷法律关系存在的证据。

当事人持有的借据、收据、欠条等债权凭证没有载明债权人，持有债权凭证的当事人提起民间借贷诉讼的，人民法院应予受理。被告对原告的债权人资格提出有事实依据的抗辩，人民法院经审查认为原告不具有债权人资格的，裁定驳回起诉。”

三、将第三条修改为：

“借贷双方就合同履行地未约定或者约定不明确，事后未达成补充协议，按照合同相关条款或者交易习惯仍不能确定的，以接受货币一方所在地为合同履行地。”

四、将第五条修改为：

“人民法院立案后，发现民间借贷行为本身涉嫌非法集资等犯罪的，应当裁定驳回起诉，并将涉嫌非法集资等犯罪的线索、材料移送公安或者检察机关。

公安或者检察机关不予立案，或者立案侦查后撤销案件，或者检察机关作出不起诉决定，或者经人民法院生效判决认定不构成非法集资等犯罪，当事人又以同一事实向人民法院提起诉讼的，人民法院应予受理。”

五、将第七条修改为：

“民间借贷纠纷的基本案件事实必须以刑事案件的审理结果为依据，而该刑事案件尚未审结的，人民法院应当裁定中止诉讼。”

六、将第九条修改为：

“自然人之间的借款合同具有下列情形之一的，可以视为合同成立：

（一）以现金支付的，自借款人收到借款时；

（二）以银行转账、网上电子汇款等形式支付的，自资金到达借款人账户时；

（三）以票据交付的，自借款人依法取得票据权利时；

（四）出借人将特定资金账户支配权授权给借款人的，自借款人取得对该账户实际支配权时；

（五）出借人以与借款人约定的其他方式提供借款并实际履行完成时。”

七、将第十一条修改为：

“法人之间、非法人组织之间以及它们相互之间为生产、经营需要订立的民间借贷合同，除存在《中华人民共和国合同法》第五十二条以及本规定第十四条规定的情形外，当事人主张民间借贷合同有效的，人民法院应予支持。”

八、将第十二条修改为：

“法人或者非法人组织在本单位内部通过借款形式向职工筹集资金，用于本单位生产、经营，且不存在《中华人民共和国合同法》第五十二条以及本规定第十四条规定的情形，当事人主张民间借贷合同有效的，人民法院应予支持。”

九、将第十三条修改为：

“借款人或者出借人的借贷行为涉嫌犯罪，或者已经生效的裁判认定构成犯罪，当事人提起民事诉讼的，民间借贷合同并不当然无效。人民法院应当依据《中华人民共和国合同法》第五十二条以及本规定第十四条之规定，认定民间借贷合同的效力。

担保人以借款人或者出借人的借贷行为涉嫌犯罪或者已经生效的裁判认定构成犯罪为由，主张不承担民事责任的，人民法院应当依据民间借贷合同与担保合同的效力、当事人的过错程度，依法确定担保人的民事责任。”

十、将第十四条修改为：

“具有下列情形之一的，人民法院应当认定民间借贷合同无效：

（一）套取金融机构贷款转贷的；

（二）以向其他营利法人借贷、向本单位职工集资，或者以向公众非法吸收存款等方式取得的资金转贷的；

（三）未依法取得放贷资格的出借人，以营利为目的向社会不特定对象提供借款的；

（四）出借人事先知道或者应当知道借款人借款用于违法犯罪活动仍然提供借款的；

（五）违反法律、行政法规强制性规定的；

（六）违背公序良俗的。”

十一、将第十六条修改为：

“原告仅依据借据、收据、欠条等债权凭证提起民间借贷诉讼，被告抗辩已经偿还借款的，被告应当对其主张提供证据证明。被告提供相应证据证明其主张后，原告仍应就借贷关系的存续承担举证责任。

被告抗辩借贷行为尚未实际发生并能作出合理说明的，人民法院应当结合借贷金额、款项交付、当事人的经济能力、当地或者当事人之间的交易方式、交易习惯、当事人财产变动情况以及证人证言等事实和因素，综合判断查证借贷事实是否发生。”

十二、将第十七条修改为：

“原告仅依据金融机构的转账凭证提起民间借贷诉讼，被告抗辩转账系偿还双方之前借款或者其他债务的，被告应当对其主张提供证据证明。被告提供相应证据证明其主张后，原告仍应就借贷关系的成立承担举证责任。”

十三、将第十八条修改为：

“依据《最高人民法院关于适用〈中华人民共和国民事诉讼法〉的解释》第一百七十四条第二款之规定，负有举证责任的原告无正当理由拒不到庭，经审查现有证据无法确认借贷行为、借贷金额、支付方式等案件主要事实的，人民法院对原告主张的事实不予认定。”

十四、将第十九条修改为：

“人民法院审理民间借贷纠纷案件时发现有下列情形之一的，应当严格审查借贷发生的原因、时间、地点、款项来源、交付方式、款项流向以及借贷双方的关系、经济状况等事实，综合判断是否属于虚假民事诉讼：

（一）出借人明显不具备出借能力；

（二）出借人起诉所依据的事实和理由明显不符合常理；

（三）出借人不能提交债权凭证或者提交的债权凭证存在伪造的可能；

（四）当事人双方在一定期限内多次参加民间借贷诉讼；

（五）当事人无正当理由拒不到庭参加诉讼，委托代理人对借贷事实陈述不清或者陈述前后矛盾；

（六）当事人双方对借贷事实的发生没有任何争议或者诉辩明显不符合常理；

（七）借款人的配偶或者合伙人、案外人的其他债权人提出有事实依据的异议；

（八）当事人在其他纠纷中存在低价转让财产的情形；

（九）当事人不正当放弃权利；

（十）其他可能存在虚假民间借贷诉讼的情形。”

十五、将第二十条修改为：

“经查明属于虚假民间借贷诉讼，原告申请撤诉的，人民法院不予准许，并应当依据《中华人民共和国民事诉讼法》第一百一十二条之规定，判决驳回其请求。

诉讼参与人或者其他人恶意制造、参与虚假诉讼，人民法院应当依据《中华人民共和国民事诉讼法》第一百一十一条、第一百一十二条和第一百一十三条之规定，依法予以罚款、拘留；构成犯罪的，应当移送有管辖权的司法机关追究刑事责任。

单位恶意制造、参与虚假诉讼的，人民法院应当对该单位进行罚款，并可以对其主要负责人或者直接责任人员予以罚款、拘留；构成犯罪的，应当移送有管辖权的司法机关追究刑事责任。”

十六、将第二十一条修改为：

“他人在借据、收据、欠条等债权凭证或者借款合同上签名或者盖章，但是未表明其保证人身份或者承担保证责任，或者通过其他事实不能推定其为保证人，出借人请求其承担保证责任的，人民法院不予支持。”

十七、将第二十三条修改为：

“法人的法定代表人或者非法人组织的负责人以单位名义与出借人签订民间借贷合同，有证据证明所借款项系法定代表人或者负责人个人使用，出借人请求将法定代表人或者负责人列为共同被告或者第三人的，人民法院应予准许。

法人的法定代表人或者非法人组织的负责人以个人名义与出借人订立民间借贷合同，所借款项用于单位生产经营，出借人请求单位与个人共同承担责任的，人民法院应予支持。”

十八、将第二十四条修改为：

“当事人以订立买卖合同作为民间借贷合同的担保，借款到期后借款人不能还款，出借人请求履行买卖合同的，人民法院应当按照民间借贷法律关系审理。当事人根据法庭审理情况变更诉讼请求的,人民法院应当准许。

按照民间借贷法律关系审理作出的判决生效后,借款人不履行生效判决确定的金钱债务,出借人可以申请拍卖买卖合同标的物,以偿还债务。就拍卖所得的价款与应偿还借款本息之间的差额,借款人或者出借人有权主张返还或者补偿。”

十九、将第二十五条修改为:

“借贷双方没有约定利息,出借人主张支付利息的,人民法院不予支持。

自然人之间借贷对利息约定不明,出借人主张支付利息的,人民法院不予支持。除自然人之间借贷的外,借贷双方对借贷利息约定不明,出借人主张利息的,人民法院应当结合民间借贷合同的内容,并根据当地或者当事人的交易方式、交易习惯、市场报价利率等因素确定利息。”

二十、将第二十六条修改为:

“出借人请求借款人按照合同约定利率支付利息的,人民法院应予支持,但是双方约定的利率超过合同成立时一年期贷款市场报价利率四倍的除外。

前款所称‘一年期贷款市场报价利率’,是指中国人民银行授权全国银行间同业拆借中心自 2019 年 8 月 20 日起每月发布的一年期贷款市场报价利率。”

二十一、将第二十八条修改为:

“借贷双方对前期借款本息结算后将利息计入后期借款本金并重新出具债权凭证,如果前期利率没有超过合同成立时一年期贷款市场报价利率四倍,重新出具的债权凭证载明的金额可认定为后期借款本金。超过部分的利息,不应认定为后期借款本金。

按前款计算,借款人在借款期间届满后应当支付的本息之和,超过以最初借款本金与以最初借款本金为基数、以合同成立时一年期贷款市场报价利率四倍计算的整个借款期间的利息之和的,人民法院不予支持。”

二十二、将第二十九条修改为:

“借贷双方对逾期利率有约定的,从其约定,但是以不超过合同成立时一年期贷款市场报价利率四倍为限。

未约定逾期利率或者约定不明的,人民法院可以区分不同情况处理:

(一)既未约定借期内利率,也未约定逾期利率,出借人主张借款人自逾期还款之日起承担逾期还款违约责任的,人民法院应予支持;

(二)约定了借期内利率但是未约定逾期利率,出借人主张借款人自逾期还款之日起按照借期内利率支付资金占用期间利息的,人民法院应予支持。”

二十三、将第三十条修改为:

“出借人与借款人既约定了逾期利率，又约定了违约金或者其他费用，出借人可以选择主张逾期利息、违约金或者其他费用，也可以一并主张，但是总计超过合同成立时一年期贷款市场报价利率四倍的部分，人民法院不予支持。”

二十四、将第三十一条删除。

二十五、将第三十二条改为第三十一条，修改为：

“借款人可以提前偿还借款，但是当事人另有约定的除外。

借款人提前偿还借款并主张按照实际借款期限计算利息的，人民法院应予支持。”

二十六、将第三十三条改为第三十二条，修改为：

“本规定施行后，人民法院新受理的一审民间借贷纠纷案件，适用本规定。

借贷行为发生在2019年8月20日之前的，可参照原告起诉时一年期贷款市场报价利率四倍确定受保护的利率上限。

本规定施行后，最高人民法院以前作出的相关司法解释与本解释不一致的，以本解释为准。”

本决定自2020年8月20日起施行。

最高人民法院关于审理民间借贷案件适用法律若干问题的规定

（2015年6月23日最高人民法院审判委员会第1655次会议通过　根据2020年8月18日《最高人民法院关于修改〈关于审理民间借贷案件适用法律若干问题的规定〉的决定》修正）

为正确审理民间借贷纠纷案件，根据《中华人民共和国民法通则》《中华人民共和国物权法》《中华人民共和国担保法》《中华人民共和国合同法》《中华人民共和国民事诉讼法》《中华人民共和国刑事诉讼法》等相关法律之规定，结合审判实践，制定本规定。

第一条　本规定所称的民间借贷，是指自然人、法人和非法人组织之间进行资金融通的行为。

经金融监管部门批准设立的从事贷款业务的金融机构及其分支机构，因发放贷款等相关金融业务引发的纠纷，不适用本规定。

第二条　出借人向人民法院提起民间借贷诉讼时，应当提供借据、收据、欠条等债权凭证以及其他能够证明借贷法律关系存在的证据。

当事人持有的借据、收据、欠条等债权凭证没有载明债权人，持有债权凭证的当事人提起民间借贷诉讼的，人民法院应予受理。被告对原告的债权人资格提出有事实依据的抗辩，人民法院经审查认为原告不具有债权人资格的，裁定驳回起诉。

第三条 借贷双方就合同履行地未约定或者约定不明确，事后未达成补充协议，按照合同相关条款或者交易习惯仍不能确定的，以接受货币一方所在地为合同履行地。

第四条 保证人为借款人提供连带责任保证，出借人仅起诉借款人的，人民法院可以不追加保证人为共同被告；出借人仅起诉保证人的，人民法院可以追加借款人为共同被告。

保证人为借款人提供一般保证，出借人仅起诉保证人的，人民法院应当追加借款人为共同被告；出借人仅起诉借款人的，人民法院可以不追加保证人为共同被告。

第五条 人民法院立案后，发现民间借贷行为本身涉嫌非法集资等犯罪的，应当裁定驳回起诉，并将涉嫌非法集资等犯罪的线索、材料移送公安或者检察机关。

公安或者检察机关不予立案，或者立案侦查后撤销案件，或者检察机关作出不起诉决定，或者经人民法院生效判决认定不构成非法集资等犯罪，当事人又以同一事实向人民法院提起诉讼的，人民法院应予受理。

第六条 人民法院立案后，发现与民间借贷纠纷案件虽有关联但不是同一事实的涉嫌非法集资等犯罪的线索、材料的，人民法院应当继续审理民间借贷纠纷案件，并将涉嫌非法集资等犯罪的线索、材料移送公安或者检察机关。

第七条 民间借贷纠纷的基本案件事实必须以刑事案件的审理结果为依据，而该刑事案件尚未审结的，人民法院应当裁定中止诉讼。

第八条 借款人涉嫌犯罪或者生效判决认定其有罪，出借人起诉请求担保人承担民事责任的，人民法院应予受理。

第九条 自然人之间的借款合同具有下列情形之一的，可以视为合同成立：

(一)以现金支付的，自借款人收到借款时；

(二)以银行转账、网上电子汇款等形式支付的，自资金到达借款人账户时；

(三)以票据交付的，自借款人依法取得票据权利时；

(四)出借人将特定资金账户支配权授权给借款人的，自借款人取得对该账户实际支配权时；

（五）出借人以与借款人约定的其他方式提供借款并实际履行完成时。

第十条 除自然人之间的借款合同外，当事人主张民间借贷合同自合同成立时生效的，人民法院应予支持，但当事人另有约定或者法律、行政法规另有规定的除外。

第十一条 法人之间、非法人组织之间以及它们相互之间为生产、经营需要订立的民间借贷合同，除存在《中华人民共和国合同法》第五十二条以及本规定第十四条规定的情形外，当事人主张民间借贷合同有效的，人民法院应予支持。

第十二条 法人或者非法人组织在本单位内部通过借款形式向职工筹集资金，用于本单位生产、经营，且不存在《中华人民共和国合同法》第五十二条以及本规定第十四条规定的情形，当事人主张民间借贷合同有效的，人民法院应予支持。

第十三条 借款人或者出借人的借贷行为涉嫌犯罪，或者已经生效的裁判认定构成犯罪，当事人提起民事诉讼的，民间借贷合同并不当然无效。人民法院应当依据《中华人民共和国合同法》第五十二条以及本规定第十四条之规定，认定民间借贷合同的效力。

担保人以借款人或者出借人的借贷行为涉嫌犯罪或者已经生效的裁判认定构成犯罪为由，主张不承担民事责任的，人民法院应当依据民间借贷合同与担保合同的效力、当事人的过错程度，依法确定担保人的民事责任。

第十四条 具有下列情形之一的，人民法院应当认定民间借贷合同无效：

（一）套取金融机构贷款转贷的；

（二）以向其他营利法人借贷、向本单位职工集资，或者以向公众非法吸收存款等方式取得的资金转贷的；

（三）未依法取得放贷资格的出借人，以营利为目的向社会不特定对象提供借款的；

（四）出借人事先知道或者应当知道借款人借款用于违法犯罪活动仍然提供借款的；

（五）违反法律、行政法规强制性规定的；

（六）违背公序良俗的。

第十五条 原告以借据、收据、欠条等债权凭证为依据提起民间借贷诉讼，被告依据基础法律关系提出抗辩或者反诉，并提供证据证明债权纠纷非民间借贷行为引起的，人民法院应当依据查明的案件事实，按照基础法律关系审理。

当事人通过调解、和解或者清算达成的债权债务协议,不适用前款规定。

第十六条 原告仅依据借据、收据、欠条等债权凭证提起民间借贷诉讼,被告抗辩已经偿还借款的,被告应当对其主张提供证据证明。被告提供相应证据证明其主张后,原告仍应就借贷关系的存续承担举证责任。

被告抗辩借贷行为尚未实际发生并能作出合理说明的,人民法院应当结合借贷金额、款项交付、当事人的经济能力、当地或者当事人之间的交易方式、交易习惯、当事人财产变动情况以及证人证言等事实和因素,综合判断查证借贷事实是否发生。

第十七条 原告仅依据金融机构的转账凭证提起民间借贷诉讼,被告抗辩转账系偿还双方之前借款或者其他债务的,被告应当对其主张提供证据证明。被告提供相应证据证明其主张后,原告仍应就借贷关系的成立承担举证责任。

第十八条 依据《最高人民法院关于适用〈中华人民共和国民事诉讼法〉的解释》第一百七十四条第二款之规定,负有举证责任的原告无正当理由拒不到庭,经审查现有证据无法确认借贷行为、借贷金额、支付方式等案件主要事实的,人民法院对原告主张的事实不予认定。

第十九条 人民法院审理民间借贷纠纷案件时发现有下列情形之一的,应当严格审查借贷发生的原因、时间、地点、款项来源、交付方式、款项流向以及借贷双方的关系、经济状况等事实,综合判断是否属于虚假民事诉讼:

(一)出借人明显不具备出借能力;

(二)出借人起诉所依据的事实和理由明显不符合常理;

(三)出借人不能提交债权凭证或者提交的债权凭证存在伪造的可能;

(四)当事人双方在一定期限内多次参加民间借贷诉讼;

(五)当事人无正当理由拒不到庭参加诉讼,委托代理人对借贷事实陈述不清或者陈述前后矛盾;

(六)当事人双方对借贷事实的发生没有任何争议或者诉辩明显不符合常理;

(七)借款人的配偶或者合伙人、案外人的其他债权人提出有事实依据的异议;

(八)当事人在其他纠纷中存在低价转让财产的情形;

(九)当事人不正当放弃权利;

(十)其他可能存在虚假民间借贷诉讼的情形。

第二十条 经查明属于虚假民间借贷诉讼,原告申请撤诉的,人民法院不予准许,并应当依据《中华人民共和国民事诉讼法》第一百一十二条之规定,判决驳回其请求。

诉讼参与人或者其他人恶意制造、参与虚假诉讼,人民法院应当依据《中华人民共和国民事诉讼法》第一百一十一条、第一百一十二条和第一百一十三条之规定,依法予以罚款、拘留;构成犯罪的,应当移送有管辖权的司法机关追究刑事责任。

单位恶意制造、参与虚假诉讼的,人民法院应当对该单位进行罚款,并可以对其主要负责人或者直接责任人员予以罚款、拘留;构成犯罪的,应当移送有管辖权的司法机关追究刑事责任。

第二十一条 他人在借据、收据、欠条等债权凭证或者借款合同上签名或者盖章,但是未表明其保证人身份或者承担保证责任,或者通过其他事实不能推定其为保证人,出借人请求其承担保证责任的,人民法院不予支持。

第二十二条 借贷双方通过网络贷款平台形成借贷关系,网络贷款平台的提供者仅提供媒介服务,当事人请求其承担担保责任的,人民法院不予支持。

网络贷款平台的提供者通过网页、广告或者其他媒介明示或者有其他证据证明其为借贷提供担保,出借人请求网络贷款平台的提供者承担担保责任的,人民法院应予支持。

第二十三条 法人的法定代表人或者非法人组织的负责人以单位名义与出借人签订民间借贷合同,有证据证明所借款项系法定代表人或者负责人个人使用,出借人请求将法定代表人或者负责人列为共同被告或者第三人的,人民法院应予准许。

法人的法定代表人或者非法人组织的负责人以个人名义与出借人订立民间借贷合同,所借款项用于单位生产经营,出借人请求单位与个人共同承担责任的,人民法院应予支持。

第二十四条 当事人以订立买卖合同作为民间借贷合同的担保,借款到期后借款人不能还款,出借人请求履行买卖合同的,人民法院应当按照民间借贷法律关系审理。当事人根据法庭审理情况变更诉讼请求的,人民法院应当准许。

按照民间借贷法律关系审理作出的判决生效后,借款人不履行生效判决确定的金钱债务,出借人可以申请拍卖买卖合同标的物,以偿还债务。就拍卖所得的价款与应偿还借款本息之间的差额,借款人或者出借人有权主张返还或者补偿。

第二十五条 借贷双方没有约定利息,出借人主张支付利息的,人民法院不予支持。

自然人之间借贷对利息约定不明，出借人主张支付利息的，人民法院不予支持。除自然人之间借贷的外，借贷双方对借贷利息约定不明，出借人主张利息的，人民法院应当结合民间借贷合同的内容，并根据当地或者当事人的交易方式、交易习惯、市场报价利率等因素确定利息。

第二十六条　出借人请求借款人按照合同约定利率支付利息的，人民法院应予支持，但是双方约定的利率超过合同成立时一年期贷款市场报价利率四倍的除外。

前款所称"一年期贷款市场报价利率"，是指中国人民银行授权全国银行间同业拆借中心自2019年8月20日起每月发布的一年期贷款市场报价利率。

第二十七条　借据、收据、欠条等债权凭证载明的借款金额，一般认定为本金。预先在本金中扣除利息的，人民法院应当将实际出借的金额认定为本金。

第二十八条　借贷双方对前期借款本息结算后将利息计入后期借款本金并重新出具债权凭证，如果前期利率没有超过合同成立时一年期贷款市场报价利率四倍，重新出具的债权凭证载明的金额可认定为后期借款本金。超过部分的利息，不应认定为后期借款本金。

按前款计算，借款人在借款期间届满后应当支付的本息之和，超过以最初借款本金与以最初借款本金为基数、以合同成立时一年期贷款市场报价利率四倍计算的整个借款期间的利息之和的，人民法院不予支持。

第二十九条　借贷双方对逾期利率有约定的，从其约定，但是以不超过合同成立时一年期贷款市场报价利率四倍为限。

未约定逾期利率或者约定不明的，人民法院可以区分不同情况处理：

（一）既未约定借期内利率，也未约定逾期利率，出借人主张借款人自逾期还款之日起承担逾期还款违约责任的，人民法院应予支持；

（二）约定了借期内利率但是未约定逾期利率，出借人主张借款人自逾期还款之日起按照借期内利率支付资金占用期间利息的，人民法院应予支持。

第三十条　出借人与借款人既约定了逾期利率，又约定了违约金或者其他费用，出借人可以选择主张逾期利息、违约金或者其他费用，也可以一并主张，但是总计超过合同成立时一年期贷款市场报价利率四倍的部分，人民法院不予支持。

第三十一条　借款人可以提前偿还借款，但是当事人另有约定的除外。

借款人提前偿还借款并主张按照实际借款期限计算利息的，人民法院应予支持。

第三十二条　本规定施行后，人民法院新受理的一审民间借贷纠纷案件，适用本规定。

借贷行为发生在2019年8月20日之前的,可参照原告起诉时一年期贷款市场报价利率四倍确定受保护的利率上限。

本规定施行后,最高人民法院以前作出的相关司法解释与本解释不一致的,以本解释为准。

附：

2020年8月份报国务院备案并予以登记的地方性法规、自治条例、单行条例和地方政府规章目录

地方性法规

法规名称	公布日期	备案登记编号
石家庄市河道管理条例	2020年3月31日	国司备字[2020002236]
廊坊市加强大气污染防治若干规定	2020年4月10日	国司备字[2020002232]
保定市河道管理条例	2020年4月8日	国司备字[2020002231]
邢台市城镇供水用水条例	2020年6月12日	国司备字[2020002225]
邢台市物业管理条例	2020年6月12日	国司备字[2020002226]
邢台市工业遗产保护与利用条例	2019年12月18日	国司备字[2020002227]
邢台市工业企业大气污染防治条例	2019年12月18日	国司备字[2020002228]
秦皇岛市养犬管理条例	2020年4月1日	国司备字[2020002237]
衡水市生态环境教育促进条例	2019年12月9日	国司备字[2020002229]
衡水市人大常委会关于禁止燃放烟花爆竹的决定	2019年12月9日	国司备字[2020002230]

续表

法规名称	公布日期	备案登记编号
太原市人民代表大会常务委员会关于废止《太原市水资源管理办法》等三部地方性法规的决定	2019 年 8 月 2 日	国司备字［2020002238］
大同市人民代表大会常务委员会关于修改《大同市乡镇人民代表大会工作条例》等二件法规的决定	2019 年 8 月 9 日	国司备字［2020002246］
大同市人民代表大会常务委员会关于修改《大同市体育市场管理办法》等二十七件法规的决定	2019 年 8 月 9 日	国司备字［2020002338］
吕梁市大气污染防治条例	2019 年 12 月 1 日	国司备字［2020002239］
吕梁市水污染防治条例	2019 年 12 月 2 日	国司备字［2020002240］
吕梁市横泉水库饮用水水源保护条例	2019 年 12 月 2 日	国司备字［2020002241］
吕梁市碛口古镇保护条例	2019 年 12 月 2 日	国司备字［2020002242］
长治市养犬管理条例	2019 年 1 月 31 日	国司备字［2020002243］
长治市禁止燃放烟花爆竹规定	2019 年 1 月 31 日	国司备字［2020002244］
长治市大气污染防治条例	2019 年 1 月 30 日	国司备字［2020002245］
呼和浩特市人民代表大会常务委员会关于废止《呼和浩特市预算审查监督条例》的决定	2020 年 3 月 11 日	国司备字［2020002359］
包头市人民代表大会常务委员会关于修改《包头市饮用水水源保护条例》的决定	2019 年 12 月 27 日	国司备字［2020002351］
包头市人民代表大会常务委员会关于修改《包头市城市绿化条例》的决定	2019 年 12 月 27 日	国司备字［2020002352］

续表

法规名称	公布日期	备案登记编号
包头市人民代表大会常务委员会关于修改《包头市南海子湿地自然保护区条例》的决定	2019 年 12 月 27 日	国司备字［2020002353］
呼伦贝尔市城市养犬管理条例	2020 年 4 月 24 日	国司备字［2020002248］
巴彦淖尔市集中式饮用水水源保护条例	2020 年 4 月 20 日	国司备字［2020002249］
沈阳市人民代表大会常务委员会关于废止《沈阳市道路客运市场管理条例》《沈阳市机动车维修市场管理条例》的决定	2019 年 8 月 20 日	国司备字［2020002284］
大连市人民代表大会常务委员会关于废止部分地方性法规的决定	2020 年 4 月 8 日	国司备字［2020002250］
大连市人民代表大会常务委员会关于修改部分地方性法规的决定	2020 年 4 月 8 日	国司备字［2020002255］
锦州市锦凌水库饮用水水源保护条例	2020 年 4 月 7 日	国司备字［2020002251］
吉林省人民代表大会常务委员会关于修改《吉林省人民代表大会议事规则》等 4 件地方性法规的决定	2019 年 11 月 28 日	国司备字［2020002346］
长春市城市管理条例	2020 年 4 月 3 日	国司备字［2020002254］
长春市文明行为促进条例	2020 年 4 月 3 日	国司备字［2020002256］
长春市饮用水水源保护条例	2020 年 4 月 3 日	国司备字［2020002257］
吉林市河道管理条例	2020 年 3 月 27 日	国司备字［2020002258］
四平市养犬管理条例	2020 年 3 月 26 日	国司备字［2020002259］
辽源市城市供热管理条例	2020 年 3 月 30 日	国司备字［2020002260］

续表

法规名称	公布日期	备案登记编号
白山市养犬管理条例	2020 年 3 月 24 日	国司备字［2020002261］
白城市文明行为促进条例	2020 年 3 月 26 日	国司备字［2020002339］
白城市城市绿化条例	2020 年 3 月 27 日	国司备字［2020002340］
松原市城市绿化条例	2020 年 3 月 27 日	国司备字［2020002262］
黑龙江省人民代表大会常务委员会关于修改《黑龙江省司法鉴定管理条例》的决定	2020 年 6 月 18 日	国司备字［2020002263］
哈尔滨市文明行为促进条例	2019 年 12 月 24 日	国司备字［2020002265］
哈尔滨市历史文化名城保护条例	2020 年 4 月 13 日	国司备字［2020002266］
哈尔滨市人大常委会关于修改《哈尔滨市机动车排气污染防治条例》的决定	2019 年 12 月 26 日	国司备字［2020002341］
齐齐哈尔市大气污染防治条例	2019 年 12 月 21 日	国司备字［2020002267］
齐齐哈尔市残疾人保障条例	2019 年 12 月 21 日	国司备字［2020002268］
牡丹江市城市绿化条例	2019 年 12 月 24 日	国司备字［2020002269］
佳木斯市物业管理条例	2019 年 12 月 23 日	国司备字［2020002270］
七台河市医疗废物管理若干规定	2020 年 6 月 18 日	国司备字［2020002264］
绥化市城市市容和环境卫生管理条例	2019 年 12 月 25 日	国司备字［2020002271］
无锡市建设工程质量管理条例	2020 年 5 月 18 日	国司备字［2020002272］

续表

法规名称	公布日期	备案登记编号
南通市住宅物业管理条例	2020 年 5 月 19 日	国司备字［2020002273］
连云港市电梯安全管理条例	2020 年 5 月 22 日	国司备字［2020002274］
杭州市居家养老服务条例	2020 年 4 月 8 日	国司备字［2020002275］
宁波市人民代表大会常务委员会关于修改《宁波市献血条例》的决定	2020 年 6 月 5 日	国司备字［2020002277］
宁波市人民代表大会常务委员会关于修改《宁波市农业机械管理条例》的决定	2020 年 6 月 5 日	国司备字［2020002278］
宁波市地名管理条例	2020 年 4 月 9 日	国司备字［2020002279］
宁波市养犬管理条例	2020 年 4 月 9 日	国司备字［2020002280］
舟山市养犬管理条例	2020 年 7 月 1 日	国司备字［2020002276］
安徽省人民代表大会常务委员会关于修改《安徽省实施〈中华人民共和国村民委员会组织法〉办法》等三件法规的决定	2020 年 4 月 30 日	国司备字［2020002370］
宁德市红色文化遗存保护条例	2020 年 6 月 5 日	国司备字［2020002281］
九江市文明行为促进条例	2020 年 8 月 6 日	国司备字［2020002366］
萍乡市文明行为促进条例	2020 年 7 月 31 日	国司备字［2020002363］
萍乡市人民代表大会常务委员会关于修改《萍乡市燃气管理条例》的决定	2020 年 5 月 26 日	国司备字［2020002364］
鹰潭市智慧城市促进条例	2020 年 4 月 14 日	国司备字［2020002365］
青岛市地下空间开发利用管理条例	2020 年 6 月 12 日	国司备字［2020002286］

续表

法规名称	公布日期	备案登记编号
临沂市红色文化保护与传承条例	2020 年 6 月 12 日	国司备字［2020002285］
聊城市养犬管理条例	2020 年 6 月 15 日	国司备字［2020002288］
滨州市工程建设项目并联审批管理规定	2020 年 6 月 16 日	国司备字［2020002287］
洛阳市人民代表大会常务委员会关于废止《洛阳市市区烟花爆竹安全管理条例》的决定	2020 年 6 月 29 日	国司备字［2020002289］
驻马店市燃气管理条例	2020 年 6 月 29 日	国司备字［2020002291］
濮阳市散煤污染防治条例	2020 年 6 月 30 日	国司备字［2020002290］
新乡市居民住宅区消防安全管理条例	2020 年 7 月 12 日	国司备字［2020002295］
许昌市机动车和非道路移动机械排气污染防治条例	2020 年 4 月 28 日	国司备字［2020002292］
商丘市城市扬尘污染防治条例	2020 年 4 月 20 日	国司备字［2020002293］
商丘市优化营商环境条例	2020 年 4 月 20 日	国司备字［2020002294］
武汉市机动车和非道路移动机械排气污染防治条例	2020 年 7 月 23 日	国司备字［2020002362］
黄冈市城市公共交通条例	2020 年 6 月 24 日	国司备字［2020002298］
随州市历史文化街区和历史建筑保护条例	2020 年 6 月 16 日	国司备字［2020002297］
衡阳市人民代表大会及其常务委员会制定地方性法规条例	2020 年 4 月 27 日	国司备字［2020002299］
岳阳市农村村民住房建设管理条例	2019 年 12 月 5 日	国司备字［2020002301］

续表

法规名称	公布日期	备案登记编号
岳阳市人民代表大会及其常务委员会制定地方性法规条例	2020 年 4 月 13 日	国司备字〔2020002307〕
益阳市畜禽水产养殖污染防治条例	2019 年 12 月 2 日	国司备字〔2020002303〕
益阳市人民代表大会及其常务委员会制定地方性法规条例	2020 年 4 月 10 日	国司备字〔2020002305〕
郴州市人民代表大会及其常务委员会制定地方性法规条例	2020 年 4 月 20 日	国司备字〔2020002308〕
邵阳市人民代表大会及其常务委员会制定地方性法规条例	2020 年 4 月 8 日	国司备字〔2020002309〕
张家界市文明行为促进条例	2019 年 12 月 3 日	国司备字〔2020002302〕
张家界市人民代表大会及其常务委员会制定地方性法规条例	2020 年 4 月 28 日	国司备字〔2020002310〕
怀化市传统村落保护条例	2019 年 12 月 5 日	国司备字〔2020002300〕
娄底市仙女寨区域生态环境保护条例	2019 年 12 月 18 日	国司备字〔2020002304〕
娄底市人民代表大会及其常务委员会制定地方性法规条例	2020 年 4 月 8 日	国司备字〔2020002306〕
广州市人民代表大会常务委员会关于修改《广州市市容环境卫生管理规定》等三项地方性法规的决定	2020 年 5 月 18 日	国司备字〔2020002312〕
广州市禁止滥食野生动物条例	2020 年 5 月 14 日	国司备字〔2020002313〕
广州市房屋租赁管理规定	2020 年 8 月 3 日	国司备字〔2020002372〕
深圳市生活垃圾分类管理条例	2020 年 7 月 3 日	国司备字〔2020002349〕

续表

法规名称	公布日期	备案登记编号
深圳市人民代表大会常务委员会关于修改《深圳市安全管理条例》等十三项法规的决定	2020 年 7 月 6 日	国司备字［2020002350］
深圳市人民代表大会常务委员会关于修改《深圳经济特区文明行为条例》的决定	2020 年 4 月 29 日	国司备字［2020002354］
深圳市人民代表大会常务委员会关于修改《深圳经济特区人体器官捐献移植条例》等四十五项法规的决定	2019 年 11 月 13 日	国司备字［2020002355］
珠海市人民代表大会常务委员会关于修改《珠海市环境保护条例》《珠海市服务业环境管理条例》的决定	2020 年 8 月 6 日	国司备字［2020002373］
汕头市人民代表大会常务委员会关于废止《汕头市文化市场管理条例》和《汕头市惩治生产销售伪劣商品违法行为条例》的决定	2020 年 6 月 29 日	国司备字［2020002348］
佛山市人民代表大会常务委员会关于修改《佛山市历史文化街区和历史建筑保护条例》等三项地方性法规的决定	2020 年 5 月 12 日	国司备字［2020002314］
韶关市文明行为促进条例	2020 年 8 月 4 日	国司备字［2020002371］
湛江市电动自行车管理条例	2020 年 5 月 12 日	国司备字［2020002311］
清远市村庄规划建设管理条例	2020 年 7 月 29 日	国司备字［2020002374］
茂名市烟花爆竹安全管理条例	2020 年 7 月 8 日	国司备字［2020002347］
广西壮族自治区人民代表大会常务委员会关于修改《广西壮族自治区钟乳石资源保护条例》等五件地方性法规的决定	2020 年 3 月 27 日	国司备字［2020002356］
海南省村庄规划管理条例	2020 年 2 月 1 日	国司备字［2020002367］

续表

法规名称	公布日期	备案登记编号
海南经济特区外国企业从事服务贸易经营活动登记管理暂行规定	2020 年 1 月 22 日	国司备字［2020002368］
海南省人民代表大会常务委员会关于修改《海南省基本农田保护规定》的决定	2020 年 2 月 10 日	国司备字［2020002369］
成都市文物保护管理条例	2020 年 6 月 17 日	国司备字［2020002315］
成都市人民代表大会常务委员会关于修改《成都市地名管理条例》的决定	2020 年 6 月 17 日	国司备字［2020002316］
成都市市政工程设施管理条例	2020 年 4 月 3 日	国司备字［2020002320］
绵阳市历史建筑和历史文化街区保护条例	2020 年 4 月 2 日	国司备字［2020002321］
宜宾市文明行为促进条例	2020 年 6 月 18 日	国司备字［2020002317］
达州市人民代表大会常务委员会关于修改《达州市集中式饮用水水源保护管理条例》的决定	2020 年 4 月 2 日	国司备字［2020002322］
巴中市文明行为促进条例	2020 年 6 月 17 日	国司备字［2020002318］
资阳市中心城区市容和环境卫生管理条例	2020 年 4 月 8 日	国司备字［2020002319］
甘孜藏族自治州实施《四川省河道采砂管理条例》的补充规定	2020 年 6 月 23 日	国司备字［2020002323］
山南市城乡绿化条例	2020 年 6 月 11 日	国司备字［2020002324］
西安市养老服务促进条例	2020 年 3 月 26 日	国司备字［2020002325］
西安市秦岭生态环境保护条例	2020 年 6 月 23 日	国司备字［2020002331］
宝鸡市大气污染防治条例	2020 年 1 月 8 日	国司备字［2020002334］

续表

法规名称	公布日期	备案登记编号
铜川市大气污染防治条例	2019 年 12 月 19 日	国司备字［2020002333］
榆林市节约用水条例	2020 年 6 月 9 日	国司备字［2020002332］
张掖市大气污染防治条例	2020 年 5 月 5 日	国司备字［2020002335］
天水市城区引洮供水工程设施保护条例	2020 年 7 月 15 日	国司备字［2020002247］
海东市移风易俗促进条例	2020 年 6 月 19 日	国司备字［2020002336］

自治县的单行条例

条例名称	公布日期	备案登记编号
宽甸满族自治县农村人居环境管理条例	2020 年 7 月 10 日	国司备字［2020002252］
宽甸满族自治县县城市容管理条例	2020 年 7 月 10 日	国司备字［2020002253］

地方政府规章

规章名称	公布日期	备案登记编号
北京市人民政府关于废止《北京市人民政府关于加强农村村民建房用地管理若干规定》的决定	2020 年 7 月 30 日	国司备字［2020002342］
承德市政府规章制定办法	2020 年 8 月 10 日	国司备字［2020002377］

续表

规章名称	公布日期	备案登记编号
本溪市人民政府关于废止和修改部分市政府规章的决定	2020 年 7 月 16 日	国司备字［2020002327］
上海市液化石油气管理办法	2020 年 7 月 2 日	国司备字［2020002219］
上海市人民政府关于废止《上海市社会福利企业管理办法》的决定	2020 年 6 月 16 日	国司备字［2020002382］
江苏省蚕种管理办法	2020 年 8 月 15 日	国司备字［2020002386］
江苏省文化市场综合行政执法管理办法	2020 年 8 月 12 日	国司备字［2020002387］
泰州市停车场管理办法	2020 年 7 月 16 日	国司备字［2020002283］
合肥市二次供水管理办法	2020 年 8 月 3 日	国司备字［2020002378］
宁德市文明行为促进办法	2020 年 7 月 29 日	国司备字［2020002296］
江西省行政规范性文件管理办法	2020 年 7 月 7 日	国司备字［2020002218］
山东省规章清理办法	2020 年 7 月 18 日	国司备字［2020002233］
青岛市城乡建设档案管理办法	2020 年 8 月 7 日	国司备字［2020002381］
东营市行政规范性文件制定和监督管理规定	2020 年 7 月 21 日	国司备字［2020002337］
德州市行政应诉管理办法	2020 年 7 月 30 日	国司备字［2020002328］
河南省医疗纠纷预防与处理办法	2020 年 7 月 16 日	国司备字［2020002235］
武汉市人民政府关于规章清理结果的决定	2020 年 7 月 17 日	国司备字［2020002375］

续表

规章名称	公布日期	备案登记编号
武汉市人民政府关于修改部分规章的决定	2020 年 7 月 21 日	国司备字［2020002376］
恩施土家族苗族自治州农业生产化学投入品管理办法	2020 年 7 月 6 日	国司备字［2020002234］
广东省城市轨道交通运营安全管理办法	2020 年 7 月 23 日	国司备字［2020002326］
广东省行政规范性文件管理规定	2020 年 7 月 29 日	国司备字［2020002380］
深圳市人民政府关于废止《深圳市组织机构代码管理办法》等 4 项规章的决定	2020 年 6 月 15 日	国司备字［2020002343］
南宁市人民政府关于委托中国（广西）自由贸易试验区南宁片区管理委员会行使有关行政管理权的决定	2020 年 7 月 16 日	国司备字［2020002330］
重庆市重大行政决策程序规定	2020 年 7 月 17 日	国司备字［2020002221］
内江市人民政府拟定地方性法规草案和制定规章程序规定	2020 年 7 月 21 日	国司备字［2020002329］
甘肃省人民政府关于废止《甘肃省行政处罚听证程序暂行规定》等 10 件政府规章的决定	2020 年 8 月 10 日	国司备字［2020002384］
甘肃省人民政府关于修改《甘肃省流动人口计划生育工作办法》等 11 件政府规章的决定	2020 年 8 月 10 日	国司备字［2020002385］
西宁市限制销售燃放烟花爆竹管理规定	2020 年 7 月 30 日	国司备字［2020002361］
固原市人民政府规章制定程序规定	2020 年 7 月 28 日	国司备字［2020002360］

图书在版编目(CIP)数据

中华人民共和国新法规汇编.2020年.第9辑:总第283辑/司法部编.—北京:中国法制出版社,2020.10

ISBN 978-7-5216-1305-6

Ⅰ.①中… Ⅱ.①司… Ⅲ.①法规-汇编-中国-2020 Ⅳ.①D920.9

中国版本图书馆CIP数据核字(2020)第187619号

中华人民共和国新法规汇编

ZHONGHUA RENMIN GONGHEGUO XIN FAGUI HUIBIAN

(2020年第9辑)

编者/司法部

经销/新华书店

印刷/三河市紫恒印装有限公司

开本/850毫米×1168毫米 32开　　印张/9.75　字数/258千

版次/2020年10月第1版　　2020年10月第1次印刷

中国法制出版社出版

书号 ISBN 978-7-5216-1305-6　　定价:18.00元

北京西单横二条2号

邮政编码100031　　传真:010-66031119

网址:http://www.zgfzs.com　　**编辑部电话:010-66066621**

市场营销部电话:010-66033393　　**邮购部电话:010-66033288**

(如有印装质量问题,请与本社印务部联系调换。电话:010-66032926)